T0126722

Was der Mensch braucht

T V Z

WAS DER MENSCH BRAUCHT

Schweizer Persönlichkeiten über einen religiösen Text in ihrem Leben

Herausgegeben von Achim Kuhn

Theologischer Verlag Zürich

Publiziert mit freundlicher Unterstützung der Schweizerischen Reformationsstiftung SRS, von Verena Bräm, der Reformierten Kirche Kanton Luzern, der Evangelisch-reformierten Kirche des Kantons St. Gallen, der Reformierten Kirche Kanton Zug, der Evangelisch-reformierten Landeskirche des Kantons Zürich und mit weiteren Spenden.

Bibliografische Informationen der Deutschen Nationalbibliothek

Die Deutsche Nationalbibliothek verzeichnet diese Publikation in der Deutschen Nationalbibliografie; detaillierte bibliografische Daten sind im Internet über http://dnb.d-nb.de abrufbar.

Umschlag, Satz und Layout: Mario Moths, Marl
Druck: ROSCH-Buch GmbH, Scheßlitz

ISBN 978-3-290-17563-4

2. Auflage © 2011 Theologischer Verlag Zürich
www. tvz-verlag.ch

Dieses Buch ist den Menschen gewidmet, die meinen Blick in Fragen der Theologie und Religion, der Gesellschaft und Politik in besonderer Weise geweitet haben: Prof. Walter Bernet, Pfr. Roland Härdi, Pfr. Arno Herrmann, Pfr. Jörg Häberli sowie Pfr. Johannes Kuhn, Pfrn. Esther Kuhn Luz, Prof. Jürgen Moltmann, Hans Jürgen Schultz u. a.

In Dankbarkeit
Achim Kuhn

INHALT

ACHIM KUHN   8   Vorwort

MONA VETSCH   10   die Kraft, Zweifel zu ertragen

MARIO FEHR   20   eine ethische Richtschnur

REUVEN BAR-EPHRAIM   28   die Entscheidung für das Leben

WERNER DE SCHEPPER   42   eine Bibel und eine Zeitung

ROLF HILTL   54   die Fähigkeit zu lieben

SATISH JOSHI   64   Dharma und Karma: Pflichten und Taten

CORIN CURSCHELLAS   68   den direkten Draht

HANS VONTOBEL   80   das Masshalten und das Schenken

LOTEN DAHORTSANG   86   gutes Karma und Umgang mit der eigenen Leerheit

PETER WERDER   96   Zweifel am Glauben

ARNOLD BENZ   110   einen Blick hinter das Sichtbare

HANSJÖRG SCHULTZ   120   das Hinschauen und Durchschauen

VERENA KAST   130   ein beidseitiges Sehen

PETER ZEINDLER   140   Identität und Selbstsicherheit

ALEX RÜBEL   152   Reformer und Samariter

JOSEF LANG 166 Fernstenliebe als Fähigkeit der
Anteilnahme

TANER HATIPOGLU 176 Respekt und gegenseitige
Akzeptanz

MARTIN WERLEN 186 Hingabe und Dienst

KONRAD HUMMLER 194 Verantwortlichkeit für das
eigene Handeln

EVELINE WIDMER-SCHLUMPF 206 berechtigtes Vertrauen

KLAUS J. STÖHLKER 216 Treue

TILLA THEUS 230 ethische Wahrheiten – auch aus
nichtreligiösen Texten

RUEDI REICH 238 Jesus Christus als Mitte des
Lebens

AUTORINNEN UND AUTOREN 250

VORWORT

Es ist heute viel die Rede von der «Rückkehr der Religionen». Auch im deutschsprachigen Teil Europas lässt sich das feststellen.

Wie stehen wir der «Rückkehr der Religionen» gegenüber? Wie gehen wir mit diesem oft diffusen Phänomen um? «Diffus», weil es sich nicht einfach um eine Rückkehr z. B. zu einer alten christlichen Tradition handelt, sondern um viele unterschiedliche, zum Teil sogar gegensätzliche religiöse Ausformungen und Inhalte. Wird auch das Potenzial, das in der «Rückkehr» steckt, wahrgenommen? Können wir positiv und konstruktiv damit umgehen? Und wenn ja: wie?

Dreiundzwanzig bekannte Schweizerinnen und Schweizer haben sich diesen Fragen gestellt. Sie kommentieren Texte aus ihrer Religionstradition. Sie beschreiben in einem ersten Teil, was ihnen «ihre» Texte bedeuten, wo und wann in ihrem Leben sie eine wichtige Rolle für sie gespielt haben. In einem zweiten Teil machen sie deutlich, was die Texte für unsere heutige Gesellschaft bedeuten können. Mit diesem Grundschema konnten die Autorinnen und Autoren frei umgehen; entsprechend haben sie ihre Schwerpunkte verschieden gesetzt: ein Abbild der religiösen Pluralität in der heutigen Schweiz und wohl auch anderswo in Europa.

Die dreiundzwanzig Autorinnen und Autoren decken biographisch und beruflich ein breites Spektrum ab: von Politik über Wirtschaft, Kultur und Journalismus bis zu Theologie, Human- und Naturwissenschaften. Jeder Beitrag ist auf seine je eigene Weise interessant, alle sind sie authentisch, persönlich und anregend; ernsthafte Auseinandersetzungen mit den eigenen Wertvorstellungen und dem eigenen Glauben.

Wer über die Themen Glaube und Religion den Austausch mit anderen pflegt, erfährt die Möglichkeiten und Grenzen der eigenen und der anderen Religionen; und er lässt sich herausfordern, Rückfragen zu stellen. Das tun die dreiundzwanzig Autorinnen und Autoren. Sie zeigen nicht nur, wie Religion und Glaube eine gesellschaftlich positive Kraft entfalten können, sondern auch, wie wir eben darüber ins Gespräch kommen können. Dafür, dass sie sich dieser Aufgabe gestellt haben, gebührt ihnen Dank.

Im Juni 2010, Achim Kuhn

WAS DER MENSCH BRAUCHT:
DIE KRAFT, ZWEIFEL ZU ERTRAGEN

... und die Wahrheit
wird euch frei machen   (Johannes 8,32)

I

Der Morgen, den ich an jenem Tag vor meinem Fenster fand, war schwach und bläulich, wie ein Säugling, der lange ohne Sauerstoff geblieben war. Eine schlaflose Nacht hatte ihn geboren. Aber er lebte, und mit jedem Atemzug wurde er kräftiger. Vögel sangen, der Wind raschelte in den Blättern der Bäume, und vom Tal herauf hörte man die Autobahn. Alles lag eingebettet in das Rauschen der Erde, die eine Nacht lang innegehalten hatte und sich nun wieder drehte.

Es war Ende Mai, und ich war jünger, als ich es heute bin, viel jünger. Damals war ich es noch gewohnt, mir die Nächte um die Ohren zu schlagen, mit Arbeit oder Vergnügen oder weil es Dinge gab, die es im Auge zu behalten hiess, weil sie mutieren und zu Monstern werden konnten, wenn man sich ihnen im Schlaf ergab. So eine Nacht war das gewesen. An diesem Morgen aber wartete ich vergeblich auf das Hochgefühl, das sich sonst zuverlässig einstellt, wenn man dem eigenen Körper einen Willenssieg abgerungen hat. Elend fühlte ich mich und durchsichtig wie eines der aus dem Nest gefallenen Vögelchen, die im Kuhstall meiner Kindheit im schmutzigen Gang ihr Leben beendeten, noch bevor es richtig begonnen hatte. Schwalben sind es gewesen, und wir Mädchen haben die transparenten Toten mit den Kugelaugen in den Löchern der Zaunpfähle beerdigt, mit denen der Grossvater die Weiden der Kälber befriedete.

Die Frau, die ein paar Stunden später neben mir in der Kirchenbank sass, hatte auch etwas Vogelartiges an sich. Der Kopf sass ihr viel zu gross auf dem ausgezehrten Körper, ihr Haar war mattbraun und spärlich wie Flaum. Ich konnte ihre Kopfhaut schimmern sehen. Sie hielt den ledrigen Hals nach vorn gereckt, in der konzentrierten Haltung eines Huhnes, das durchs Drahtgitter hindurch gefüttert wird. Die Frau hatte etwas Verletzliches. Vielleicht hatte ich mich deshalb neben sie gesetzt. Wir waren zwei Zerzauste; sie würde mich in Ruhe lassen und ich sie.

Ich kann mich nicht mehr erinnern, welche Gründe mich an jenem erschöpften Sonntagvormittag in die Kirche des kleinen Dorfes geführt hatten. Ich hatte sie vorher noch nie betreten. Vermuten Sie keine Vorsehung, lassen Sie das Schicksal aus dem Spiel. Ich tat es auch, an jenem Morgen, als ich dort sass, nichts erwartend, ausser dass dem rastlosen Rotieren im Kopf ein Ende gemacht würde, durch Ablenkung oder Müdigkeit oder beides.

Die Beine der Vogelfrau reichten nicht bis zur Fussbank, ihre winzigen Lederschuhe hingen in der Luft, genau wie ihr Blick. Noch gab es vorn nichts zu sehen, der Gottesdienst hatte noch nicht begonnen. Die Dauerwellendamen in der Bank vor uns tuschelten und drehten sich um nach mir, nach der Fremden, und es war mir unangenehm und ich sah weg, zu den bunt verglasten Fenstern hin.

Dort an der Wand stand die Inschrift, die ich seither nicht wieder vergessen habe: «[…] und die Wahrheit wird euch frei machen.» Der Satz traf mich im Innersten. Mir war, als hätte er nur auf mich gewartet, als stünde er nur für mich da, hingeschrieben von einem, der mehr wusste über mich als ich selbst, und wenn ich vorhin sagte, dass nur der Zufall mich hergebracht hatte und nichts anderes, so hätte ich das in jenem berührten Augenblick wohl anders gesehen. «[…] und die Wahrheit wird euch frei machen»: Halb war der Satz Mahnung, halb Hoffnung, und ganz war er mir Trost.

Rückblickend betrachtet, gab es damals nichts wirklich Schreckliches in meinem Leben. Es war nur, sagen wir mal, einigermassen *bewegt* in jener Zeit. Wenn ich mir etwas vorzuwerfen hatte, dann war es die häufigste zwischenmenschliche Sünde, die der Unterlassung nämlich. Ich hatte zu oft geschwiegen, wo ich hätte reden sollen.

Angesichts dieses Satzes kam es mir jetzt vor, als hätte jemand meinen Kopf fest in beide Hände genommen und mir ins Gesicht gesagt: Sieh endlich hin, so geht es nicht weiter, das weisst du doch. Und natürlich wusste ich es, aber bis zu diesem Moment war ich vollauf damit beschäftigt gewesen, das anbrandende Durcheinander einigermassen unter Kontrolle zu halten, um nicht vom Strudel verschlungen zu werden wie von Edgar Allan Poes Maelstrom. Eigentlich hatte ich schon lange keine Lust mehr, im ewig gleichen Kreis herumzurudern, und wenn ich es doch so lange getan hatte, dann nur weil ich wusste: Trockenen Fusses würde ich das sichere Festland nicht erreichen. Einen Stiefel voll zöge ich mindestens heraus, und den Menschen, die sich da mit mir im Kreise drehten, würde es nicht besser ergehen. «Rücksichtsvoll» glaubte ich zu sein, und war doch nur ein Feigling vor dem Herrn.

Die Orgel spielte. Der Pfarrer sprach. Man sang. Man stand auf, man setzte sich. Ein Mann hustete, die Frauen trugen Sackartiges aus bunt bedruckter Baumwolle und hatten rote, schwere Arme. Sonnenstrahlen fielen durch die Fenster und zeichneten farbige Muster auf die Steinplatten, und die Münzen für die Kollekte waren schon ganz warm, als ich sie endlich in den Sammeltopf fallen lassen konnte.

Und dann? Bin ich nach Hause gegangen und habe mein Leben geändert. Nun – schön wär's. In Tat und Wahrheit hat es eine ganze Weile gedauert, bis sich mein Durcheinander entwirrt hat. Und es soll auch niemand glauben, dass danach alles «gut» geworden sei. Die Wahrheit im Sinne von Ehrlichkeit ist kein Heilsversprechen, und «Freiheit» kein Synonym für Glück. Und trotzdem war dieser Zustand besser zu ertragen – wie alle Dinge, die einem nicht einfach zustossen, sondern für die man sich selbst entschieden hat.

II

Stellen Sie sich vor, Sie sitzen in einem wespengelben Taxi und werden durch die Strassen von New York gefahren. Wolkenkratzer rechts und links, und an einem hängt ein gewaltiges Plakat. Meterhohe Buchstaben springen Ihnen ins Gesicht: «Die Wahrheit wird euch frei machen.» – «Was für ein Slogan!», würden Sie denken und sich überlegen, was man Ihnen da wieder tiefenpsychologisch geschickt andrehen will. Einen Hollywood-Blockbuster, einen Lebensratgeber, trendige Sneakers der (noch zu erfindenden) Marke «Truth»? –

Funktionieren würde der Satz für alle drei Beispiele und noch für vieles mehr. Johannes wäre in der heutigen Zeit wohl ein erfolgreicher Werbetexter geworden.

Seine Kraft zieht der Satz aus den Kernbegriffen «Wahrheit» und «Freiheit». So abstrakt wie bedeutungsschwer sind sie zentrale Werte in unserer modernen, aufgeklärten Gesellschaft; oder vielleicht sollte es besser heissen, beides sind zentrale Sehnsüchte. Dass die Werbe- und Wertewelt aktuell das «Authentische», das «Echte», das «Wahrhaftige» als neuen Mega-Trend feiert, heisst ja gerade nicht, dass die letzten Jahre und Jahrzehnte davon geprägt gewesen wären. Und «frei» wollen wir doch alle sein. Oder etwa nicht?

Am täglichen Leben können wir prüfen, wie gross unser Talent zur Freiheit ist, wie viel davon wir wirklich ertragen. Wenn wir «Freiheit» z. B. denken als die fast unbeschränkte Anzahl von Varianten, unser Leben zu gestalten, dann hat die Freiheit einen entscheidenden Nachteil: Man kann sie nicht haben, ohne sich einem neuen Zwang zu unterwerfen. Dem Zwang, ständig Entscheidungen treffen zu müssen.

«Gonfi» steht da etwa auf unserem Einkaufszettel. Wir stehen im Supermarkt vor dem Regal und wandern von Stachelbeere zu Quitte über Erdbeer-Rhabarber, von den Kalorienreduzierten zu den nur mit Fruchtzucker Gesüssten, von den Konfitüren zu den Marmeladen bis zu den Gelees. Ist doch wunderbar, könnte man denken, da findet bestimmt jeder etwas für seinen ganz individuellen Geschmack. Erstaunlicherweise macht uns das grosse Angebot aber nicht glücklicher. Studien haben gezeigt, dass Menschen häufiger kaufen, wenn die Auswahl kleiner ist. Und: Sie sind mit ihrer Entscheidung zufriedener.

Wenn uns die Freiheit als «Qual der Wahl» schon im Kleinen überfordert – was geschieht, wenn auf unserem Einkaufszettel fürs Leben «Glück» steht? Welche Zutaten legen wir dann in unser Körbchen? Brauche ich einen «Master of Business Administration» oder eher einen Schrebergarten, soll ich mein Leben der Kunst und der Inspiration widmen und/oder aber Mutter werden, ist Fortpflanzung biologischer Zweck und damit schon Sinn stiftend, oder verhindert sie gerade, dass wir neue Qualitäten der Selbstverwirklichung erreichen? Sollen wir unser Kind nach seinen Grosseltern nennen oder seinen Namen selbst erfinden und – wenn ja – wessen Einzigartigkeit wollen wir damit unterstreichen? Seine oder unsere? Und über allem immer die Frage: Welchen Wegweisern sollen wir folgen? Dem eigenen Bauchgefühl, dem Rat der Mitmenschen, dem Zug der Vögel, der Religion, dem Internet? An bereitwilligen Orakeln fehlt es uns nicht im Informationszeitalter, und je mehr Argumente und Perspektiven wir in unsere Betrachtungen einbeziehen, umso schwieriger wird es zu entscheiden, was richtig ist und was falsch, was nur gut klingt und was uns tatsächlich gut tut.

Hier könnten wir sie dringend gebrauchen, die «Wahrheit». Auf dass sie uns den richtigen Weg zeige durch die vielen Freiheiten und uns frei mache, frei von der Angst, uns falsch zu entscheiden. Wenn also der Ausspruch «die Wahrheit wird euch frei machen» in unserer heutigen Zeit ein Versprechen ist, dann auch deshalb, weil er Vereinfachung verspricht. Reduktion von Komplexität. Verminderung von Unsicherheit. Stellen Sie sich nur einmal in eine Buchhandlung in die Abteilung Psychologie/Lebensratgeber/Esoterik, Sie werden sehen, wie gross die Sehnsucht nach klaren Wegweisern ist in dieser Zeit von «alles-ist-möglich» und «just-do-it!». Wo die Zusammenhänge immer komplexer werden, da steigt die Sehnsucht nach Eindeutigkeit. Ein-deutig, also nur *eine* Deutung zulassend. Das ist das Schöne an der Wahrheit – sie ist so absolut, sie beseitigt die lästigen Zweifel, mit denen man sich sonst an jeder Weggabelung des Lebens herumschlagen muss. Kein Wunder also, erfreuen sich Vordenker mit Extrem-Positionen eines grossen Zulaufs. Wir wollen offenbar nicht nur in Filmdrehbüchern wissen, wer die Guten sind und wer die Bösen. Mit dem kleinen Unterschied, dass auf der Kinoleinwand das Ergebnis schön farbig ist, das Denken in den Köpfen aber zu tristem Schwarz-Weiss verkommt.

Ich gestehe, ich halte wenig von der Vorstellung einer absoluten Wahrheit, und mir sind jene suspekt, die behaupten, sie zu kennen. Um es mit dem (protestantischen) französischen Nobelpreisträger André Gide zu sagen: «Glaube denen, die die Wahrheit suchen, und zweifle an denen, die sie gefunden haben.» Geständnis Nummer zwei: Weil dem so ist, stecke ich knietief im Elend. Ich habe nämlich nichts begriffen.

Kehren wir noch einmal zurück zu diesem Maimorgen in der Kirche. «[…] und die Wahrheit wird euch frei machen» las ich da also und verstand etwas in der Art von «seid ehrlich zu anderen und zu euch selbst, dann fallen Sünden und Beschwernisse von euch ab und ihr werdet befreit eures Weges gehen». – Aber von wegen! Wie falsch ich das Zitat ausgelegt habe, merkte ich erst, als ich es für dieses Buch nachschlug und den Kontext realisierte, in dem es in der Bibel vorkommt.

«Da sprach nun Jesus zu den Juden, die an ihn glaubten: So ihr bleiben werdet an meiner Rede, so seid ihr meine rechten Jünger und werdet die Wahrheit erkennen, und die Wahrheit wird euch frei machen.»

So ist das also. Die Wahrheit ist hier nicht das Gegenteil von Lüge, die Wahrheit ist Jesus selbst. Und «erkennen» kann die

Wahrheit offenbar nur, wer schon an Jesus und sein Wort glaubt. – In der Wissenschaft würde man das einen «Zirkelschluss» nennen, und ein so offensichtlicher Mangel in der Beweisführung macht uns neuzeitlich Wahrheitssuchende sehr nervös.

Und was mache ich nun mit dieser meiner Textpassage, wenn ich mich nicht hinstellen und behaupten will: «Jawohl, hört her, ich glaube an Jesus und ich bin sicher, dass es nur eine einzige Wahrheit gibt»? Eine wenig überzeugende Vertreterin «meiner» Religion gebe ich ab. Aber vielleicht keine Untypische. Wenn ich nämlich an die Menschen denke, die mit mir die Kinderbibel gelesen haben und in die Sonntagsschule gegangen sind, mit denen ich das Krippenspiel aufführte und später die Konfirmation erlebte, dann ist es wohl nicht nur die Erinnerung daran, die uns verbindet, sondern auch eine gewisse Unsicherheit darin, wie «gläubig» wir eigentlich sind.

Hätte damals an dieser Kirchenwand der ganze Bibelvers gestanden, sein Inhalt wäre mir nie so nahegegangen. Er hätte mich eher entmutigt. Du liest das und denkst: Die Freiheit und die Wahrheit sind für mich verschlossen, denn dieses Einfach-daran-Glauben liegt mir nicht, und wenn ich jetzt hier sitze und frommes Liedgut singe und mir nichts anmerken lasse von meinen Zweifeln, dann bin ich eine Heuchlerin, und wenn es das Vogelköpfchen neben mir oder der Mann im Talar vorn vielleicht nicht merken, ich selbst weiss es, und ich muss mich verachten, wenn ich mich für jemanden ausgebe, die ich nicht bin. Denn das scheint die Krux zu sein von uns aufgeklärten Christenmenschen: Wahrhaftig wollen wir sein, nach Wahrheit streben wir und können wahrhaftig nicht mehr glauben.

Ist also alles verloren, bleibt uns nur der Weg in den Nihilismus? Mitnichten.

«Glaube denen, die die Wahrheit suchen, und zweifle an denen, die sie gefunden haben.» Von Aufgeben ist hier nicht die Rede. Der Zweifel ist nicht Beweis für unser Versagen im Glauben. Er zeigt vielmehr, dass wir unterwegs sind, dass wir uns mit den grossen Fragen beschäftigen, dass wir uns, unser Leben und seinen Sinn immer wieder nach seiner Wahrhaftigkeit abklopfen. Zweifeln braucht Kraft und Mut. Darin wünsche ich uns Unterstützung, gerade auch von Theologinnen und Theologen, die ich selten als Dogmatiker, sondern meist als fühlende und denkende Mitmenschen kennen gelernt habe und als präzise Analytiker unserer Zeit, die sich den Fragen und Entscheidungen unseres Lebens stellen und sie nicht mit Ge- und Verboten zu beantworten suchen. Es ist ja nicht nur der Glaube, der verbindet, sondern auch das Hadern damit.

Und wenn auch unsere Zweifel (vielleicht) nie ganz ausgeräumt sein werden, so ist es doch nicht verwerflich, Trost zu finden und ihn auch anzunehmen, so, wie es einem gut tut.

Sonntags, in einer kühlen Kirche, nach einer durchwachten Nacht, zum Beispiel.

WAS DER MENSCH BRAUCHT:
EINE ETHISCHE RICHTSCHNUR

Alles nun, was ihr wollt,
dass es euch die Menschen tun,
das sollt ihr vor ihnen tun; denn darin
besteht das Gesetz und die Propheten.

(Matthäus 7,12)

I

So wie wir von den Menschen behandelt werden möchten, sollen wir auch sie behandeln. Kürzer und eindrücklicher lässt sich der Wesensgehalt der Bibel wohl nicht zusammenfassen. Die Goldene Regel aus dem Matthäusevangelium ist die kürzeste Anleitung, wie ich als Christ ethisch korrekt durchs Leben schreiten kann. Und sie ist gleichzeitig dermassen herausfordernd und oft unerreichbar, dass der, der sich auf diese Regel einzulassen versucht, das eigene Scheitern daran immer sehr nahe vor Augen hat. Dies gilt selbstverständlich auch für mich, und zwar unabhängig davon, ob ich die Goldene Regel als Privatmensch oder als Politiker anzuwenden versuche.

Lebe ich also nach dieser Goldenen Regel? Oder versuche ich es zumindest? Und was würde es für mich bedeuten, wenn ich nach ihr leben würde? Kann und soll ich diese Regel als Christ in der Politik anwenden? Und was meint die Regel ganz konkret in der Auseinandersetzung mit politisch Andersdenkenden? Je mehr ich mir solche Fragen stelle, umso klarer wird mir, dass ich den der Regel innewohnenden hohen ethischen Ansprüchen oft nicht gerecht werden kann. Im Umgang mit meinen Nächsten, meinen Nachbarn und demjenigen, der mich im Zug nervt, weil er mich mit seiner Musik in meiner Konzentration beim Lesen stört. Wie aber reagiere ich, wenn ich bemerke, dass ich der Goldenen Regel nicht genügen kann?

Mit jeder Handlung, die ich an der Goldenen Regel messe, wird mir sofort die eigene Unvollkommenheit vor Augen geführt. Aber die Auseinandersetzung mit diesen Fragen lohnt sich. – Die stetige Auseinandersetzung hilft mit, die Goldene Regel häufiger in ganz konkrete Alltagsentscheidungen einfliessen zu lassen. Und manchmal soll ja auch der Weg das Ziel sein. Wenn ich aber in der Auseinandersetzung mit der Goldenen Regel dem Ziel, ein besseres Leben zu führen, ein wenig näher rücke, dann habe ich schon einiges erreicht.

Was mir besonders an der Goldenen Regel gefällt, ist ihre positive Formulierung. Es heisst eben gerade nicht «Was du nicht willst, das man dir tut, das füg auch keinem andern zu» (Tobit 4,16), was mir ja bloss ein Unterlassen einer Handlung abringt, was oft auch schon schwer genug ist. Die Goldene Regel geht weiter. Ich muss aktiv werden, ich muss etwas unternehmen, ich kann nicht einfach passiv verharren. Und ich muss etwas «vor ihnen tun», d. h. ich bin derjenige, der zuerst gefordert ist und sozusagen eine Vorleistung erbringen muss.

Die Goldene Regel fordert mich täglich heraus. Aber ich bin überzeugt davon, dass ich am Ende meiner Tage daran gemessen werden möchte, wie ich es geschafft habe, diese Regel in meine ganz konkrete alltägliche Lebensgestaltung mit einfliessen zu lassen.

Es gibt Erlebnisse, die einen ein Leben lang prägen. Ein solches Erlebnis hatte ich im Sommer 1990 in Sikkim. Sikkim liegt zwischen Nepal und Bhutan und wurde 1975 als 22. Bundesstaat von Indien annektiert. Inmitten der Regenzeit war ich als einziger Europäer im Westen Sikkims unterwegs, genauer in Pemayangtse. Ich besuchte dort ein Kloster, in dem gerade eine *Puja*, eine religiöse Zeremonie stattfand. Diese *Pujas* sind sowohl im Buddhismus als auch im Hinduismus verbreitet. Nachdem ich eine Zeitlang dem Ablauf der *Puja* mit Interesse zugeschaut hatte, kam ein junger Mönch auf mich zu. Er lud mich zum Essen und zur Teilnahme an der Zeremonie ein und integrierte mich wie selbstverständlich in deren Ablauf. Ich fühlte mich sofort wohl und aufgehoben, auch wenn ich die *Puja* nicht in allen Teilen verstand. Den Nachmittag verbrachte ich in einem kleinen Tempel im zweiten Stock des Klosters mit einem wunderbaren Blick weit über die Felder. Selten in meinem Leben habe ich spirituellere Momente erlebt. Der Mönch hat mich daran teilhaben lassen, er hat mich in seinen Alltag integriert. Und er hat dies mit einer grossen Selbstverständlichkeit getan.

Ich erinnere mich an ein anderes Erlebnis in Tibet 1988. Zusammen mit einer Gruppe war ich bei einem See nördlich der Hauptstadt Lhasa auf 4700 Metern über dem Meer unterwegs, als es begann dunkel zu werden. Weit und breit befand sich ein einziges Haus, und wir wussten noch nicht genau, wo wir die Nacht verbringen würden. Wir klopften an die Tür dieses Hauses, und wie selbstverständlich wurde uns ein Schlafplatz angeboten, was uns allen eine kalte Nacht im Auto ersparte. Wir wurden gar zum Essen eingeladen und haben einen wunderbaren Abend auf dem Dach der Welt verbracht. Die Gastfreundschaft war warmherzig und der Blick in den nahen Sternenhimmel atemberaubend. Ich habe diese Menschen nie mehr gesehen. Aber ich werde sie ein Leben lang in meinem Herzen tragen.

Solche Begegnungen habe ich im Himalaja oft erlebt, sei dies nun in Bhutan, in Tibet oder in Nordindien. All diese Menschen haben nicht gefragt, wie mein bisheriges Leben verlaufen ist, was ich für Ziele habe und was ich in Zukunft zu tun beabsichtige. Sie haben mich einfach nur als Mensch akzeptiert. Und sie alle haben mir das Beste von dem angeboten, was sie in jenem Moment anzubieten hatten.

Auch anderswo hatte ich ähnliche Erlebnisse, beispielsweise 2003 an der Klagemauer in Jerusalem, ein unglaublich faszinierender Ort. Als Christ inmitten betender Juden fühlte ich mich zunächst ein wenig fremd. Aber einige orthodoxe Juden sprachen mich an, erläuterten mir die Bedeutung der Mauer für ihr Leben und zeigten mir, wie ihre Rituale ablaufen. Auch sie haben dies mit einer Selbstverständlichkeit getan, die mich glücklich machte. Innert ganz kurzer Zeit habe ich mich mit ihnen hervorragend verstanden, obwohl uns im Alltag gewiss einiges trennen würde. Auch sie haben mir das Beste von dem gegeben, was sie in jenem Moment geben konnten.

Und selbstverständlich erlebe ich solche Momente auch in meinem Alltag in der Schweiz. Ein Freund hilft mir mit Rat und Tat, obwohl er sich vielleicht selbst in einer schwierigen Situation befindet. Aber er kann sich für einen Moment zurücknehmen, weil er merkt, dass ich seine Hilfe gerade jetzt dringend benötige. Und er gibt mir dann in einem solchen Moment mehr, als er eigentlich geben könnte. Manchmal braucht es nicht viel: Ein gutes Wort, eine freundliche Geste, eine Umarmung. Wir alle erleben solche Momente, wenn wir sie denn erleben wollen. Gerade als Politiker erlebe ich oft Begegnungen, die mich berühren. Menschen danken mir herzlich für mein Engagement, obwohl ich teilweise nicht einmal mit ihnen übereinstimme. Sie sagen mir dann, dass sie nicht immer mit mir einverstanden seien, aber dass sie meine klare Haltung in dieser oder jener Frage schätzten. Nur dank dieser könne eine Diskussion überhaupt erst geführt werden.

II

Was ist all diesen Menschen gemeinsam, die ja aus völlig unterschiedlichen Kulturkreisen kommen? Was ist das Besondere an diesen Momenten, an all diesen Begegnungen? Und je länger ich darüber nachdenke, desto klarer und einfacher wird die Antwort auf meine Frage: Diese Menschen haben ein gemeinsames ethisches Fundament. Sie alle haben nichts anderes gemacht, als für sich ganz konkret die Goldene Regel angewandt. Sie haben das getan, was sie in einer ähnlichen Situation vom Gegenüber auch erwartet hätten. Sie haben mich so behandelt, wie sie in einem vergleichbaren Moment behandelt werden möchten. Und sie haben es – religions- und grenzübergreifend – getan.

Es ist klar, dass diese Goldene Regel nicht einfach Gesetze ersetzen kann. Eine Gesellschaft kann nicht darauf bauen, dass sich der Einzelne zu jedem Zeitpunkt ethisch korrekt verhält, so wünschenswert das auch sein mag. Es braucht in allen Staaten und Gesellschaften verbindliche Gesetze. Aber es braucht darüber hinaus auch Normen für den zwischenmenschlichen Umgang, den der Staat nicht regeln kann und auch nicht regeln sollte.

Die Goldene Regel ist eine solche Norm für den zwischenmenschlichen Umgang – sie ist eine sehr gute. Sie ist eine leicht anwendbare Faustregel für ein besseres Verständnis der Menschen untereinander. Weltweit können Menschen die ethische Zulässigkeit einer bestimmten eigenen Handlung in Bezug auf andere Menschen prüfen, indem sie sich fragen, ob sie ihrerseits von jenen in gleicher Weise behandelt werden möchten. So kann jeder aus seinen eigenen Abneigungen konkrete Normen für das eigene Handeln ableiten.

Die Goldene Regel ist einfach anzuwenden und kann deshalb gute Dienste in ganz verschiedenen Kulturkreisen leisten. Und es überrascht denn auch nicht, dass wir sie in vielen philosophischen Lehren und in allen grossen Religionen dieser Welt finden. «Was dir selbst verhasst ist, das tue nicht deinem Nächsten an. Dies ist das ganze Gesetz, alles andere ist Kommentar» heisst es beispielsweise im jüdischen Talmud (Shabbat 31a). Es ist deshalb alles andere als ein Zufall, dass die Goldene Regel im interreligiösen Dialog wie beispielsweise bei der «Erklärung zum Weltethos» durch das Parlament der Weltreligionen von 1993 eine wichtige Rolle gespielt hat. Ich bin überzeugt davon, dass sie in Zukunft eine noch wichtigere Rolle spielen kann und muss.

Wenn wir uns als Jüdinnen und Juden, Buddhistinnen und Buddhisten, Hindus, Muslime oder Christen auf die Anwendung dieser Goldenen Regel als Brücke zwischen all dem, was uns sonst trennen mag, einigen könnten, wäre viel gewonnen. Beispielsweise für eine Lösung des Konfliktes im Nahen Osten.

Oder für ein besseres Verständnis im Konflikt zwischen Pakistan und Indien.

Und selbstverständlich wäre auch das innenpolitische Klima in der Schweiz konstruktiver, wenn mehr Politikerinnen und Politiker wenigstens den Versuch unternähmen, die Goldene Regel zur Richtschnur ihres Handelns zu machen. Es gibt zum Beispiel die Unsitte, politisch Andersdenkende in der Presse heftig zu kritisieren, ohne diese Kritik je persönlich vorgebracht zu haben. Niemand aber wird gerne öffentlich kritisiert, ohne wenigstens die Gelegenheit zur Replik erhalten zu haben. Die Folge dieser Unsitte sind Verhärtungen im politischen Alltag, die nicht hilfreich bei der Suche nach notwendigen Kompromissen sind. Ich habe mir vorgenommen, noch stärker darauf zu achten, auch in kontroversen Auseinandersetzungen die Goldene Regel nicht zu verletzen. Respekt gegenüber Andersdenkenden war mir immer wichtig. Diese Regel hilft mir dabei, entsprechend zu handeln. Ich weiss, dass mir das nicht immer gelingen wird. Aber es lohnt sich, es zu versuchen. Oder wie es Erich Kästner ebenso einfach wie treffend formulierte: «Es gibt nichts Gutes ausser: Man tut es.»

WAS DER MENSCH BRAUCHT:
DIE ENTSCHEIDUNG FÜR DAS LEBEN

Ich rufe heute den Himmel und die Erde als Zeugen gegen euch auf: Das Leben und den Tod habe ich euch vorgelegt, den Segen und den Fluch! So wähle das Leben, damit du lebst, du und deine Nachkommen ... (Deuteronomium 30,19)

Mein Judentum

I

Das Judentum ist mehr als eine Religion, es ist eine Lebenseinstellung. Und es ist eine sehr persönliche Sache: Es gibt Juden, die sich hauptsächlich dem Beachten der Gebote widmen, wie sie in der Tora beschrieben und im Laufe der jüdischen Geschichte interpretiert wurden, und die oftmals in Ritualen zum Ausdruck kommen. Es gibt Juden, deren Herz hauptsächlich an der von Generation zu Generation überlieferten Tradition innerhalb des Familienlebens hängen. Und es gibt

Juden, die sich namentlich mit der Geschichte des jüdischen Volkes und dem Staat Israel verbunden fühlen. Es ist gerade diese Vielschichtigkeit und Vielseitigkeit im Spektrum jüdischer Lebenseinstellungen, die mich inspiriert und nährt und mir erlaubt, meine Welt durch eine jüdische Brille anschauen zu können.

Gemäss der traditionellen jüdischen Meinung kann oder darf das Leben einer jüdischen Person nur dann als Leben tituliert werden, wenn es ein jüdisches Leben ist, wenn man die rituellen Lebensregeln beachtet. Meine persönliche Gestaltung eines jüdischen Lebens ist vielfältiger. Für mich ist ein jüdisches Leben eines, in dem man sich von einem oder mehreren Aspekten des Judentums leiten lässt.

Der freie Wille des Menschen

Der freie Wille des Menschen nimmt in meiner Sicht des Judentums eine zentrale Rolle ein. Maimonides (1135–1204), ein wichtiger Rabbiner und Philosoph, schreibt in seinem Kodex «Mischne Tora», dass der Mensch die Wahl hat zwischen dem Guten oder dem Schlechten. Gut und Böse sind für Maimonides moralische und absolute Begriffe. Wenn es um die moralische Wahl geht, kann etwas nicht ein bisschen gut oder ein bisschen schlecht sein. Die Idee eines freien menschlichen Willens schliesst den Determinismus und die Vergeltungslehre aus. Handlungen des Menschen sind nicht abhängig von vorangegangenen Ursachen, auf die er selbst keinen Einfluss hat. Ebenso wenig werden das Schicksal und das Geschick des Menschen aufgrund seines (gerechten oder boshaften) Verhaltens von Gott bestimmt, so wie es in der Tora geschrieben steht. Schon der biblische Hiob (u. a. Kapitel 21) koppelte die Taten des Menschen vom göttlichen Urteil, das ihn (be-) trifft, ab. Die Talmudischen Rabbiner behaupten, dass die Belohnung für das Beachten der in der Tora genannten Aufträge (Gebote) die *Möglichkeit* ist, diese zu beachten, und anders herum, die Strafe für die Übertretung die Übertretung selbst ist (Mischne Awot 4,2).

Als junger Rabbiner wurde ich zum ersten Mal mit diesem Gedankengut konfrontiert. Bei einem unserer Gemeindemitglieder wurde eine unheilbare Krankheit festgestellt. «Die Strafe Gottes!» – dessen war sich der Mann sicher. Er flüchtete im Jahr 1938 als einundzwanzigjähriger Deutscher nach Kenia, ohne seine Familie darüber zu informieren. Seine Eltern, Geschwister und weitere Familienmitglieder wurden im Holocaust ermordet. Der totkranke Mann schloss aus seiner damaligen Tat, seine Familie im Stich gelassen zu haben, dass seine spätere Krankheit die Strafe Gottes sei. In meinen Augen hat sich dieser Mann im Jahr 1938 im wahrsten Sinne des Wortes für das Leben entschieden. Seine Krankheit hatte eine physiologische Ursache, die nichts mit seiner Flucht aus dem Dritten Reich zu tun hatte. Mit seiner Flucht nach Kenia hat er sich über sein eigenes Leben hin zum Leben entschieden. In Israel, wohin er nach dem Krieg emigrierte, gründete er eine Familie, zog Kinder gross, die dann wiederum Familien gründeten. Sich für das Leben zu entscheiden, ist mehr, als nicht den Tod zu wählen. Der Mensch ist, so sagt meine Frau, imstande, das Leben an sich zu ziehen. Sich für das Leben zu entscheiden, bedeutet in diesem Sinne, dass wir durch unsere aktiven und bewussten Entscheidungen für uns und unsere Nächsten aus dem Leben ein gutes oder zumindest ein so gut wie mögliches Leben machen können. So gesehen ist die Entscheidung für das Leben eine Lebensweise, die die Verantwortung für die Sinngebung und die Qualität des Lebens in die

Hände des Menschen selbst legt. Ich möchte an dieser Stelle noch einmal nachdrücklich hervorheben, dass der Mensch, wenn nicht ein unmittelbarer und direkter Zusammenhang besteht zwischen dem Unglück und seinem Handeln, wie im Falle eines Mordes, einer Gewalttat oder von Alkohol- und Drogenmissbrauch, nicht verantwortlich ist für Tod, Krankheiten und Katastrophen.

Jüdisch sein bedeutet jüdisch handeln

Die «bewusste Wahl» nimmt in meinem Leben einen zentralen Platz ein. Mein jüdisches Leben, für das ich mich entschieden habe, ist eine bewusste Wahl. Lernen ist für mich ein zweiter Leitfaden in meinem Leben. Im Morgengebet wird die Liebe Gottes für das Volk Israel durch die Übergabe der Tora ersichtlich. Wir geloben: «all deine Worte zu verstehen, sie zu lernen und zu lehren, sie weiterzugeben und in Liebe auszuführen». Der jüdische Bücherschrank nimmt einen wichtigen Platz in meinem Leben ein. Ich möchte meine Kenntnisse zugunsten meiner eigenen Entwicklung und meiner Identität vertiefen. Nicht weniger gross ist mein Bedürfnis, den althergebrachten Texten immer wieder mit neuen Impulsen und Ansichten gegenüberzutreten. Schliesslich halte ich das Lehren, «das Gelehrte andere zu lehren» (Mischne Awot 2,8), eine für das Fortbestehen des Judentums notwendige Aktivität. Lernen und lehren sind für mich zwar notwendig, aber nicht ausreichend. Judentum ist eine Lebensweise des Tuns. Judentum «tut» man, und vielleicht noch wichtiger, «tut» man selbst. Das Ausführen von Ritualen schenkt mir Befriedigung, und es ist eben diese Befriedigung, die meine Belohnung für das Beachten der Gebote darstellt (Mischne Avot 4,2). Durch das Tun verändern wir eine gegebene Situation. Das Feiern des wöchentlichen jüdischen Ruhetages Schabbat geht einher mit einem bestimmten Verhalten. Dieses Verhalten, und nur dieses Verhalten, führt zu der Erfahrung des Schabbats als Schabbat. Rabbi Awraham Jehoshua Heschel[1] sieht den Schabbat als eine Insel in der Zeit. Der Schabbat wird wie eine Insel von Wasser von den Werktagen umgeben. Der Schabbat ist kein uns übergebenes Phänomen. Wir selbst haben den Auftrag, den Schabbat zu erschaffen. Das tun wir, indem wir den Beginn und das Ende des Schabbats markieren, dem Schabbat Inhalt geben durch das, was wir tun, und uns mit dem Schabbat identifizieren, durch Entscheidungen über das, was wir dann nicht tun: Wir bereiten uns vor, indem wir das Haus und uns selber reinigen, ein besonders leckeres Essen kochen und uns festlich kleiden. Auf dieser Insel in der Zeit dulden wir keine Dinge, die ausschliesslich den Werktagen vorbehalten sind. So arbeiten wir zum Beispiel nicht. Welche Dinge wir ausserdem unterlassen, liegt in der persönlichen Entscheidung. Es gibt Juden, die am Schabbat nicht Auto fahren, andere werkeln nicht im und am Haus, wieder andere gehen nicht einkaufen und unternehmen überhaupt keine finanziellen Transaktionen. Einige derjenigen, die am Schabbat nicht einkaufen gehen, trinken beispielsweise aber doch nach einem Schabbatspaziergang eine Tasse Tee in einem Restaurant. Auch wird der PC in einigen Familien ausschliesslich zum Spielen genutzt, die Funktion des Terminkalenders hingegen bleibt geschlossen. Die orthodoxeren Juden reduzieren mithilfe von Timern in ihrem Haus die Verwendung von Strom, halten das Essen auf Warmhalteplatten warm und gehen zur Synagoge. Wie auch immer man den Schabbat mit Inhalt füllt, Schabbat kann nur dann als Schabbat erfahren werden, wenn wir ihn selbst zu einer Insel in der Zeit machen. Diese Identifikation heisst im

Hebräischen *lekadesch*. Am besten kann man dies mit weihen übersetzen. Im Judentum sind Dinge nicht an sich erhaben. Wir Menschen erheben etwas, indem wir uns an die Gebote halten, und dadurch, dass wir etwas, beispielsweise den Schabbat, für erhaben *erklären,* und zwar vermittels eines Gebetes.

Alles, was in deiner Kraft liegt

Wie weit muss ich in meinem Streben nach meiner jüdischen Ethik und dem Befolgen der Gebote gehen? Die Aufforderung, Gutes zu tun, zu helfen, beizutragen und sich einzusetzen zugunsten einer besseren Welt und dem Wohlergehen der Menschen, ist endlos. In meiner Liebe zu Gott und zu meinem Judentum kann ich mich wahrlich verlieren in meinem Willen, die sozialen Vorschriften zu beachten. Es kann ja immer mehr getan werden. Wann ist das, was ich tue, gut genug? Die Tora gibt einen Anhaltspunkt: «Und du sollst den Herrn, deinen Gott, lieben mit deinem ganzen Herzen und mit deiner ganzen Seele und mit deiner ganzen Kraft» (Deuteronomium 6,5). Ich muss also alles geben, aber nicht mehr, als in meiner Kraft liegt. Dieser Anhaltspunkt führt unmittelbar zu einer neuen Frage: Was ist der Massstab für «alles, was in meiner Kraft liegt»? Welche Messlatte wird verwendet? Wie weiss ich, dass ich alles, was in meiner Kraft liegt, getan habe? Ich hantiere drei Gradmesser: erstens mein Gewissen, zweitens das Feedback, das ich erhalte, und drittens der Kontext der Situation. Das hebräische Wort für die Richtlinie für das Ausführen der Gebote «mit deinem ganzen Herzen und deiner ganzen Seele» lautet *kawana,* Absicht. Mein Gewissen verfolgt mich im Wesentlichen dann, wenn ich anderen nicht mit der richtigen

Absicht gegenübergetreten bin. Wenn Menschen unzufrieden sind mit dem, was ich «gegeben» habe, oder mehr verlangen, als ich «gegeben» habe, ist das für mich ein Zeichen, mich kritisch zu hinterfragen, ob ich wirklich alles getan habe, was in meiner Kraft liegt. Der Moment, die Situation, in der wir uns befinden, zeigt oftmals Grenzen auf für das, was wir tun können.

So ist es im Judentum eine wichtige, aber angesichts von Leid, Schmerzen und Ausweglosigkeit für mich nicht immer leichte Aufgabe, kranke Menschen zu besuchen. Und dann passierte es, dass ich innerhalb kurzer Zeit einen angekündigten Besuch bei einer alten, einsamen und totkranken Frau nicht angetreten habe. Das erste Mal wurde ich unmittelbar an das Sterbebett eines anderen Gemeindemitglieds gerufen. Das zweite Mal lag ich selbst im Krankenhaus. Ich bekam keine dritte Chance mehr, die Frau war inzwischen gestorben. So sehr mein Gewissen auch an mir nagt und die Familie mir im Stillen Vorhaltungen macht, so ist die Realität doch die, dass die Situation mir zwei Chancen verwehrt hat, die Frau zu besuchen.

Gott wohnt im Menschen

In Exodus (ab Kapitel 25) steht geschrieben, wie Mose den Auftrag erhält, den Tabernakel, einen tragbaren Tempel, zu bauen. «Sie [die Israeliten] müssen für mich ein Heiligtum erbauen, so dass ich in ihrer Mitte wohnen kann» (Exodus 25,8). Der Tabernakel ist ein Ort, an dem die Israeliten ihre Opfer Gott darbieten können. Gott wohnt inmitten der Israeliten. Das hebräische Wort *betocham,* das mit «in ihrer Mitte» umschrieben werden kann, hat für mich eine andere

Bedeutung. Gott wohnt nicht «inmitten» sondern «in» den Israeliten. Diese Sichtweise unterstreicht für mich die direkte Verbindung zwischen Mensch und Gott. Im Judentum gibt es weder eine Institution noch einen persönlichen Unterhändler zwischen dem Menschen und Gott. Ein chassidischer Rabbi fragt seine Studenten: «Wo ist Gott?» Die Studenten bemühen sich nach Leibeskräften, scharfsinnige Antworten zu finden. Der Rabbi jedoch schüttelt den Kopf und lächelt. Der Rabbi gibt den Studenten mehr Zeit. Aber selbst nach einem wochenlangen Nachdenken finden die Studenten keine Antwort. Der Rabbi beschliesst, seine Schüler aus ihrem Leiden zu befreien. «Wo ist Gott?» fragt er wiederum. Und mit strahlendem Ausdruck auf seinem Gesicht spricht er: «Gott ist dort, wo der Mensch ihn hereinlässt.» Martin Buber[2] arbeitet die Beziehung zwischen Menschen und zwischen Menschen und Gott aus und behauptet, dass das Du in dem Ich enthalten sei. Das bedeutet, dass die Beziehung eines Menschen zu einem anderen Menschen und die des Menschen zu Gott in der eigenen Ich-Identität eingeschlossen ist. Diese unmittelbare Verbindung zwischen Mensch und Gott ermöglicht es, sich jederzeit besinnen und innere Einkehr halten zu können. Wir sind nicht abhängig von Institutionen, Ritualen oder dem Klerus, um hinsichtlich unseres eigenen Verhaltens, unserer Taten oder unseres Lebenswandels mit uns und mit Gott ins Reine zu kommen. Ich habe in meinem Leben grosse Fehler gemacht, mit denen ich andere verletzt und mir selbst geschadet habe. Eine unumgängliche Konfrontation hat mich dazu veranlasst, einen neuen Lebensweg einzuschlagen. Der mühsame und vor allem schmerzhafte Prozess der Reue und Einkehr hat Jahre in Anspruch genommen. Ich musste ausser mit mir selbst und mit Gott auch mit den Menschen, die unter meinem Verhalten gelitten hatten, ins Reine kommen. Es war, als ob die Passage aus einem Gedicht von Jehuda Halevi (1075–1141) mir selbst passiert wäre: «Und als ich Dir entgegenging, da fand ich, dass Du mir entgegenkamst».

Israel

So sehr man auch über alles, was mit dem Judentum zu tun hat, verschiedener Ansicht sein kann, das Wissen, dass der andere Jude ist, knüpft ein Band. Während einer Taxifahrt in New York fragte uns der Fahrer, ob wir jiddisch seien. Nach der Bestätigung unsererseits sprudelte es aus ihm heraus, dass er dies auch sei, aber einen recht lockeren Umgang damit pflege. Dann erzählte er uns von allen jüdischen Orten, Gebäuden und Dienstleistern in der Nähe und drehte eine Extra-Runde Sightseeing. Die Verbundenheit zwischen den Juden in der gesamten Welt entspringt auch aus dem speziellen Band, das wir mit Israel haben. Die meisten Juden haben Verwandte und Freunde in Israel und fahren regelmässig dorthin. Die Verbundenheit, Kritik, Verteidigung und Machtlosigkeit hinsichtlich der politischen Situation in Israel schafft neben heftigen Diskussionen ein tiefes Gemeinschaftsgefühl. Unsere Vorstellungen sind nicht immer gleich, wir haben unterschiedliche Meinungen und kritisieren uns gegenseitig, aber es ist klar: Befürworter und Kritiker der Regierungspolitik fühlen eine tiefe Verbundenheit mit dem Staat und dem Volk Israel. In Israel fühle ich mich stark mit der jüdischen Geschichte verbunden. Ich fühle die Anwesenheit der Könige und Propheten aus biblischen Zeiten, der grossen Rabbiner aus der Talmudischen Zeit, der jüdischen Einwohner, die während Jahrhunderten in dem Land gewohnt haben, der ersten Pioniere, die Ende des 19. Jahrhunderts ins Land kamen und Dörfer gründeten, und der späteren Immigranten, die während des 20. Jahrhunderts das Land aufgebaut haben.

Ebenso hege ich tiefe Bewunderung für die heutigen Einwohner, die sich für das Land einsetzen in einer Situation, die alles andere als einfach ist, so gut oder schlecht, wie es in ihren Kräften liegt. In Israel kann ein jüdisches Leben mit all seinen Facetten gelebt werden ohne die sonst immer präsenten antijüdischen Empfindungen, die eine (oft unkluge) Reaktion der jüdischen Seite hervorrufen. Es ist befreiend, die interne jüdische Diskussion über religiöse, politische oder wirtschaftliche Angelegenheiten offen führen zu können, ohne stets im Hinterkopf haben zu müssen, was die nichtjüdische Aussenwelt wohl darüber denkt. Deshalb steht die Daseinsberechtigung Israels für mich ausser Frage. Jüdische Zusammengehörigkeit, die Verbundenheit untereinander und das Engagement und die Loyalität zu Israel sind ein essenzieller Teil meines Judentums.

II

Judentum und Gesellschaft

«Wähle das Leben» (Deuteronomium 30,19) ist für mich nicht nur ein Auftrag an den Einzelnen, sondern auch ein Leitfaden für die Gesellschaft. Aber auf welcher Ebene sollen Entscheidungen getroffen werden, auf welche Gesellschaftseinheiten sind die Anstrengungen, Interessen und Verhandlungen gerichtet – auf das Viertel, die Stadt, den Kanton, das Land, den Erdteil, die Welt? Entscheidet man sich für die Interessen der heutigen oder der zukünftigen Generation? Wie viel Zugeständnisse können sich Funktionsträger erlauben,

ohne abserviert zu werden? Wie viel «historische Zeit» benötigt eine Gesellschaft, um sich für das Leben zu entscheiden?
Glücklicherweise muss ich diese Fragen nicht beantworten.
Die Gesellschaft selbst entscheidet sich meiner Meinung nach
früher oder später immer für das Leben.

Wie sieht eine Gesellschaft aus, die sich für das Leben
entscheidet? Für mich ist das eine Gesellschaft, in der Menschenrechte garantiert werden, in der Einwohner ein freies und
beschütztes Leben führen können, in der bestimmte Gruppen
nicht diskriminiert werden, in der gegen Korruption angegan-
gen wird und die Politik sich in den Dienst der Wahrheitsfin-
dung stellt. In einer Gesellschaft, die sich für das Leben entscheidet, entwickeln sich Menschen, sie können und wollen der
Gesellschaft einen positiven Beitrag erweisen. «Die Welt beruht
auf Wahrheit, Recht und Frieden» (Mischne Awot 1,18).

Öko-Kaschrut

Die rituellen Speisegesetze, worunter auch die Art und Weise
fällt, in der Tiere auf eine (in der biblischen Zeit) «humane»
Weise geschlachtet werden müssen, sind für die nichtjüdische
Gesellschaft irrelevant. In den USA hat sich in den letzten
Jahren jedoch der Begriff Öko-Kaschrut etabliert (Kaschrut
ist das Hauptwort für koscher machen/sein). Öko-Kaschrut
beschäftigt sich nicht nur mit der gebotenen Weise, wie Tiere
geschlachtet werden müssen, sondern auch mit der Art und
Weise, wie die Tiere gelebt haben. Hatten sie genügend Bewe-
gungsfreiraum, genügend Tageslicht, wurden sie gut versorgt?
Ein Öko-Kaschrut Zertifikat garantiert neben einer koscheren
Schlachtung ein «koscheres Leben» des Tieres.

Position des Fremden

Zu den jüdischen Grundprinzipien gehört die Nächstenliebe
(Levitikus 19,18). Die Tora schreibt vor, dass diese auch für
den Fremden gelten muss (u. a. Levitikus 19,32). Der Fremde
wird als ein schwächeres Mitglied der Gesellschaft angesehen,
das Schutz und Unterstützung benötigt, er darf weder phy-
sisch noch psychisch unterdrückt werden (Exodus 22,20).
Viele Länder haben ein Integrationsproblem mit Immigranten. Integration bedeutet dann meistens, dass die Fremden
sich wie die Einheimischen verhalten müssen. Es geht auch
anders: Bei unserem letzten Besuch in New York haben wir
zwei Polizisten nach dem Weg gefragt. Die Polizistin trug ein
Kopftuch unter ihrer Polizeimütze und der Polizist sprach mit
einem starken spanischen Akzent. Die New Yorker sind chine-
sischer, indischer, afrikanischer, europäischer und jüdischer
Herkunft. Aber alle sind sie, fühlen sie sich und werden als
Amerikaner anerkannt – «No problem». Pizza, Frühlingsrol-
len und «gefillte Fisch» werden als typische amerikanische Ge-
richte angesehen. Ein weiteres Land, in dem es keine Fremden
gibt, ist Surinam. Es wimmelt dort von Bevölkerungsgruppen:
Hindustane, Kreolen, Maroons, Javanesen, Chinesen, Liba-
nesen, Syrer, Europäer (v. a. Niederländer), indigene Stämme
und inzwischen viele Gemischtstämmige. Alle unterscheiden
sich in Kultur und religiöser Ausrichtung. Und man spricht
Verschiedenheiten aus, nennt sie beim Namen. Ich glaube,
darin liegt mit ein Grund für das friedliche Zusammenleben
in Surinam. Die Schweiz scheint hingegen Probleme mit den
Fremden zu haben. Auch mein eigenes Israel ringt mit dieser
Materie und hat sich als jüdischer Staat die jüdischen Normen
und Werte nicht angeeignet. Der Auftrag «liebe den Fremden
als deinen Nächsten» ist noch Desiderat.

Taten der Barmherzigkeit

Neben der sozialen Gesetzgebung enthält die Tora auch moralische Richtlinien. So ist es einem aufgetragen, Gutes und Gerechtes zu tun (Deuteronomium 6,18, Sprüche 3,4). Gemäss der jüdischen Bibelliteratur bedeutet dies, mehr zu tun, als man verpflichtet ist. Man erfüllt im Prinzip seine Pflicht, indem man dem Armen das Geld in die Hand drückt. Aber dies ist gemäss der jüdischen Tradition nicht gut genug. Es ist besser, als Gebender und Nehmender anonym zu bleiben. Das zwischenmenschliche Verhältnis wird nicht durch Dankbarkeit, Abhängigkeit oder Überlegenheit getrübt. Der in Micha 6,8 zu lesende Auftrag «in Güte zu lieben» wird im Talmud (Babylonischer Talmud Sukka 49b) mit *gemilut chassadim,* «Taten der Barmherzigkeit», interpretiert. Gemeint ist, dass einer guten Tat gegenüber keinerlei Verpflichtung oder Erwartung einer Gegenleistung stehen darf. Die heutigen westlichen Staaten tragen einen Grossteil der Verantwortung für das Wohlergehen der Bürger. Dies kann durchaus als ein Zeichen des Fortschritts angesehen werden. Es ist im eigentlichen Sinn jedoch auch ein Rückschritt. Inmitten unserer auf den Homo Ökonomikus ausgerichteten Konsumgesellschaft verflüchtigt sich das Tun von Taten der Barmherzigkeit unter dem Vorwand, beschäftigt zu sein. Meiner Meinung nach führt dies nicht nur zu «Verlusten» für die Bedürftigen. Die Belohnung für Taten der Barmherzigkeit ist die Tat der Barmherzigkeit selbst: Barmherzig sein befriedigt. Wenn ich mich umschaue, frage ich mich manchmal besorgt, was uns in der heutigen Zeit des materiellen Wohlstandes tatsächlich noch befriedigt.

Epilog

Vielleicht ist der essenziellste Auftrag innerhalb des Judentums der, aus der Welt einen besseren «Wohnort» zu machen, das so genannte *tikun olam* (das Heilen der Welt), das Näherbringen einer besseren Welt, in der messianischen Zeit mündend, was für Juden und Nichtjuden dieselbe Bedeutung hat: eine Zeit des ultimativen Friedens, eine Zeit, in der es niemandem an Nahrung, Kleidung und Obdach fehlt. Obgleich ein jüdischer Auftrag, so ist es für mich offenkundig, dass er die gesamte Menschheit angeht und eng zusammenhängt mit dem Auftrag, sich für das Leben zu entscheiden. Die Sehnsucht nach Frieden und Harmonie ist weltumspannend, genau wie die Möglichkeit, danach zu streben. «Der Ewige ist gut zu allen, und seine Barmherzigkeit erstreckt sich über alles, was Er geschaffen hat» (Psalm 145,9). Diese Haltung gilt umso mehr auch für uns Menschen, denen aufgetragen ist, Gott nachzueifern (*imitatio Dei*). Der Talmudische Rabbi Chamma antwortet auf die Frage, was dies bedeutet: «Wie Er, der Heilige, gepriesen sei Er, die Nackten kleidet [das Kleiden von Adam und Eva im Paradies], musst auch du die Nackten kleiden, wie Er die Kranken besucht [Awraham nach seiner Beschneidung], musst auch du die Kranken besuchen, wie Er die Trauernden tröstet [Awraham nach Sarahs Tod], musst auch du die Trauernden trösten» (Babylonischer Talmud Sota 14a).

1 Awraham Jehoshua Heschel: The Schabbath (1951), deutsch: Sabbat. Seine Bedeutung für den heutigen Menschen, Neukirchen-Vluyn 1990.

2 Martin Buber: Ich und Du, Leipzig 1923 u. ö.

WAS DER MENSCH BRAUCHT:
EINE BIBEL UND EINE ZEITUNG

Denn mit dem Himmelreich ist es wie mit einem Gutsherrn, der am frühen Morgen ausging, um Arbeiter für seinen Weinberg einzustellen. Nachdem er sich mit den Arbeitern auf einen Denar für den Tag geeinigt hatte, schickte er sie in seinen Weinberg. Und als er um die dritte Stunde ausging, sah er andere ohne Arbeit auf dem Marktplatz stehen, und er sagte zu ihnen: Geht auch ihr in den Weinberg, und was recht ist, will ich euch geben. Sie gingen hin. Wiederum ging er aus um die sechste und neunte Stunde und tat dasselbe. Als er um die elfte Stunde ausging, fand er andere dastehen, und er sagte zu ihnen: Was steht ihr den ganzen Tag hier, ohne zu arbeiten? Sie sagten zu ihm: Es hat uns niemand eingestellt. Er sagte zu ihnen: Geht auch ihr in den Weinberg! Es wurde Abend und der Herr des Weinbergs sagte zu seinem Verwalter: Ruf die Arbeiter und zahl ihnen den Lohn aus, angefangen bei den Letzten bis zu den Ersten. Und als die von der elften Stunde kamen, erhielten sie jeder einen Denar. Und als die Ersten kamen, meinten sie, dass sie mehr erhalten würden;

und auch sie erhielten jeder einen Denar. Als sie ihn erhalten hatten, beschwerten sie sich beim Gutsherrn und sagten: Diese Letzten haben nur eine Stunde gearbeitet, und du hast sie uns gleichgestellt, die wir die Last des Tages und die Hitze ertragen haben. Er aber entgegnete einem von ihnen: Freund, ich tue dir nicht unrecht. Hast du dich nicht mit mir auf einen Denar geeinigt? Nimm, was dein ist, und geh! Ich will aber diesem Letzten gleich viel geben wie dir. Oder ist es mir etwa nicht erlaubt, mit dem, was mein ist, zu tun, was ich will? Machst du ein böses Gesicht, weil ich gütig bin? So werden die Letzten Erste sein und die Ersten Letzte. (Matthäus 20,1–16)

Wir schreiben das Jahr 2006. Kein Wölkchen trübt den Himmel der Geldwelt. Die Wirtschaft läuft auf vollen Touren. Für Top-Manager ist es die Gelegenheit, noch höhere Löhne zu kassieren. Die gesellschaftliche Ordnung gerät aus den Fugen: Die Löhne und Boni vieler Top-Manager sind in der Schweiz innerhalb von zehn Jahren um bis zu 500 Prozent gestiegen, die Aktienkurse um 150 Prozent. Die Reallöhne aller Arbeitnehmer hingegen durchschnittlich nur um 5 Prozent und die Anzahl Vollzeitstellen nur um 1 Prozent. «Geld ist da. Mehr denn je», schreiben wir im Blick, «aber es wird immer ungleicher verteilt».

Wer in diesen Tagen des Booms und des vielen Geldes gegen die Toplöhne der Topstars anschreibt, ist sehr uncool. Mehr noch: Er gilt als Moralist. Und das ist das schlimmste Schimpfwort, das Journalisten Journalisten anhängen können. Selbst Verleger Michael Ringier hat allmählich genug von der ständigen Manager-Schelte in seinem Blatt. Er ermahnt mich väterlich, diese gut verdienenden Manager nicht länger als Abzocker zu bezeichnen. Super-Stars verdienten nun einmal Super-Gagen, das sei in der Wirtschaft nicht anders als im Sport. Und sowieso sei das Wort Abzocker hässlich und abgelutscht, ich solle mir etwas Neues einfallen lassen; zudem sei kein Mensch nur schlecht. Auch ein Top-Manager tue sicher viel Gutes und habe seine guten Seiten, ich solle nicht länger nur nach dem Haar in der Suppe suchen.

Auf seine Weise hatte der Verleger sogar recht: Tatsächlich wussten wir bei der Zeitung mit den grossen Buchstaben in jenen Tagen nicht mehr so recht, wie es weitergehen sollte. Jahrelang hatten wir uns über die Abzocker-Löhne geärgert, nun gingen uns allmählich die Worte aus. Die Pranger-Schlagzeilen verloren ihre Wirkung, und es half auch nichts, immer noch grössere Buchstaben zu verwenden. Wären unsere Buchstaben proportional zu den Managerlöhnen gewachsen, hätten sie das Format jeder Zeitung der Welt gesprengt.

Guter Rat war teuer. In der Journalisten-Zunft galten wir als altmodisch, bei den erfolgreichen Werbern mit den grossen Budgets als Verlierer und Nestbeschmutzer. Als gute Journalisten galten jene, die am nächsten an den so genannten Success-Stories dran waren. Der Tanz ums goldene Kalb lieferte den Stoff, aus dem die Träume sind. Was aber tat der BLICK? Er begleitete im April 2006 eine 3. Realklasse aus Emmen bei der Lehrstellensuche. Zwar waren auch die Zahlen dieser 18 Realschüler sehr eindrücklich, aber eben nicht sexy: 409 Bewerbungen geschrieben, vier Lehrstellen gefunden, 272 Absagen erhalten und 900 Franken Portokosten.

Eines aber war erstaunlich: Die BLICK-Leser blieben sich und uns in all den Jahren treu. Jedes Jahr schrieben sie sich in Leserbriefen die Finger wund gegen Ospel und Co., und zwar unabhängig davon, ob wir darüber noch ausführlich berichteten oder nicht. In jenem Jahr 2006 kam dann aber doch der Augenblick, da wir uns nicht mehr gegen den Zeitgeist stellen wollten: Wir beschlossen, neuerliche Lohnaufbesserungen nicht mehr zum grossen Thema zu machen. Aber da hatten wir die Rechnung ohne unsere Leser gemacht: Sie scherten sich einen Deut um unsere Zurückhaltung und schrieben mehrere Tage lang die Leserbriefseiten voll – die zornigen Zuschriften kamen zu Hunderten ohne unser Zutun. Leserbriefe zugunsten von Ospel & Co. aber mussten wir organisieren.

In jenem April 2006 wagte in der ganzen Wirtschaftswelt nur ein Mann gegen die Abzockermentalität aufzustehen. Ein Mann, der noch heute – einige Jahre und eine Finanzkrise später – seinen Mann steht. Der Unternehmer und FDP-Nationalrat, inzwischen Bundesrat, Johann Schneider-Ammann, ein trockener Oberaargauer, sagte in der Sonntagszeitung folgende Sätze: «Der gesellschaftliche Zusammenhang erträgt kein beliebiges Auseinanderklaffen der Löhne. Wenn wir nicht wollen, dass die Leute auf die Strasse gehen, müssen die Manager ihren Beitrag leisten und sich selbst zurücknehmen. Diese Manager gefährden den sozialen Frieden.» Marcel Ospel platzte darob der Kragen: «Bürgerliche Politiker, welche so die Spaltung der Gesellschaft heraufbeschwören, handeln populistisch und unverantwortlich. Hohe Löhne sind auch ein Zeichen dafür, dass die Wirtschaft floriert.»

Ich war wie vor den Kopf gestossen. Ich kannte Marcel Ospel, bis dahin hatte ich an ihm bewundert, dass er seinen Weg allein gemacht hatte. Er war einer von unten, der bei der Bank als KV-Lehrling begonnen hatte. Zweimal hatte ich ihn lange interviewt, und zweimal hatte er mir gesagt, dass er wisse, dass kein normaler Mensch seinen Lohn verstehen könne.

Was sollte ich jetzt schreiben? Ich suchte nach Worten. Auch in der Bibel. Aber die Ermahnung, dass ein Kamel leichter durch ein Nadelöhr komme als ein Reicher in den Himmel (Markus 10,24), erschien mir zu banal, zu plakativ. Und ich erinnerte mich an ein Gleichnis, mit dem ich mich selbst nur schwer anfreunden konnte. Ein Gleichnis, das ich schon als Kind als ungerecht empfand und das heute noch mein eigenes Denken und Handeln immer wieder infrage stellt. Dieses Gleichnis erzählte ich am 22. April 2006 in meiner Samstags-Kolumne «auf ein Wort» prominent auf Seite zwei im BLICK unter dem Titel «Das Evangelium des Marcel Ospel»:

«Ein Weinberg-Besitzer stellt Arbeiter ein. Nachdem er den üblichen Lohn mit ihnen vereinbart hat, schickt er sie in seinen Weinberg. Viele Arbeiter will er einstellen. Deshalb sucht er den ganzen Tag: morgens um 6 Uhr, um 9 Uhr, zur Mittagszeit und um 15 Uhr. Sogar noch um 5 Uhr nachmittags wirbt er bei Arbeitslosen, sie möchten noch für eine Stunde arbeiten kommen.

So weit hören wir der Geschichte von den Arbeitern im Weinberg des Herrn gerne zu, die Jesus vor 2000 Jahren seinen Jüngern erzählte. Aber jetzt wird's ärgerlich: Bei der Entlöhnung kommen zuerst die Kurzarbeiter dran. Für eine einzige Arbeitsstunde bekommen sie den vollen Tageslohn. Die Vollzeitbeschäftigten kommen zuletzt dran. Sie sind masslos enttäuscht: Ihr Lohn ist genauso hoch! Sie beginnen zu murren.

Haben die Murrenden nicht recht, wenn sie die Lohnpolitik dieses Arbeitgebers als ungerecht empfinden? Wer viel arbeitet, muss doch mehr verdienen, als wer wenig arbeitet? ‹Mein Freund›, sagt dann der gütige Arbeitgeber zum Sprecher der Murrenden, ‹ich tue dir nicht unrecht.› Der Weinberg-Besitzer hat recht. Er nimmt den Vollzeitbeschäftigten ja nichts weg. ‹Ist dein Auge böse, weil ich gut bin?› Bei dieser Frage des Arbeitgebers fühlen wir uns endgültig ertappt: Der Aufstand der Murrenden ist nichts anderes als der Neid auf die Beschenkten.

Dies ist die schwierige, aber befreiende Botschaft des gütigen Herrn im Weinberg. Er sortiert nicht nach der Leistung.

Er gibt jedem eine Chance. Er möchte allen Arbeit geben, von der man leben kann.

Wir alle sind murrende Arbeiter im Weinberg. Wir streben unentwegt nach Leistung und Lohn. Aber wir wissen auch: Dass wir geliebt werden, dass wir Treue erfahren, dass wir Menschen haben, die uns verstehen – das alles lässt sich nicht verrechnen. Es wird uns geschenkt.

Ob der Schweizer Arbeitsherr Marcel Ospel die Geschichte von den Arbeitern im Weinberg des Herrn kennt, weiss ich nicht.

Das Evangelium des Marcel Ospel kennen wir. Die Geschichte der Arbeiter im Weinberg hört sich so an: Nach getaner Arbeit sah der Hausherr, dass der Weinberg Früchte trug wie noch nie. Er zahlte seinen Angestellten den vereinbarten Lohn aus. Sich selbst zahlte er über 200-mal mehr als den Durchschnittslohn. Den vielen Menschen aber, die verständnislos murrten, sagte er nur: ‹Bürgerliche Politiker, welche so die Spaltung der Gesellschaft heraufbeschwören, handeln populistisch und unverantwortlich. Hohe Löhne sind ein Zeichen dafür, dass die Wirtschaft eines Landes floriert.›

So endet das Evangelium nach Marcel Ospel. Verkündet hat er es letzten Sonntag. Das ganze Volk hat es gehört. Aber Glauben schenkt ihm keiner. Amen.»

Selten habe ich mich beim Schreiben so sehr als Journalist *und* Theologe gefühlt.

Für mich war es eine besondere Kolumne. Und eine der wenigen, auf die sich ein Angesprochener meldete, um weiter zu diskutieren: Noch am selben Wochenende bekam ich ein E-mail von Ospels Pressesprecher. Der UBS-Präsident liess fragen, ob dieses Evangelium nicht einen anderen Schluss nahe lege. Ganz im Duktus der biblischen Sprache endete das

E-mail aus der Banketage sinngemäss wie folgt: Nach getaner Arbeit sah der Hausherr, dass der Weinberg Frucht trug wie noch nie. Er zahlte seinen Angestellten einen guten Lohn. Und auch für ihn selbst blieb mehr als genug übrig. Alle waren zufrieden, denn keinem geschah ein Unrecht. Es war die Schilderung des kapitalistischen Paradieses.

Von der Bonusgier in Wallstreet zur Aufräumaktion Jesu im Tempel – oder die Notwendigkeit einer anderen Hausordnung

Wir schreiben April 2009. Vor drei Jahren waren wir vom BLICK in der Schweizer Medienlandschaft einsame Rufer gegen Profit- und Bonusgier, heute ist es ein Allerweltsdiskurs geworden, der bequemen Geistern eine ernsthafte Analyse der Finanzkrise erspart und insofern eine populistische Verharmlosung darstellt. Was fehlt, ist die Diskussion über neue Perspektiven und ein anderes Handeln. Ein Handeln, das die Gesellschaft nicht dereguliert und auseinanderreisst, sondern die Menschen als Subjekte solidarisch zusammenbringt.

In der Bibel und ganz besonders in den Evangelien finden wir diese andere Hausordnung, in der es kein Oben und kein Unten gibt, sondern nur ein Zusammen. Es ist die Mahlgemeinschaft Jesu, eine Tischgemeinschaft, in der niemand weniger wert ist als der andere und alle einander gleichgestellt sind. Diese Tischgemeinschaft Jesu fällt nicht vom Himmel. Sie wird immer wieder neu gelebt. Und sie lebt, weil alle daran teilhaben und niemand ausgeschlossen wird. Von der ausgelassenen Hochzeit zu Kana über die Speisung der Massen durch das Teilen der vorhandenen Brote bis zum letzten

Abendmahl. Und auch dort, wo im Neuen Testament von der Begegnung mit dem auferstandenen Christus erzählt wird, geschieht dies in der Tischgemeinschaft. Das Handeln Jesu hat nichts gemein mit faulem Herumsitzen. Im Gegenteil: Die Tischgemeinschaften sind die Frucht seines Handelns. Jesus geht zu den Menschen, in ihren Häusern fühlt er sich wohl. Und Maria wäscht ihm mit ihren langen Haaren den Staub von den Füssen. Nicht wohl fühlt er sich dagegen in den steinernen, heiligen Tempeln.

Der französische Theologe Georges Casalis beschreibt diese messianische Praxis Jesu als Praxis in drei Dimensionen: als Praxis der Hände, der Füsse und der Augen.

Die messianische Praxis Jesu ist eine Praxis der Hände, die die Frucht der Arbeit gerecht teilt, die geschundenen Körper aufrichtet und belebt, zur Arbeit, zum Sprechen und zur Liebe. Jesus berührt die Armen und Geschundenen, nicht nur im übertragenen Sinn, nein, ganz konkret mit seinen Händen. Er ist ihnen nah, er nimmt sie in seine Hände. Deshalb stehen sie auf.

Die messianische Praxis Jesu ist eine Praxis der Füsse, die geografische, soziale und religiöse Ortsveränderungen vollzieht, damit neue menschliche Beziehungen geschaffen werden, die nicht auf Herrschaft, sondern auf Gegenseitigkeit beruhen. Alle biblischen Erzählungen berichten davon, dass Jesus andauernd herumgezogen ist. Viel Zeit verbringt er in der Peripherie, draussen auf dem Land, in den Dörfern und bei den Fischern am Wasser. Er geht sogar nach Samaria zu Fremden. Und weil er selbst seinen Weg geht, bringt er auch andere in Bewegung: «Steh auf und geh», sagt er Kranken und Krüppeln.

Die messianische Praxis Jesu ist eine Praxis der Augen. Zahlreich sind die Geschichten, die davon erzählen, dass Jesus Blinden die Augen geöffnet hat. – Die Augen sind da, um das Richtige zu sehen, um sich nicht entfremden zu lassen, sei es durch die herrschenden Ideologien, sei es durch Slogans und Propaganda. Die Augen sind dazu da, damit man das Wahre sieht – in der Welt und in jedem Menschen. Die wahre Praxis der Augen ist jene, in der man sich nicht ideologisch verblenden lässt. Wie oft muss Jesus seinen Jüngern sagen: «Seht ihr denn nicht?» Eine Praxis der Augen in der Nachfolge Christi drückt die ideologiekritische Dimension des Glaubens aus.

Von dieser befreienden Praxis der Hände, der Füsse und der Augen berichtet ganz besonders die folgende Erzählung aus der Bibel. Auch diese Geschichte ist eine gute Boulevard-Geschichte. Eine Geschichte, die man unbedingt weitererzählen will, weil sie eine unerhörte Begebenheit erzählt und erst noch eine befreiende Botschaft enthält, die die gesellschaftlichen Verhältnisse umkehrt, also vom Kopf auf die Füsse stellt. Es ist die Geschichte von Jesus im Tempel zu Jerusalem. Dieser Tempel war die Wall-Street des damaligen Palästinas, das ökonomische und finanzielle Zentrum. Diese Stätte des Handels, des Kults und der Politik verfügte über immense Einnahmen, die sich zusammensetzten aus den vom jüdischen Gesetz vorgesehenen Abgaben (dem Zehnten), aus Spenden aus der ganzen Welt, aus dem Erlös des Opferhandels und den Einkünften aus Liegenschaften.

Hören und lesen wir in diesem befreienden Sinne die Geschichte Jesu, der aus der Peripherie Galiläas ins Zentrum nach Jerusalem kam und dort mit Händen, Füssen und Augen die messianische Botschaft verkündete. Vom Leben zur Bibel – von der Bibel zum Leben. Genau so verstehe ich die Bibel in meinem Leben.

Dann kamen sie nach Jerusalem. Jesus ging in den Tempel und begann, die Händler und Käufer aus dem Tempel hinauszutreiben, er stiess die Tische der Geldwechsler und die Stände der Taubenhändler um und liess nicht zu, dass jemand irgendetwas durch den Tempelbezirk trug. Er belehrte sie und sagte: «Heisst es nicht in der Schrift: Mein Haus soll ein Haus des Gebetes für alle Völker sein? Ihr aber habt daraus eine Räuberhöhle gemacht.» (Markus 11,15–17)

Es ist eine Erzählung des Weges, des Widerstandes und des Glaubens. Jesus kam von draussen, von seinen Begegnungen mit Tagelöhnern, Zöllnern und Dirnen. Er kam von dort, wo all die leben, die nicht an den Segnungen des Zentrums teilhaben. Und dann kam er nach Jerusalem. Ins Zentrum Palästinas. Und er ging ins Herz der Stadt – in den Tempel. Und dann kommt eine ganze Flut von Bewegungen: Er kam, ging, trieb hinaus, stiess um und unterband. Erst nachdem er mit Händen und Füssen mit den unglaublichen Praktiken aufgeräumt hatte, begann er wieder zu lehren und redete mit ihnen. Was Jesus immer wieder predigt, gilt auch für ihn selbst. Nicht an ihren Worten, sondern an ihren Taten werden sie gemessen. Jesu befreiende Botschaft wäre nie über Generationen weitererzählt worden, wenn nur seine Wort und nicht auch seine Taten überliefert worden wären. Die gleiche Predigt ohne die Tat, ohne die eigenhändige Wiederherstellung der Hausordnung wäre leeres Wort.

Die notwendige Umkehr zu einer neuen Hausordnung (griechisch *oikos nomos*) oder zu einer neuen Ökonomie des Teilens, wovon das Leben und Handeln Jesu Zeugnis ablegt, bildet den Dreh- und Angelpunkt der biblischen Botschaft. Ohne diese neue Tischgemeinschaft predigen wir Wasser und trinken Wein – aber nicht mit allen, sondern allein. Und es trinken immer noch viel zu viele viel zu viel allein und viel zu viele dürsten draussen mit weniger als nichts. Solange Menschen glauben, dass sie hundertmal mehr wert sind als andere, hundertmal mehr verdienen als andere, sind wir hundertmal weiter von der Tischgemeinschaft Jesu entfernt. Näher kommen wir ihr erst, wenn Händler und Käufer, Geldwechsler und Taubenhändler den Weg gehen, den Jesus ihnen eigenhändig gewiesen hat. Raus aus dem Zentrum hin zu den Menschen am Rand. Ohne Boni und ohne Gier.

Von Jesus im Tempel zur Zeitung in der Hand

Karl Barth hat einmal gesagt, ein guter Theologe, und wohl auch ein guter Christ, halte in der einen Hand die Bibel und in der anderen die Zeitung. Anders formuliert: Die Praxis der Hände, der Füsse und der Augen muss auch das eigene Wort-Arbeiten des Journalisten einschliessen. Ich habe meine erste Rede als BLICK-Chefredaktor vor der versammelten Redaktion unter diesen Anspruch gestellt. Ob ich in den vier folgenden Jahren in diesem Amt mit diesem Blatt einigermassen auf diesem Weg geblieben bin, mögen andere beurteilen. Mit den nachfolgenden Worten sagte ich 2003 meine Zeit beim BLICK an, aber sie gelten für mich grundsätzlich für meine Existenz als Blattmacher und Wort-Arbeiter im Weinberg des Herrn:

Mein Traum vom Zeitungsmachen.

Mein Traum vom Journalismus: Jour par jour ein Spiegel des Lebens.
    Für die Vergänglichkeit eines Tages ist eine Zeitung selbst ein Stück Leben. Sie lebt, denkt, spürt, hadert und handelt mit der

Zeit und in dieser Zeit. Jeden Morgen springen uns ihre Worte und Bilder frisch geboren entgegen, jeden Abend sterben ihre Buchstaben und Farben auf dem Altpapier den unbeachteten Tod einer Eintagsfliege.

Jeden Tag erfindet sich die Zeitung neu. Das ist ihr Geheimnis. Unser journalistischer Akt.

Es gibt keine allgemein gültige Zauberformel für den Erfolg oder Nicht-Erfolg einer Zeitung. Nur eines ist gewiss: Wenn eine Zeitung ihre Zeit nicht lebt, ist sie tot.

Eine Zeitung muss leben, muss Partei ergreifen für das Leben und gegen die Kultur des Todes.

Deshalb will ich Zeitung machen *mit den Augen*. Eine Zeitung, die hinschaut, wo andere wegschauen. Eine Zeitung, die auch mal ein Auge zudrückt, wo andere verlogen den Zeigefinger heben.

Ich möchte Zeitung machen *mit den Händen*. Eine Zeitung, die ihren Leserinnen und Lesern hilft, zu ihrem Recht zu kommen. Eine Zeitung, die ihnen den Weg weist durchs Dickicht der geschriebenen und ungeschriebenen Gesetze.

Ich möchte Zeitung machen *mit den Füssen*. Eine Zeitung, die mit beiden Beinen auf dem Boden steht, aber nicht stehen bleibt.

Ich setze mich ein für eine Zeitung, die aufbricht zu neuen, geheimnisvollen Ufern. Eine Zeitung, die sicheren Schrittes Bewegung ins Spiel bringt und die Leserinnen und Leser mitnimmt. Eine Zeitung, die aber auch mal – wenn's notwendig ist – den Verstockten in diesem Land gehörig Beine macht.

Mein Traum ist eine Volkszeitung, die fühlt, was geschieht. In der die grossen und kleinen Lügen des Lebens genauso pulsieren wie die grossen und kleinen Wahrheiten.

Jeden Tag suchen wir das Leben.
Denn vielleicht ist alles ganz anders, als wir meinen.

WAS DER MENSCH BRAUCHT:
DIE FÄHIGKEIT ZU LIEBEN

«Du sollst den Herrn,
deinen Gott, lieben mit deinem
ganzem Herzen und mit deiner ganzen Seele
und mit deinem ganzen Verstand.»
Dies ist das grösste und erste Gebot.
Das Zweite aber ist ihm gleich:
«Du sollst deinen Nächsten lieben wie dich selbst.»

(Matthäus 22,37–39)

[Diese Antwort gab Jesus auf die Frage der Pharisäer:]
«Lehrer, welches ist das grösste Gebot im Gesetz?»

(Matthäus 22,36)

I

Bei der Abdankung meines Vaters vor einigen Jahren im Zürcher Fraumünster bat mich der Pfarrer, seine drei wichtigsten Eigenschaften aufzuzählen, und ich nannte «Liebe, Demut und Grosszügigkeit». Diese Charakterzüge hatte mein Vater nicht von Geburt an, und noch als kleiner Junge habe ich ihn auch anders erlebt. Seit meine Eltern ihr Leben Jesus Christus übergeben hatten, konnte ich eindeutig beobachten, wie Gott sie veränderte und ihre Liebe stetig zunahm. Matthäus 22,39 beschäftigt mich seither, und es ist mein inniger Wunsch und mein Ziel, in diesen drei Eigenschaften und insbesondere in der (Nächsten-) Liebe stetig zu wachsen.

Die Bedeutung von «Liebe» ist verwässert. Viele denken: Ja, das Wichtigste wäre doch die Liebe, und unsere Welt braucht mehr davon, und wo ist eigentlich diese Liebe? Seit Menschengedenken sehnen wir uns nach mehr Liebe. Sie wird in Gedichten und Liedern interpretiert, sogar Events wie «Love Parade» oder «Love Ride» werden damit «gebrandet». «Ich liebe dich»/«I love you» wird insbesondere im Englischen für alles Mögliche missbraucht: «Weshalb liebst du mich? Weil du mich im Moment gerade schön findest? Weil dein Gefühl jetzt danach verlangt?» Die wahre Bedeutung von Liebe wird zusehends zerstört.

Jesus sagt in Matthäus 22,39, wir sollen unseren Nächsten (wie uns selbst) lieben. Wer ist mein Nächster? Für mich sind es zuerst meine Frau und unsere Kinder, dann Freunde, Nachbarn, Arbeitskollegen, Geschäftspartner, Konkurrenten und meine «Feinde» …

Unser Problem ist, dass wir egoistisch zur Welt kommen. Man beobachte kleine Kinder im Sandkasten: Ohne Aufsicht entsteht Streit – «Zuerst ich, dann der Nächste». Ich bin fünfundvierzig Jahre alt, und auch ich war einmal ein Junge im Sandkasten, und bei mir war es auch so. Egoismus ist tief in uns Menschen verankert, und unter anderem haben wir auch dadurch so viele Probleme in unserer Welt.

Heute mache ich mir ernsthafte Gedanken dazu. Mittlerweile irritiert es mich, wenn ich mich egoistisch verhalte. Zumindest habe ich (nachträglich) ein schlechtes Gefühl, und ich erkenne, dass egoistisches Verhalten unglücklich macht und zu Leere und Einsamkeit führt.

Vergeblich versuchen Menschen innere Leere mit «Dingen» für sich selbst zu füllen: dieses Haus, diese Frau, diesen Mann, diese Beförderung, diese Schuhe, dieses Auto etc. Wenn wir aber wirklich glücklich werden wollen, dann müssen wir unsere Mitmenschen von Herzen lieben und grosszügig sein, nicht nur in Bezug auf Geld. Wir müssten uns ehrlich freuen, wenn es auch anderen gut geht, wenn sie Erfolg haben, wenn sie gesund, froh und glücklich sind. Das macht uns selbst glücklich. Erst nach dem Säen können wir ernten. Jeder Bauer kann das als natürliches Gesetz beobachten. Erst wenn wir Liebe säen, können wir auch Liebe ernten.

Wenn wir zum Beispiel im Geschäft einen guten Jahresabschluss verzeichnen, dann geben wir freiwillig auch den Mitarbeitenden einen Teil vom Ertrag weiter. Aus Spass habe ich dem Team schon gesagt, dass ich mir davon einen Ferrari hätte kaufen können. Nicht dass ein Ferrari etwas Schlechtes wäre, aber ich möchte eben keinen. Schon mein Vater hat auf diese Weise unseren Erfolg geteilt, und ich habe das so übernommen. Oder wenn zum Beispiel ein Gast im Restaurant mit seinem Gericht nicht satt wurde, dann fragen wir, ob wir ein Gratis-Supplémement bringen können. Das sind kleine Details, aber so können wir üben, auch in den grösseren Dingen grosszügig zu werden.

Einfach zu verstehen ist das sicher nicht, eigentlich machen wir oft das Gegenteil und denken zuerst an uns selbst. Tief in meinem Innern spüre ich, dass ich «jeden Nächsten» von Herzen lieben sollte, weil er oder sie genauso Schöpfung ist wie ich. Aber erst mit Gottes Hilfe und durch meinen Gehorsam bin ich fähig, auch Menschen zu lieben, die nicht nett zu mir sind oder die mich enttäuscht oder verletzt haben. Das kann sehr anspruchsvoll sein.

«Meinen Nächsten lieben wie mich selbst» heisst dann nicht, dass der Nächste besser ist oder sich besser verhält. Ich möchte die anderen einfach so behandeln, als ob sie und ihre Zeit wichtiger wären als ich. Das ist ein oft steiniger Weg.

Das extreme Beispiel dazu ist Jesus am Kreuz. Die religiösen Führer hänselten ihn: «Hilf dir doch selbst, komm doch runter, wenn du Gottes Sohn bist.» Jesus hat es freiwillig nicht getan, weil er uns bevorzugt. Er hätte locker runtersteigen können. Aber wenn er es getan hätte, dann wäre die Menschheit nicht durch ihn errettet worden.

Matthäus 22,39 hat auch mit Respekt zu tun. Respekt vor der unendlichen Vielfalt von Gottes Schöpfung. Aber auch Respekt vor der individuellen Freiheit jedes einzelnen Menschen. Im Haus Hiltl beschäftigen wir hundertfünfzig Menschen aus fünfzig Nationen. Jeder hat seine Muttersprache, sieht anders aus, ist anders erzogen und hat eigene Traditionen. Unser multikulturelles Team ist ein ausgezeichnetes Übungsfeld. Es wird mir immer bewusster, wie wertvoll Vielfalt ist und dass wir sehr sorgfältig mit der von Gott jedem Menschen geschenkten Freiheit umgehen müssen. Ein enger Blickwinkel ist meist von unserer eigenen, voreingenommenen Meinung bestimmt, und dann urteilen wir zu schnell. Das hat nichts mit Nächstenliebe und nichts mit Freiheit zu tun.

Natürlich haben wir im Geschäft interne Richtlinien und Regeln. Diese gelten für unser Haus und sind von allen Mitarbeitenden zu respektieren. Schlussendlich basiert aber auch dies auf persönlicher Freiheit. Jeder und jede Angestellte kann sich für oder gegen unsere Regeln entscheiden. Als Chef muss ich deshalb in gewissen Situationen streng sein und zwischendurch sogar eine Kündigung aussprechen. Dazu muss ich mich überwinden, und es ist unangenehm. Aber auch eine Entlassung kann mit Respekt und sogar in Liebe geschehen, obschon es mir für den Menschen leid tut.

Gottes überfliessende und bedingungslose «Agape-Liebe» fasziniert mich, und ich beginne sie tropfenweise zu verstehen: Gottes reine und göttliche Liebe. Bedingungslos, einseitig, befreiend, auf andere zentriert. Agape ist die interessenlose Liebe, die sogar ihre Feinde liebt – «Herr, vergib ihnen, denn sie wissen nicht was sie tun.» Genau diese Liebe möchte ich meinen Mitmenschen weitergeben, auch in schwierigen Situationen, wie oben beschrieben. Ich habe noch sehr viel Potenzial «in dieser Liebe zu wandeln» und will täglich dranbleiben, um die Andersartigkeit und Vielfalt meiner Mitmenschen wirklich und von Herzen wertzuschätzen.

Wir kommen zum zweiten Teil von Matthäus 22,39: «wie dich selbst». Mich selbst zu lieben ist mindestens so schwer wie «Liebe deinen Nächsten». Wer bin ich? Weshalb bin ich hier? Liebe ich mich? Gott sagt in der Bibel: «Lasst uns Menschen machen in unserem Bild, uns ähnlich!» 1. Mose 1,26.

Sehr viele Menschen erkennen diesen Wert vor dem Schöpfer nicht und glauben, dass wir per Zufall hier sind oder «nur» von Affen abstammen. Was ist das für eine Perspektive? Ein herziges Äffchen kann ich im Zoo bestaunen und sogar «lieben». Aber ich kann und will es nicht mit mir selbst und meinen Mitmenschen gleichsetzen. Heute weiss ich, dass jeder von uns absolut einzigartige Schöpfung ist. Dieses positive Menschenbild hilft mir im Umgang mit unserem Team enorm.

Auch mit unseren Kunden: Täglich bedienen wir im Haus Hiltl über zweitausend Gäste, und einige sind schlecht gelaunt. Vielleicht wurden sie von ihrem Chef nicht gut behandelt, vielleicht haben sie private Probleme, und es kann sein, dass sie dann ihren Frust uns Gastgeber spüren lassen. Damit kann ich mittlerweile umgehen, weil ich auch weiss, dass jeder Gast Schöpfung ist, deshalb gehe ich in einer «dienenden Haltung» mit ihm um, selbst wenn er «nicht gut aufgelegt» ist.

Bevor ich meinen Nächsten lieben kann, muss ich aber zuerst mich selbst lieben und mich annehmen, so wie Gott mich geschaffen hat. In meiner Unvollkommenheit, aber in der Gewissheit, dass er mich vollkommen machen kann und will, wenn ich ihm dazu Freiraum gebe.

Menschen, die sich selbst nicht lieben, sind verletzt, enttäuscht oder verbittert und dadurch nicht fähig, ihren Nächsten zu lieben. Wenn ich keine Liebe in mir und für mich selbst habe, kann ich diese auch nicht weitergeben. Denn aus unseren Gedanken und aus unserem Mund kommt das, womit unser Herz gefüllt ist.

Weiter sagt Gott in der Bibel sogar, dass er Himmel und Erde für mich geschaffen hat. Unglaublich: Das Universum soll geschaffen sein «nur» für uns Menschen? Auch sagt er, dass er mich liebt, unabhängig davon, was ich mache oder glaube oder tue oder denke: Das ist sein Geschenk und seine bedingungslose «Agape-Liebe» für jeden einzelnen Menschen.

Oft meinen wir, dass Gottes Liebe immer sozial und humanistisch ist. Sie ist auch klar, gerecht und ehrlich. Damit ich mich selbst lieben kann, muss und will ich zuerst mir selbst gegenüber ehrlich sein. Zum Beispiel wenn ich erkenne, dass ich einen Fehler gemacht habe. Dann gibt es nur einen richtigen (und nicht einfachen) Weg: «Es tut mir leid, und ich mache es nicht mehr.» Fertig. Deshalb muss ich mich nicht verurteilen oder klein machen, denn seine Gnade ist trotzdem grösser. Es geht hier um Klarheit und Barmherzigkeit und darum, dass wir uns verbessern und weiterkommen.

Immer wieder erlebe ich dies als grosses und wunderbares Geheimnis im Alltag. Kürzlich mussten wir eine Mitarbeiterin schriftlich verwarnen, weil sie sich einem Gast gegenüber nicht korrekt und gemäss unserem Leitbild verhalten hat. Sie war hochmütig und arrogant. Das Gespräch war nicht einfach und auch für mich schmerzhaft. Ich blieb aber klar, und sie hat diese Verwarnung unter Tränen unterschrieben. Dann habe ich der Mitarbeiterin erklärt, dass sie jetzt zwei Möglichkeiten habe. Entweder verbittert und beleidigt sein und die Schuld beim Gast suchen, oder tiefgründig in den Spiegel schauen und ihren Anteil darin erkennen und es in Zukunft anders machen. Sie hat es sich gut überlegt und sich für die zweite, meines Erachtens richtige Variante entschieden. Sehr konzentriert und motiviert arbeitete sie weiter. Wenige Tage später haben wir einen absolut begeisterten Gästebuch-Eintrag zum tollen Service genau dieser Mitarbeiterin erhalten. Ich habe mich extrem gefreut für sie. Das Kompliment war und ist noch für alle einsehbar, und ich habe ihr persönlich gratuliert und ihr gesagt, dass sie dieses Kompliment aufgrund ihrer richtigen Reaktion auf die damalige Verwarnung erhalten hat. Seit Wochen erbringt sie seither eine stetige und ausgezeichnete Leistung.

II

«Du sollst deinen Nächsten lieben wie dich selbst»: Das war Jesu Antwort auf die Frage der Pharisäer: «Lehrer, welches ist das grösste Gebot im Gesetz?»

Ein Gebot ist eine verbindliche Anweisung. Es ist kein Gefühl und kein Vorschlag. Gott sagt nicht: Du solltest deinen Nächsten lieben wie dich selbst, wenn du es kannst. Es ist eine Anweisung von Jesus, dem Kopf der Kirche, vom König der Könige, vom Vater im Himmel an seine Kinder. Als «sein geliebter Sohn» kann ich dazu einen Entscheid fällen. Es ist *das* Gebot. Kann ich meinen Nächsten lieben wie mich selbst? Halte ich dieses Gebot im Alltag gegenüber meinen Mitmenschen? Ich will mich dazu immer wieder neu und sehr ernsthaft hinterfragen.

Gott ist Liebe, und Liebe ist in Jesus eine Person, und sie führt zu guten Taten im Verhältnis zu anderen Personen. Das hat nichts damit zu tun, wie ich mich gerade fühle. Ich entscheide mich zu lieben, und das bringt mich zur echten Freiheit.

«Du sollst den Herrn, deinen Gott, lieben mit deinem ganzem Herzen und mit deiner ganzen Seele und mit deinem ganzen Verstand.» Dies ist das grösste und erste Gebot. Das Zweite aber ist ihm gleich: «Du sollst deinen Nächsten lieben wie dich selbst.»

Ich stelle fest, dass ich das zweite (gleich wichtige) Gebot nur erfüllen kann, wenn ich das erste immer wieder neu belebe. Wenn ich meinen Vater im Himmel nicht «mit ganzem Herzen, ganzer Seele und ganzem Verstand» liebe, dann kann ich «meine Feinde» nicht lieben und ihnen auch nicht vergeben.

Die Liebe Gottes möchte ich im Alltag vorleben. Damit ich das lerne, lesen meine Frau und ich regelmässig in der Bibel und hören uns Predigten an. Dadurch gelangt das Wort (die Liebe) Gottes in unsere Herzen und wir lernen ihn besser kennen. Dabei wird mir immer bewusster, dass er uns bedingungslos liebt, und ich vertraue darauf, dass er mir hilft, seine bedingungslose «Agape-Liebe» auch weiterzugeben.

Alles, was wir von unserem Nächsten erwarten, sollen wir zuerst für ihn tun. Wenn wir Matthäus 22,39 wirklich ernst nehmen, dann wird es unserer heutigen Gesellschaft viel besser gehen. Das Zusammenleben wird friedlicher, angenehmer und respektvoller. Eine enorm wichtige Bedingung dazu ist Vergebung. Durch Vergebung ermöglichen wir unserem Nächsten, von seiner Schuld uns gegenüber befreit zu werden. Mindestens so wichtig ist dabei, dass wir dadurch selbst frei werden von Selbstmitleid und Verbitterung. Wir tragen «diese schwere Last der Unvergebenheit» nicht mehr auf unseren Schultern. Das befreit, und wir können wieder lieben, werden freundlich, wohlwollend und positiv. Das ist attraktiv und zieht Menschen an. Deshalb ist Matthäus 22,39 äusserst relevant für unsere Gesellschaft und ein ganz wichtiger Faktor für Erfolg, sei es privat, wirtschaftlich oder politisch. Wenn man diesen Vers ignoriert oder das Gegenteil davon lebt, dann ist oder wird man erfolglos – davon bin ich überzeugt.

Kann es sein, dass unsere Ansprüche an unseren Nächsten oft unrealistisch und egoistisch sind? Wollen wir zu perfekt sein? Setzen wir uns und unser Umfeld unnötig und zwanghaft unter Druck? Kürzlich haben meine Frau und ich eine sehr prägnante Aussage dazu gehört: Erwarte nichts und schätze alles. Das hat uns als Paar sehr aufgewühlt. Bezogen auf unsere persönliche Beziehung haben wir festgestellt, dass damit «unsere Probleme» schlagartig viel kleiner wurden …

Der schlussendlich grösste Beweis von Gottes Liebe ist aber, dass er jedem von uns absolut freie Wahl lässt. Wir können seine Liebe als Geschenk annehmen oder nicht. Vor einigen Jahren habe ich sie bewusst angenommen. Täglich entscheide mich, «meinen Nächsten wie mich selbst zu lieben». Durch Gehorsam, tägliche Übung und mit Gottes Hilfe mache ich Fortschritte.

WAS DER MENSCH BRAUCHT: DHARMA UND KARMA: PFLICHTEN UND TATEN

कर्मण्येवाधिकारस्ते मा फलेषु कदाचन ।
मा कर्मफलहेतुर्भूर्मा ते सङ्गोऽस्त्वकर्मणि ॥

Das pflichtvolle Handeln ist dein Recht –
nicht aber die Früchte davon!
Mögen nicht die Errungenschaften pflichtvollen Handelns
deine Motivation sein. Sei auch kein Anhänger des Nichtstuns.

(Bhagavad-Gita, Vers 2.47)

I

Der Hinduismus ist eine der ältesten Religionen und stammt aus dem Fernen Osten. Wie die drei hier bekannten monotheistischen abrahamitischen Religionen ist der Hinduismus auch – und zwar im Kern – monotheistisch. Aber der Hinduismus kennt dreiunddreissig Millionen Götter, die verschiedene Rollen des einen Göttlichen für die Menschen verkörpern. Der Hinduismus kennt keine Dogmen, und die Hindu-Gemeinschaften sind nicht wie die hiesigen Glaubensgemeinschaften «organisiert».

Aber solche Merkmale unserer Religion habe ich damals als Junge oder als Schüler in Indien nie als solche wahrgenommen, sondern betrachtete sie nur als natürliche Gegebenheiten. Für mich wie für die meisten Hindus war unsere Religion, sagen wir, tägliches Brot und nicht eine bestimmte Wochentagsaktivität. Religion und Kultur durchdrangen sich. Für uns war der Hinduismus ein Wegweiser. Die Religion, religiöse Führer – Gurus – sowie religiöse Bücher und die darin enthaltenen Geschichten prägten unser Verhalten direkt oder indirekt: Kriterien für mein ethisches Verhalten, für das, «was zu tun und was zu lassen ist», bekam ich durch die Gita.

Ein Satz aus der Bhagavad-Gita, oder kurz Gita, prägt mein Leben solange ich weiss:

कर्मण्येवाधिकारस्ते मा फलेषु कदाचन ।
मा कर्मफलहेतुर्भूर्मा ते सङ्गोऽस्त्वकर्मणि ॥

Auf Deutsch etwa:
Deine Aufgabe, deine Pflicht ist, in jeder gegebenen Situation dein Bestes zu tun; verschwende nie deine Zeit, dich um die Resultate zu kümmern.

Dieser Satz bedeutet für mich vor allem dies: Es gibt zwar viele Faktoren, die nicht in deinen Händen sind und die die Resultate beeinflussen können; aber was du tun kannst, ist, dein Bestes zu geben. Punkt.

Solche praktischen «Anweisungen» habe ich von Eltern, Grosseltern, Verwandten, aus Zeitungen, Zeitschriften und religiösen Vortragsserien mit dem Charakter von Unterweisungen erhalten.

Nicht einmal als Brahmanensohn bekam ich das Buch Gita bei meiner Yagnopavita Samskara, was etwa der Bedeutung der reformierten «Konfirmation» entspricht. Das Buch Gita als solches habe ich erst viel später in der Hand gehabt. Hinduismus ist eben keine Buchreligion. Jeder Hindu hat seine persönliche Interpretation und Praxis, um glücklich und heil zu werden. Aber solche einfachen Kernaussagen aus Gita prägen das Verhalten von uns Hindus.

II

Die Gita oder Bhagavad-Gita ist vielleicht das meistgelesene oder -gehörte Buch aus dem Hinduismus. Genau wie die Vielzahl von Götter und Göttinnen, gibt es eine grosse Auswahl an Texten oder Bücher im Hinduismus. Vedas sind wahrscheinlich die ältesten religiösen Texte überhaupt. Ramayana und Mahabharat sind die zwei bekannten Epen. Gita ist ein Teil von Mahabharat. Die Bhagavad-Gita gilt als Krone der vedischen Weisheit Indiens und gehört zu den bedeutendsten Werken der Weltliteratur. Ihre siebenhundert Sanskrit-Verse gewähren einen umfassenden Einblick in die Hinduwissenschaft von Karma und Dharma sowie Reinkarnation und Yoga.

Für die heutige Gesellschaft, auch über den Hinduismus hinaus, hat der eingangs zitierte Vers 2.47 in der Gita eine wichtige Botschaft. Er erklärt die Grundhaltung der östlichen Pflichtethik. Das Gute ist zu tun, nicht weil es diese oder jene Errungenschaft mit sich bringt, sondern weil es zum Karma, wörtlich: zur Arbeit des guten Menschen gehört, das Richtige zu tun. Die Begriffe Karma und Dharma sind eng verbunden. Karma in der Bhagavad-Gita ist das Umsetzen von Dharma. Dharma wiederum ist der Idealzustand menschlichen Daseins in Übereinstimmung mit der Natur durch Verwirklichung der gottgegebenen, angeborenen und erlernten Fähigkeiten. Dharma im individuellen und gemeinschaftlichen Leben anzustreben und umzusetzen ist das Karma der Gita. Voilà.

Bei der Umsetzung dieses Zieles soll sich der Weise nicht auf die «Frucht», d. h. auf eine Errungenschaft oder einen Verlust fixieren. Sie soll nicht sein Zweck sein, sondern das pflichtvolle Handeln an und für sich. Das ist sicher nicht leicht. Aber diese Grundhaltung ermöglicht die innere Gelassenheit, wodurch beim Misserfolg pflichtvollen Handelns der Mensch nicht entmutigt oder verzweifelt ist und ebenso beim Erfolg nicht übermütig wird. Durch diese Balance, der die Gita nahezu hundert Verse widmet, erreicht der pflichtorientierte Mensch das Ziel: Moksha oder Nirwana oder Erlösung von Geburt und Wiedergeburt. Wie Herman Hesse sagte: «Diese schöne Offenbarung, diese Lebensweisheit, diese zu Religion erblühte Philosophie ist es, die wir suchen und brauchen.» Auch für den bekannten Hindu Mahatma Gandhi war die Gita stets eine Quelle der Kraft und des Trostes gewesen. Diese gesamte Weisheit des Hinduismus steht offen für alle Menschen, egal aus welchem Kulturkreis sie stammen. Somit gehört die Gita zum Welterbe.

WAS DER MENSCH BRAUCHT: DEN DIREKTEN DRAHT

Obwohl wohlerzogen und lustig, habe ich als Kind anscheinend nach eigenen Gesetzen gelebt, denn von Natur aus spürte ich wenig Angst und empfand keinen Menschen als unter mir und niemanden als über mir. Nur Gott war darüber: gross, beschützend, allwissend, gerecht, verzeihend, verstehend und sehr lieb! Die Bibel, genauer das Alte Testament, faszinierte mich etwas später wegen der abenteuerlichen, spannenden Geschichten; das Neue Testament wegen der atemberaubenden Wunderwirkungen: Lahme konnten wieder gehen, Blinde wieder sehen, der Kranke nahm sein Bett und ging. Und die wundersame Fischvermehrung durch Jesus im Neuen Testament hat mich staunend und glücklich gemacht; das wäre die Lösung – so müsste die Welt doch sein: Essen für alle! Wenn man nur zaubern könnte! Und natürlich hoffte ich, dass auch mir (so wie der kleinen Bernadette von Lourdes) einmal die Mutter von Gott erscheinen würde. Nonne wollte ich sowieso werden, denn ich ging auf die Klosterschule, die zum Bischöflichen Schloss auf dem Hof in Chur gehörte, und ich ging sehr gerne hin! Stark geprägt haben mich Themen wie Solidarität mit sozial Schwachen, Armut in der Dritten Welt (wir sammelten für das heute gar nicht mehr korrekte «Kässeli vum Negerli»), ausgleichende Gerechtigkeit, einander helfen, ehrliche Kommunikation und tugendhafter Mut. Lügen und stehlen waren absolut tabu, alle Streiche sofort zuzugeben war das Beste, und gebeichtet haben wir kleine Delikte wie: «Ich habe mir am letzten Mittwochmorgen die Zähne nicht geputzt» oder «Ich habe heimlich eine halbe Tube Mayonnaise ausgesaugt». Die tägliche gute Tat wurde uns wärmstens empfohlen, darum halfen wir allen «Alten» (ein relativer Begriff) über die Strasse, ob sie wollten oder nicht; und wenn sie uns freundlich behandelten, flüsterten wir «Himmel», und wenn sie mürrisch waren oder böse, sagten wir einfach «Hölle!» und rannten davon. – Es gab über sämtliche Themen immer Diskussionen, und wir konnten angstfrei sagen, was wir dachten, solange wir den «richtigen Ton» trafen. Wir waren eine lustige und wilde Bande und hatten ein grosses Altstadt-Quartier als «playground». Mutter sagte: «Mach nichts, was Du uns nicht erzählen kannst.» Diese Hauptregel liess viele Spässe und spannende selbsterfundene Spiele zu! Katholisch sein war damals voller Abenteuer, die leere Kathedrale voller Geheimnisse. Zum Beispiel steckten wir Kinder heimlich Wunschlisten in die Ritzen und in die Kelche der Statuen oder hinter Altarbilder – was nicht entfernt würde, werde wahr! Hatten wir Bauchschmerzen, tranken wir aus dem Weihwasserbecken! Klar hat das geholfen – der Glaube versetzt ja auch Berge!

Mit acht Jahren stand ich im Garten und schaute in den Sternenhimmel, um zu begreifen: ewig-ewig-ewig-ewig-ewig-ewig-ewig-ewig-ewig-ewig-ewig-ewig-ewig-ewig-ewig-ewig ... Unsagbar zahllose Male wiederholte ich dieses Wort im Loop, bis mein Vater rief: «Komm jetzt rein – es ist ja unter

Null!» Das grosse Alles, die Sterne, Galaxien, der endlose Kosmos – also das «Unermessliche» hatten mich gerufen!

Die folgenden Zeilen kommen von Herzen und in Liebe an die Schöpfung – auch wenn ich bereits in den frühen Achtzigern während der «Zürcher Bewegig» aus der Kirche ausgetreten bin.

Zuerst aus dem Matthäusevangelium 25,34–40

Kommt, Gesegnete meines Vaters, erbt das Königreich, das euch bereitet ist seit Grundlegung des Kosmos; denn ich hungerte und ihr gabt mir zu essen; mich dürstete und ihr habt mich getränkt; ich war ein Fremder und ihr habt mich aufgenommen; ich war ein Nackter und ihr habt mich bekleidet; ich war krank und ihr habt mich besucht; ich war im Gefängnis und ihr kamt zu mir. Dann werden ihm die Gerechten antworten und sagen: Herr, wann sahen wir dich hungrig und speisten dich? Oder durstig und tränkten dich? Wann sahen wir dich als Fremden und nahmen dich auf? Oder nackt und bekleideten dich? Wann sahen wir dich krank oder im Gefängnis und kamen zu Dir? Und der König wird antworten und sagen: Wahrlich, ich sage euch: Was ihr dem Geringsten meiner Brüder getan habt, das habt ihr mir getan.

Winter. Abenddämmerung. Ein Tag vor Weihnachten! Es schneit. Im Haus riecht es nach frischgebackenen Biskuits, die die Kinder mit alten Förmchen (Stern, Esel, Hase, Huhn und Herz) selbst ausgestochen haben und die nun auf dem Küchentisch, nach Zimt und Mandeln riechend, auskühlen. Jetzt klingelt die Hausglocke. Wer mag das sein zu dieser Zeit? «Mamma, da steht eine dicke Frau und ein grosser Mann!», sagt das Kind, und die Mutter schaut den Vater an. In der Tür steht eine hochschwangere Fremde, dunkle Augen, dunkle Haut; müde sieht sie aus. Und ihr bärtiger Mann, der ebenfalls dunkle Ringe unter den Augen hat, sagt in gebrochenem Deutsch: «Bitte, geben Bett! Ist kalt und müde, Frau muss schlafen und wir auch Hunger haben.» Nun beginnen die Glocken zu läuten von der nahen Kirchturmuhr.

Was würden Sie tun, liebe Leserin, lieber Leser?

Würden Sie sagen: «Um Himmels willen, ja natürlich, bitte kommen Sie rein, Sie sind ja ganz durchnässt! Es gibt Lamm und Kartoffeln, wir machen Ihnen gleich das Gästebett fertig!» Oder: «Unsere Wohnung ist leider sehr klein, aber wir können ja die Couch ausziehen, und immerhin haben Sie es warm.» Oder: «Wenn Sie wollen, legen wir Ihnen eine Matratze in die Garage, aber bitte nicht in das Auto steigen, es ist noch ganz neu!» Oder: «Gehen Sie doch zum Sozialamt, fragen Sie um Nothilfe, oder gehen Sie am besten direkt ins Spital, ich bin ja nicht der Pestalozzi, oder! Bus 33, nur 9 Stationen.»

Oder: «Klingeln sie einfach dort drüben bei den Müllers, die wählen nämlich ‹grün›, und jetzt sollen die mal beweisen, wie solidarisch sie wirklich sind! Hier haben Sie 20 Franken … weil Weihnachten ist! … Adieu! Nütpfürunguat!»

Diese Situation steht für mich im direkten Zusammenhang mit Jesu Aussage: Was ihr dem Geringsten meiner Brüder getan, das habt ihr mir getan. Oder eben: Was ihr nicht getan (unterlassen) habt, das habt ihr mir nicht getan. Und es geht natürlich nicht um Lippenbekenntnisse, sondern darum, etwas zu tun, einzugreifen, zu handeln, etwas aktiv zu beeinflussen, in Beziehung zu treten, zu helfen, wenn man kann! Wie einfach ist es, mit vollem Bauch am offenen Kamin im Schaukelstuhl über den Hunger in der Welt zu debattieren oder an Weihnachten die Weihnachtsgeschichte der Stunde Null vorzulesen und

«O du fröhliche, o du selige gnadenbringende Weihnachtszeit» sowie «Stille Nacht, heilige Nacht» ergriffen im Kleinstkreis der Lieben zu singen – ohne die wirkliche Botschaft erkennen zu müssen und daraus eine Lehre zu ziehen! Erich Kästner sagt: Es gibt nichts Gutes ausser: Man tut es!

Einmal hat es bei mir in Graubünden an einem 23. Dezember abends wirklich an die Haustür geklopft. Draussen im Dunkeln stand ein Afrikaner – ich erschrak, mein Herz pochte mir bis zum Hals, als ich den Mann aus Somalia vor mir stehen sah. Er verkaufte Kunstkarten, mit farbigen Fäden gestickte Bilder. Einzelstücke, wunderschön. Ich habe hastig ein paar dieser selbstgefertigten Kunstwerke erstanden und ihn, weil Weihnachten war und sehr kalt, hereingebeten und etwas trocken-unsicher Gebäck und Tee angeboten. Ihm war das, glaube ich, peinlich, denn er lehnte dankend ab und verschwand in der Nacht. Und ich – war erleichtert! Aber noch oft habe ich über diese eigenartige Situation nachgedacht: Da bereise ich (als Fremde im Ausland) seit Jahrzehnten praktisch die ganze Welt, spiele mit Musikern aus China und Ägypten, Alaska, Brasilien, Senegal, Vietnam und der Schweiz; gründe eine Band, in der Buddhisten, Juden, Muslime und Christen zusammen spielen (und diskutieren und lachen), mache ein Friedens-Neujahrslied, das in dreiundfünfzig Sprachen gesungen wird (www.happynew yearsong.ch), und kaum steht am Vorweihnachtsabend ein mir unbekannter afrikanischer Herr aus Somalia vor der Tür, bekomme ich Herzklopfen, und mein Hirn produziert automatisch negative Vorstellungen: Verbrechen, Raub und Gewalt! Beschämt habe ich nachgedacht über meine Vorurteile gegenüber Menschen aus einer anderen Kultur; die Phobie vor dem Fremden; Klischees, die meine Gedankenwelt überraschenderweise immer noch bestimmen, und ich habe sogar kleinstrassistische

Partikel in meinem humanistischen Gedankengut erkennen müssen – das wurde mir durch den unerwarteten Künstler an meiner Tür erst bewusst. Nun will ich keine Sozialromantik produzieren, keinen militanten Optimismus verströmen und auch nichts schönfärben. Ich will nur sagen, dass es wichtig ist, sich selbst wahrzunehmen, sich zu durchleuchten und «im inneren Gärtli des Bewusstseins das Unkraut zu rupfen» sowie vor der eigenen Tür zu wischen. Genau deshalb ist die von mir ausgesuchte Bibelstelle für mich eine der wichtigsten: Weil sie mich daran erinnert, dass der göttliche Funke in uns allen ist, und in allem! Ebenfalls bedeutet sie mir, dass wir allen Mitmenschen – unabhängig von Rang, Namen und Herkunft – mit Achtung, Respekt und (mit-) menschlich begegnen sollen. Freundlich, in offener geistiger Grundhaltung! Ich übe …

Das zweite mir wichtige Zitat: Genesis 1,28

Gott segnete sie und sprach zu ihnen: Seid fruchtbar und vermehret euch, bevölkert die Erde, unterwerft sie euch und herrscht über die Fische des Meeres, über die Vögel des Himmels und über alle Tiere, die sich auf dem Land regen.

Früher Frühling in der Surselva, die Vögel singen! Wir hatten im November alles faule Gehölz und zwei umgestürzte Föhren zerkleinert und auf einen grossen Haufen geschichtet, damit die Vögel und Fledermäuse Unterschlupf fänden. Der Winter wurde lang und war äusserst kalt, und der Schnee lag so hoch wie seit Jahren nicht. Jetzt kann man es kaum glauben: Sie sind wieder da, ich höre ihre Pfeif- und Jubel-Signale und Trillier-Rufe wieder. Die Natur ist stark! Der Morgenhimmel sieht bereits ganz zerkratzt aus von den Kondensstreifen der Flugzeuge, und die Nachbarskatze hat mir eine tote Maus vor die Tür gelegt Ich mache Licht, das Wasser fliesst aus dem Hahn, und meinen

Kaffee brühe ich auf dem elektrischen Herd. An diesem Ort haben auch meine Vorfahren gelebt, trutzige Kleinbauern an steilen Hängen mit langen Wintern – und es ist gar nicht lange her! Sie hatten eine Kuh, zwei Ziegen und drei Hühner und konnten nichts «auf die Seite tun», und manchmal waren sie gar zu arm zum Heiraten. Und es ist nicht so lange her, da bekam meine Tante Nesa die erste AHV ausbezahlt, das, obwohl sie nie einen Rappen einbezahlt hatte! Was für ein Segen, damals! Und ich sitze am Computer und lese die Zeitung «online»: Das Front-Foto ist aus Mexiko – Menschen tragen Mund- und Nasenschutz-Masken: Schweinegrippe? Man spricht von Pandemie!? Tragen die vielen Menschen eine Mundmaske – um die andern vor sich zu schützen? Wir sind dermassen vernetzt, dass sich weltweit auch unsere Probleme vernetzen. Nicht mehr die Dürre des Tales, nein, die Finanzdürre weltweit macht zu schaffen, und wenn das Ewige Eis schmilzt und die Ozonlöcher wachsen, sind die Folgen weltweit zu spüren. Auch wenn wir hier keinen echten Hunger mehr haben, so dürstet es uns doch nach wahrhaftig Nahrhaftem und Nachhaltigem.

Vermutlich ist kein Bibelzitat so gründlich missverstanden (oder falsch übersetzt?) worden wie: Gehet hin und machet euch die Erde untertan. Es beinhaltet für mich einen fatalen menschlichen Irrtum, einen Irrweg! Untertan – heisst das: Die Natur ist unten und der Mensch oben? Also der Reiter oben und das Pferd unten! Wie die enthörnten Kühe an den Melkmaschinen, die Millionen von Mastschweinen und Batteriehühner unten, und der Konsument oben? Dann sind Schweinegrippe, Denguefieber, Vogelgrippe, Rinderwahn sozusagen die Quittung. Eine Quittung für bekleidete Schimpansen im Zirkus und die Panther hinter Gittern im Zoo. Es soll nicht lange her sein, da gab es im Basler Zolli eine Gruppe von Menschen aus Ghana in Afrika. Die Familien lebten in Lehmhütten, lagen auf Stroh und waren mit Lendenschurz bekleidet, sie hatten bemalte Körper, und lebten à la Big Brother (aber unfreiwillig) ausgestellt hinter Gittern. Und die Weissen durften sie begaffen! Die Kolonisation und Unterwerfung von Afrika machten das möglich. Die Herrenmenschen beherrschten und besassen dank Waffen und Gewalt ihre Sklaven. Heute ist «die Würde des Menschen unantastbar» – immerhin auf dem Papier! Und von der Kolonisation mit Leibeigenschaft und Ausbeutung der afrikanischen Länder mit ihren unermesslichen Bodenschätzen ging es nahtlos über in die nördliche Industrialisierung inklusive Kapitalismus. Mit der Abhängigkeit des «Lohnempfängers» wurde ein zynisches Gesetz geboren: das «Recht auf Arbeit», frei übersetzt heisst das für mich: Jeder Arbeiter hat das Recht, sich gegen Geld ausbeuten zu lassen … und wie ich diese Zeilen schreibe, die reichlich angestaubt klingen, nach Politik und Klassenkampf, da spüre ich wieder: Das wahre Christentum will keine materielle Fixierung, meint nicht egoistische Bereicherung, sondern meint: teilen und verteilen, die ausgleichende Gerechtigkeit! Jedoch entfernen wir uns tagtäglich weiter weg vom zentralen Gedanken, vom Sinn des natürlichen Wachstums, dem zyklischen «säen – wässern – warten – wachsen lassen – ernten». Aus Profitgier und Dummheit und Kurzsichtigkeit machen wir uns die Erde untertan. Natur kennt keinen Zins und Zinseszins, die Tiere und Pflanzen machen es uns vor, aber wir stopfen die Gänse, weil wir ihre Leber essen wollen, wir killen Chinchillas und Robben, weil wir ihre Pelze tragen wollen, wir holzen die Regenwälder ab, weil wir in diesen Möbeln wohnen wollen. Bald sind die Fische alle gefischt und die Netze leer – und dann? Wir verlieren die Zusammenhänge – das alte Wissen wird manchmal durch modernes Unwissen ersetzt und überlebt in den Bibliotheken und nicht in der Überlieferung von Mutter zu Tochter. Annette, eine gute Freundin, sagte kürzlich an einer «Stubete»: «Wir wissen über immer mehr immer weniger Bescheid!» Die Artenvielfalt schwindet – die Tomaten werden auch ohne Sonnenlicht rot wie echt und schmecken fad, das Getreide ist gentechnisch verändert und unverfaulbar gemacht. Monatelang strömt giftiges Öl in den Golf von Mexiko, die Aktion «top kill» soll das Ölloch stopfen? So macht sich der Mensch die Erde untertan! Wenn wir die Natur weiter zerstören, dann schafft sie uns einfach ab. Da bin ich mir sicher.

Kürzlich traf ich auf dem Bänklein vor ihrem Haus die 96-jährige Nachbarsfrau. Auf meine Frage, wie es ihr gehe, sagte sie: «Ach, die Wärme in der Stube ist halt nicht mehr die gleiche. Ich lege jetzt meine Heftli, Post und Brille drauf, weil der Stein immer kalt bleibt!» Ah, sie redet vom grossen Tavetscher-Ofen in der Stube! Ich erfahre, dass das Ofentor zugemauert wurde, weil jetzt zentral geheizt wird. «Das alte Zeugs brauchen wir nicht mehr», hat der Bauernsohn gesagt. – Ich erinnere mich an eine weitere Begebenheit mit dieser Bäuerin: Vor mehreren Jahrzehnten hatte sie soeben mit einem Beil einem Huhn vor dem Stall den Kopf abgehackt. So flog und flatterte dessen Körper kopflos einige Momente über den Hof. Ich kam zufällig dazu und war vollkommen verdattert! Sie sagte mir: «Ich habe mich vorher beim Huhn entschuldigt!» Es ist für die Pardanonza. Dass man sich beim Tier entschuldigt, bevor man es tötet und danach isst – das kommt mir vorbildlich und richtig vor.

Das dritte Zitat, das mir etwas bedeutet, stammt aus der Apostelgeschichte 20,35:
Geben ist seliger als nehmen.

In einem Sommer, kurz vor Mittag, fehlte mir Currypulver, und ich spurtete zum Dorfladen. Da stand ein Mädchen verlegen mit Maizena und Olivenöl an der Kasse. Sie hatte zu wenig Geld im Beutel und wusste gar nicht, wie weiter. Da gab ich ihr einen Fünfliber und sagte: «Den Rest kannst behalten!» Freundlich sagte die Filialleiterin aus dem Appenzell: «Jo gällezi, s letscht Hömmli het chä Täschli.» Mir fällt auf, dass die Leute hierzulande kurios kleinkrämerisch geworden sind («Denn die Wurzel aller Übel ist die Liebe zum Geld», 1. Timotheus 6,10). Denn obwohl die meisten recht gut versichert sind gegen Krankheit und Feuer, Einbruch und Unfall und altersvorversorgt – AHV oder Pensionen und mit diversen Säulen –, fällt es vielen in unseren Breitengraden recht schwer, leichten Herzens mit Geld umzugehen. Natürlich meine ich nicht übertriebenes Spendieren, Prassen, Protzen oder gar das Erkaufen von Liebe und Aufmerksamkeit. Einfach ab und zu spontan etwas schenken aus Lust am Freudemachen und absichtslos. Viele haben mehr Freude am Bekommen als am Geben – stimmt das? Überspitzt formuliert: Ein Heer von Egoisten, das dem andern eher «das Nehmen» unterstellt und deshalb aufmerksam aufpasst, keinen Nachteil zu erfahren, oder es zumindest immer «ausgeglichen» haben will: unentschieden – eins zu eins. Ich kannte ein Ehepaar (jetzt geschieden) mit getrennter Kasse, da hat die Frau in meinem Beisein ihrem Mann gesagt: «Bevor ich es vergesse, du schuldest mir dann noch einen Franken fünfundzwanzig von gestern, Schatzi, … der Kaugummi!» Es ist also ganz legitim, überexakt zu sein! Und legitim ist ebenfalls: andere listig übers Ohr zu hauen; ein kleines Schnäppchen da und dort, ein bisschen «händälä», dealen, Preise drücken, Vorteile raushauen und sich herzhaft erfreuen am Gewinn – auf wessen Kosten auch immer. «Frage nie einen Freund um Geld, denn

Geld ruiniert immer die Freundschaft!», sagte ein Onkel. Ich finde, das muss nicht so sein, denn wenn beide mit Geld nichts anderes verbinden, als «Möglichkeiten schaffen, Unterstützung geben, Überbrückungshilfe», und klare Abmachungen getroffen sind, so ist ja auch das Geben (oder Borgen) von Geld eine selige Angelegenheit für beide. – Am weitesten verbreitet aber ist: Ich nehme nichts, ich gebe nichts – jeder schaut für sich! Und überhaupt schaut ja der Bund – und der Kanton! Dieses organisierte Absichern wird sogar bei Rockmusikern immer wichtiger (Rock und Revolte sind passé) – die künstlerische Freiheit und der damit verbundene Lebensstil werden der existenziellen Sicherheit geopfert. Aber die «Kunst» wird dadurch nicht besser! «Zahlst Du auch ein für die 3. Säule?», fragte mich kürzlich ein Jazz-Pianist. «Wozu? Ich habe das dritte Auge», antwortete es aus mir heraus.

Geben und Nehmen ist eine Art Austausch, bei dem man «Föifi gerade» sein lässt – ein gutes, weil befreiendes Lebensgefühl! Da kommt mir zum Schluss eine Kurzgeschichte in den Sinn:

Es sitzt ein Bettler jeden Morgen an derselben Ecke der Bahnhofstrasse und grüsst den Direktor einer Bank, und seit Jahren bekommt er täglich von diesem 50 Rappen, für die er sich höflich bedankt. Eines Tages läuft der Bankdirektor zerstreut an ihm vorbei. Der Bettler ruft ihm nach: «Hallo! Herr Direktor – Sie haben meine 50 Rappen vergessen.» Der Bankdirektor verärgert: «Das fehlte gerade noch, dass ich zu meinen Almosen gezwungen werde. Ist das der Dank, dass ich Dir täglich ein Geschenk machte?» – «Sie übersehen da etwas,» entgegnet der Bettler, «ich mache Ihnen ja täglich das schöne Geschenk, dass Sie dank mir das Gefühl bekommen, ein guter Mensch mit einem guten Gewissen zu sein, denn es heisst: ‹Geben ist seliger als nehmen.›»

Gott ist All-Eins! Wenn dieser Schöpfergott denn überhaupt existiert, dann als der Eine über-All! Aber Völker und Gruppen verfolgen sich, hassen sich über Generationen hinweg, metzeln sich nieder und massakrieren sich gegenseitig: Rache, Eitelkeit, falscher Ehrbegriff, Machtgelüste und Gier. Seit Jahrtausenden und leider allzu oft «im Namen Gottes». Ob wir Menschen es je schaffen werden, auf der Erde miteinander in Frieden zu leben? «Was soll man machen?», sagt einer. «Man kann ja nichts tun!», sagt eine andere. Ich denke, wenn jeder in der «kleinsten Zelle» etwas tut, dann ist das etwas, und immer mehr als nichts. Und das ist gut!

Wenn gläubige Menschen überall auf der Erde nach der Quintessenz ihrer Religionen lebten, wäre alles klar: Alles ein und dasselbe – Gott! Solange die schönsten, klügsten, besten Ideen aus sämtlichen weisen heiligen Schriften umgemünzt und zweckmässig uminterpretiert werden, kann kein Friede sein. Keiner ist über dem andern, der geringste Bruder ist gleichwertig mit dem König – ist das so schwer zu glauben? Da führt kein Weg daran vorbei!

Was meine Beziehung zu «Gott» betrifft, so brauche ich keine Zwischenhändler. Ich suche den direkten Draht! Wir sind alle göttliche Funken: meine katholische Mutter, die alte Nachbarin, das kopflose Huhn, der Bauernsohn, der fremde werdende Vater an der Tür, das Mädchen an der Kasse, die Appenzellerin, die jubilierenden Vögel, der Bettler, der Bankdirektor, der Regenwald, meine Freundin Annette, die Fische, alle Pflanzen und Tiere, meine Tante Nesa, der somalische Künstler … – Sie, liebe Leserin, lieber Leser, und ich!

PS: Aber meine alleraalleraallerliebste Bibelstelle ist diese – es versteht sich von selbst: 1. Korinther 13.

WAS DER MENSCH BRAUCHT: DAS MASSHALTEN UND DAS SCHENKEN

Gott ist die Liebe.
Und wer in der Liebe lebt, der lebt in Gott und Gott in ihm.

(1. Johannes 4,16)

Jesus Christus spricht: «Im Hause meines Vaters gibt es viele
Wohnungen».

(Johannes 14,2)

Mein Weg als Bankier

Ich bin nicht mit der Bibel aufgewachsen. Gottesdienste
besuchte ich wie viele meiner Zeitgenossen in jungen Jahren zu Hochzeiten und Taufen, später zu Abdankungen.
Als Bankier sind mir viele Menschen begegnet, haben
mich bereichert oder enttäuscht. Hektik und Turbulen-
zen sind jährlich gestiegen, es blieb der Weg in die Natur
am Wochenende, wo ich Stille und Besinnung fand. Die
vermeintlich grossen Probleme wurden auf ein menschlich
fassbares Mass zurückgeführt, die Natur in ihrer vielfäl-

tigen Schönheit und im dauernden Wechsel immer wieder bewundert.

Ein derart beruflich und in der Freizeit eingebetteter Mensch bedarf der Religion. Er empfindet dankbar die vielen glücklichen Fügungen, die ihm beschert waren, er denkt aber auch über lebensgefährliche Situationen nach, denen er heil entging.

Zufall? Ich glaube nicht an Zufälle, ich bezweifle aber auch den in vielen Jubiläumsartikeln wiederbelebten Darwinismus. Der vor Jahren verstorbene Basler Wissenschafter Adolf Portmann hat Religion und Wissenschaft gedanklich in einer ferneren Zukunft zusammengeführt. Vielleicht lässt sich auch sagen, dass selbst dem Forscher stets die letzte Tür verschlossen bleibt.

Auf meinen vielen Geschäftsreisen im Ausland habe ich abends vor dem Zubettgehen die Nachttisch-Schublade geöffnet und in der dort liegenden Bibel quasi als Pflichtlektüre gelesen. Es brachte mir nichts, ich war zu müde und legte mich resigniert schlafen. Anders ist es mit einzelnen Zitaten aus der Bibel, die mich begleiten. Vielleicht liegt ihnen ein Schlüsselerlebnis zugrunde, vielleicht eine eigene Lebenserfahrung oder Hoffnung. Die Zitate haben gewechselt, der ältere Mensch fühlt sich von anderen Zitaten angesprochen und bereichert als der junge.

In Johannes 14,2 steht: «Im Haus meines Vaters gibt es viele Wohnungen», was gerade in der heutigen Zeit der politischen Konfrontationen seine besondere Bedeutung hat. Warum suchen wir das Trennende und nicht das Gemeinsame? Kleinigkeiten werden hochgespielt, der eiserne Vorhang geistert uneingestanden noch in vielen Köpfen, zum Beispiel wird die heutige Jugend nach Gewaltexzessen Einzelner generell verunglimpft.

Die durch die jüngste Wirtschaftskrise erschütterten Banken sammeln neue Kräfte, um den alten Götzen zu huldigen: weltweit die Nummer eins zu werden und zu bleiben, nicht zuletzt durch die abgeworbenen Spitzenkader anderer Finanzinstitute. Verständlich wäre wohl das Ziel, in den Bank-Dienstleistungen der Beste zu werden, doch dies steht anscheinend nicht zur Diskussion. Grösser werden schlechthin, bedeutet dies nicht das Verdrängen des anderen, das Eindringen in die Wohnung des anderen? Weltweit sind neue staatliche Reglemente gegen den Missbrauch im Bankgewerbe in Vorbereitung, doch sie sind entweder zu bürokratisch oder zu lückenhaft. Es bedarf neuer Werte, und dazu gehört die Anerkennung des andern in seiner Wohnung, des Konkurrenten. Es bedarf weltweit einer Konkurrenz mit Mass, basierend auf jenen Werten, die uns in der erfolgreichen Vergangenheit begleitet haben, nämlich Fleiss, Exaktheit, Ehrlichkeit und Pünktlichkeit. Andernfalls droht uns in wenigen Jahren ein neues Debakel.

Auch *Grosszügigkeit* kommt mir in den Sinn, wenn ich mich dieses Bibelzitats erinnere. Ich vermag mich in meinem privaten Bereich nicht über Kleinigkeiten zu ereifern, suche im Berufsalltag das Essenzielle und sage meinem Gegenüber nach einem Votum vielleicht allzu rasch: «Das interessiert mich nicht.» Der dauernde Blick auf den Konkurrenten, eben in des anderen Wohnung, ist ein Zeichen von Schwäche.

Einst suchte ich den raschen Entscheid, war wohl ausgesprochen entschlussfreudig. Vielleicht ist es eine Alterserscheinung, wenn ich heute oft dem *Reifenlassen* das Wort gebe. Ich denke in diesem Zusammenhang an das Gleichnis vom Unkraut unter dem Weizen (Matthäus 13,3–8.24–30). Diese Gleichnisse sind dem Sämann gewidmet, dessen Saat oft von den Vögeln gefressen wird oder auf steinigen Boden fällt. Der Feind sät heimlich Unkraut unter den Weizen, das sich breit macht und das der Herr ungeachtet des angerichteten Schadens bis zur Reife des Weizens nicht ausreissen lässt. Wir kennen solche Situationen zur Genüge aus dem Geschäftsleben: Wir haben geplant, begleitet, und dennoch fällt die Ernte nicht wie erwartet aus. Äussere Umstände, menschliche Unzulänglichkeiten, persönliche Animositäten sind hinderlich und können nicht über Nacht aus dem Weg geräumt werden. Es bedarf der Zeit, der Reife, und das muss jungen Mitarbeiterinnen und Mitarbeitern immer wieder erklärt werden. Es bedarf der Zeit, und diese wiederum der Stärke der Führungspersönlichkeit. Zwei Schritte vorwärts und einer zurück ist im Geschäftsleben oft die Regel, dauernde Hartnäckigkeit wird gefordert.

Wir blicken kritisch auf die Berichterstattung in Finanzzeitungen. Halb- oder vierteljährlich wird für an der Börse kotierte Aktien ein mit Zahlen reich garnierter Bericht zur Geschäftslage verlangt, der neue Manager hat nach seinen ersten hundert Tagen ein «Statement» abzugeben. Man glaubt, sich in dauernder Zeitnot zu befinden, und will von der Öffentlichkeit «gute Zeugnisnoten». Das längerfristige Denken wird verdrängt, übrigens auch von jener Banken-Kundschaft, die nach wenigen Monaten ungeduldig eine übersteigerte «Performance» erhofft.

Der reife Mensch setzt neue Gewichte. Er hat ein beruflich so genannt erfolgreiches Leben hinter sich, das Rampenlicht der Öffentlichkeit ist verblasst, Lebenspartner oder Lebenspartnerin sind oft verstorben. Der Freundeskreis lichtet sich zusehends, doch neue Möglichkeiten entstehen. Ich habe vor längerer Zeit in einer Kirche vor älteren Menschen, meinem Auditorium, «gepredigt» und ihnen gesagt, wie reich sie eigentlich doch seien. Sie hätten Zeit, Zeit zu schenken und jenen Liebe und Aufmerksamkeit, denen das Schicksal nicht so freundlich gesinnt war.

So habe ich mit dem Älterwerden und Alleinsein immer mehr empfunden, was im Ersten Johannesbrief 4,16 steht, nämlich dass Gott die Liebe sei.

Noch kann ich Liebe geben, nehme mir dafür auch mehr Zeit. Alte Menschen und junge Musiker und Musikerinnen darf ich durch meine Stiftungen beschenken und damit meine Anerkennung und Liebe für diese in der heutigen hektischen Geschäftswelt oft Vernachlässigten zum Ausdruck bringen. Ich beschenke mich damit selbst und hoffe, dass auch jene, die in diesen Jahren des Extremismus Millionen anhäufen, früher oder später zur Überzeugung gelangen, dass Schenken glücklich macht.

Ich bin trotz meinem Alter nicht allein, darf noch Liebe verschenken und empfinde immer mehr die Wahrheit dieses Satzes, dass Gott die Liebe ist.

WAS DER MENSCH BRAUCHT: GUTES KARMA UND UMGANG MIT DER EIGENEN LEERHEIT

ཤེག་པ་ཙི་ཡང་མི་བྱ་ཞིང་། །དགེ་བ་ཕུན་སུམ་ཚོགས་པར་
སྤྱད། །རང་གི་སེམས་ནི་ཡོངས་སུ་འདུལ། །འདི་ནི་སངས་
རྒྱས་བསྟན་པ་ཡིན།

Tue Gutes, begehe keine schlechten Handlungen, kultiviere deinen Geist, das ist die Lehre des Buddha. (aus dem Vinaya Sutra)

I

Ich wurde 1968 in der tibetischen Hauptstatt Lhasa geboren. Die Stadt liegt auf 3650 Metern über Meer. In der Mitte der Stadt erhebt sich der Potala, die mächtige Klosterburg. Hier lebte Seine Heiligkeit der Dalai Lama bis zu seiner Flucht nach Indien im Jahr 1959. Schon im 7. Jahrhundert war der Potala

Sitz des berühmten tibetischen Königs Songtsen Gampo. Er führte den Buddhismus in Tibet ein und schuf für sein Reich eine neue Schrift nach dem Vorbild der indischen Gupta. Zu dieser Zeit war er einer der mächtigsten Könige im Osten.

Lhasa ist umgeben von sehr hohen Schneebergen. In der Mitte der Stadt fliesst der Fluss Tsangpo, der in Indien in den grossen Strom Brahmaputra mündet. Lhasa liegt so hoch, dass viele Touristen Probleme bekommen mit dem Atmen. Im Hotel steht deshalb auf jedem Nachttisch eine Sauerstoffflasche.

Ich kam gegen Ende der Kulturrevolution zur Welt. Während der Kulturrevolution war die ganze Gesellschaft in zwei Parteien gespalten. Das Volk, das Militär, selbst die Mitglieder der Kommunistischen Partei bekämpften sich untereinander bis aufs Blut. Meine Mutter war zu der Zeit als Mitglied eines Jugendverbandes im Jokhang-Tempel in der Altstadt von Lhasa stationiert. Eines Tages wurden alle Menschen dort von Soldaten umgebracht. Nur meine Mutter und ihre Freundin kamen davon, weil sie zu Hause je ein neugeborenes Kind hatten und zum Stillen nach Hause gehen durften. Meine Mutter sagt, ich habe ihr das Leben gerettet. Das Töten war während der Kulturrevolution im ganzen Land an der Tagesordnung. Zudem wurde alles zerstört, was alt war: Literatur, Musik, Kunst und Symbole. Wenn man zu Hause eine Teetasse mit einem Drachen darauf hatte, musste man sie zerstören, sonst drohte eine Gefängnisstrafe oder man wurde an den Pranger gestellt. Der Drache gehörte zur alten Kultur. Der Kommunismus wollte aber eine neue Gesellschaft mit neuer Kultur schaffen – wobei zu fragen ist, ob der Kommunismus unter «Kultur» dasselbe verstand.

Ebenfalls war während meiner Kindheit verboten, den Buddhismus auszuüben. Man durfte öffentlich nicht darüber sprechen. Mehr noch: Zu Hause erzählten einige Eltern ihren

Kindern von ihrem Glauben, diese erzählten das in der Schule weiter – so kamen viele Eltern ins Gefängnis.

Ich habe dank meiner Grossmutter viel über den Buddhismus mitbekommen. Weil sie schlecht sah, nahm ich sie immer an der Hand, und gemeinsam umrundeten wir die Altstadt. Die Umrundung der Altstadt von Lhasa gilt als eine heilige Handlung. Offiziell waren wir damals allerdings immer unterwegs, um ihre Freundinnen zu besuchen.

Schon früh am Morgen hörte ich damals immer das Murmeln meiner Grossmutter. Sie rezitierte fortwährend das Mantra: *Om mani padme hum.*[1] Da sie die Tochter eines Mantra-Magiers war, rezitierte sie seit ihrer Kindheit Mantras. Sie war sehr hartnäckig, was ihren Glauben anbelangte. Die Religion und ihre Liebe zu Seiner Heiligkeit dem Dalai Lama gaben ihr Kraft, viel Leid zu ertragen. Ihren Mann und ihren Sohn steckten die Chinesen ins Gefängnis, aber die Freude darüber, dass der Dalai Lama nach Indien fliehen und in Freiheit leben konnte, war immer in ihrem Herzen.

In der dritten Klasse trat ich in den Kommunistischen Jugendverband ein. Vorgeschlagen dafür wurde ich, weil ich in der Schule gute Noten hatte. Schon in der zweiten Klasse hätte ich die Möglichkeit gehabt, aufgenommen zu werden. Aber ein Mädchen aus meiner Klasse berichtete der Versammlung, ich habe in der Schultoilette geraucht. Daraufhin hatte ich ihr mit Prügel gedroht, würde sie mich noch einmal verpetzen. Im Jahr darauf wurde ich dann doch – ganz feierlich – in den Verband aufgenommen. Ich war derart stolz darauf, dass ich mit dem roten Halstuch lange in der Stadt umherging. Man fühlte sich mit der Kommunistischen Jugend in der ganzen Welt verbunden. In Gedanken marschierte ich mit der roten Fahne auf dem Platz des Himmlischen Friedens in Peking und auf dem Roten Platz in Moskau. Es war ein überwältigendes Gefühl. Darum kann ich auch die Leute in Nordkorea gut verstehen. Sie haben nichts anderes gesehen als die kommunistische Welt.

Als Kind fühlte ich mich immer als Tibeter. Die Erziehung war chinesisch, alles Tibetische war verboten. Es war, wie wenn den Menschen das Gedächtnis für die Vergangenheit ausgelöscht worden wäre. Aber wenn man in einer alten, heiligen Stadt wie Lhasa lebt – auch wenn alle Türen der Tempel verschlossen waren – so spürte man dennoch eine ursprüngliche Energie, Schwingungen.

Nach dem Tod von Mao Zedong kam Dengshao Ping an die Macht. Er liess das Land gegen aussen hin öffnen. Alle, die Verwandte im Ausland hatten, durften diese besuchen. Plötzlich sagte meine Grossmutter, sie habe einen Sohn im Ausland. Alle Nachbarn erschraken darüber, wussten von keinem Sohn. Meine Grossmutter erklärte, sie habe geschwiegen, weil ihr Sohn ein Lama sei. Und weil der Buddhismus verboten war, hätte ihr das sonst zu viele Probleme bereitet.

Ich allerdings hatte das Bild von meinem Onkel schon früher einmal gesehen, bei einer nepalesischen Familie. Ihnen als Ausländer war es auch während der Kulturrevolution in Lhasa gestattet, Bilder und Buddhastatuen zu behalten. Meine Grossmutter erklärte mir später, dass der Mann auf dem Bild mein Onkel sei. Aufgenommen war das Bild in der Toskana. Dort sass er in einem wunderschönen Garten, mit einer Katze auf dem Schoss. Noch nie zuvor hatte ich auf einem Bild einen so schönen Menschen mit dieser Ausstrahlung gesehen. Ich fühlte mich von diesem Bild sehr angezogen und musste den Onkel einfach kennenlernen. Meine Grossmutter wollte darauf unbedingt ins Ausland reisen und ihren Sohn wiedersehen.

Alle sagten damals, dass man die Reise nicht überlebe und sterben müsse, wenn man vom hoch gelegenen Tibet ins Flachland nach Indien oder Nepal gehe, denn dort sei es tropisch heiss und es gebe alle möglichen Krankheiten. Meine Grossmutter aber meinte, wenn sie auf dem Weg zu ihrem Sohn sterbe, dann sei das auch gut so.

So reiste ich mit meiner Grossmutter und meiner Mutter 1979 nach Nepal. Wir waren im zweiten Bus, der nach der Öffnung von Tibet aus ins Ausland fuhr. Zwischen Nepal und dem chinesisch besetzten Tibet liegt eine Brücke, die sich Freundschaftsbrücke nennt. Auf der anderen Seite dieser Brücke stand eine Limousine. Ein gleiches Auto hatte ich in Lhasa schon gesehen, es gehörte dem Partei-Chef. In diesem hier aber sass mein Onkel. Mit ihm sind wir dann nach Katmandu gefahren. Die anderen Menschen reisten mit dem Bus weiter. Ich erinnere mich noch gut, wie überwältigt ich war von den vielen Gerüchen. In Tibet roch es überall nach Kommunismus. Hier blitzten mir Farben entgegen: Rot, gelb, grün ... In Tibet war alles blau gewesen. Niemand wagte damals eine andere Farbe zu tragen als mao-blau.

Aus dieser Erfahrung heraus habe ich viel später in einem Kleidergeschäft in Zürich einmal einen Verkäufer gefragt, warum die meisten Leute hier schwarz trügen. Die Menschen hier, fand ich, hätten doch die Freiheit, eine andere Farbe zu tragen als schwarz. Ich glaubte, da müsse eine Ideologie dahinterstecken, schliesslich hat doch jede Farbe eine Bedeutung.

Meinen Onkel, den hohen Lama, habe ich als sehr gebildet, humorvoll, aber auch sehr kindlich kennen gelernt. Er hatte ein sehr warmes Herz. Das stand im Gegensatz zu meiner Erziehung mitten im Kommunismus, wo ich eine Atmosphäre starken Materialismus erlebt hatte, in der nur Disziplin und Leistung zählten. Menschlichkeit, Wärme oder individuelle Freiheit gab es da nicht – es herrschte eine gefühlskalte Atmosphäre. Mit der Faszination für meinen Onkel kam ich auch der tibetischen Kultur und dem Buddhismus noch näher. Ich wollte unbedingt so werden wie mein Onkel.

1982 holte mich mein Ziehvater Peter Grieder, der damals zum Modegeschäft Grieder in Zürich gehörte, in die Schweiz. Er führte mich in das westliche Denken und seinen Lebensstil ein. Er ermutigte mich auch, in die Schweizer Armee einzutreten und den Wehrdienst bei der Gebirgstruppe zu leisten. Als Tibeter fühlt man sich in den Bergen zu Hause.

Um meine Ausbildung in der tibetisch-buddhistischen Tradition in der Schweiz fortsetzen zu können, trat ich als Mönchsschüler in das klösterliche Tibet-Institut im Tösstal ein. Das Kloster wurde 1968 von den Gebrüdern Kuhn in Rikon als erstes tibetisches Kloster im Westen gegründet. Mein Onkel und die ehemaligen Äbte des Klosters erklärten sich bereit, mich zu erziehen und zu unterrichten.

Ich war beeindruckt von den Persönlichkeiten meiner Lehrer, ich konnte mit den Meistern zusammenleben und von ihnen jeden Tag Unterweisungen erhalten. 17 Jahre lang. In der buddhistischen Tradition ist es für einen Schüler notwendig, zu Füssen des Meisters zu sitzen und zu lernen.

Mit 17 hatte ich schon viel über den Buddhismus gelernt. Ich war die ganze Zeit sehr ehrgeizig, hatte ständig das Gefühl, nicht genug zu lernen. Gleichzeitig ging das alles sehr theoretisch zu; es war schwierig, das Gelernte in meinem Herzen einzupflanzen, Zufriedenheit und Ruhe in mir zu finden. Vor allem spürte ich wenig Erfolg in der spirituellen Entwicklung.

Ich musste den Schlüssel finden, mit dessen Hilfe ich durch die Tür gehen kann, dachte ich, sonst gehe ich tagaus, tagein nur noch ums Haus herum. Mein ganzes Leben lang. Dann bat ich meinen Meister, mich für zwei Monate in strenge Klausur zurückziehen zu dürfen. Er begleitete mich mit Anleitungen und Gesprächen, fand aber das Retreat[2] zu streng, da ich über zehn Stunden am Tag meditierte. Wenn ich so meditierte, war mein Geist kristallklar. Ich fühlte mich spirituell stark und spürte intensiv den Segen meiner Meister. Eines Tages fand ich in den Schriften einen Satz des Buddha, der fortan mein Leben und Streben bestimmte. Dieser Satz war für mich der Schlüssel, den ich seit langem gesucht hatte:

«Tue Gutes, begehe keine schlechte Handlungen, kultiviere deinen Geist, das ist die Lehre des Buddha.»

II

Gutes zu tun und auf negative Handlungen zu verzichten – damit bringt Buddha die Substanz des Karma zum Ausdruck.

Karma bedeutet Ursache und Wirkung. Alle unsere Handlungen haben eine Wirkung oder ein Resultat. Unsere Handlungen hinterlassen eine Spur. Wenn wir auf Erde gehen, hinterlassen wir unsere Spuren in der Erde. Wenn wir auf Schnee gehen, hinterlassen wir unsere Fussabdrücke im Schnee. Wenn wir ins Dorf gehen zum Einkaufen, zur Post: Überall hinterlassen wir unsere Spuren. Man nennt sie «karmische Spuren».

Die Spuren hinterlassen wir bei anderen Menschen, aber vor allem in uns selbst. Wenn wir die Frau an der Kasse im Dorfladen herzlich begrüssen und uns bedanken, hinterlassen wir positive Spuren, die uns beide glücklich machen. Das ist positives Karma. Oder wenn ich mitten auf einer viel befahrenen Strasse ein kleines Kind spielen sehe und es vor den heranbrausenden Autos rette, dann kann ich mich auch nach vielen Jahren noch darüber freuen. Das stärkt mich auch, mehr Gutes zu tun.

Andererseits gilt: Wenn wir ständig Wut und Ärger fühlen, hinterlassen sie negative karmische Spuren in uns. Zu viel Wut und Ärger führen laut buddhistischer Medizin zur Unausgeglichenheit von Pitta, dem Galleprinzip in der Säftelehre. Wenn wir zu viel Gier haben, führt dies zur Disharmonie und Krankheit von Vatta, der Störung des Windprinzips. Viele körperliche Krankheiten haben ihre Ursachen in der emotionalen Haltung des Menschen.

Karma hat weder mit Schicksal noch mit Glaube oder mit Gott etwas zu tun, sondern ist lediglich Ursache und Wirkung. Jede Handlung, die als Resultat Gutes bringt, nennt man «gutes Karma». Jede Handlung deren Auswirkung schlecht, leidvoll und unangenehm ist, ist ein «negatives Karma».

Das bessere Verständnis von Karma kann dazu beitragen, eine bessere Gesellschaft zu bilden, in der die Menschen in Liebe und Harmonie leben. Deshalb sagt Seine Heiligkeit der Dalai Lama: «Friede beginnt im Herzen».

Das Gesetz des Karma hat Buddha erkannt durch Beobachtung und Analyse der Natur. Er erkannte, dass alles in der Natur einander bedingt. Alle Dinge sind voneinander abhängig und vernetzt.

Der Satz Buddhas: «Tue Gutes, begehe keine schlechte Handlungen, kultiviere deinen Geist» bestärkt mich darin, ein guter Mensch zu sein mit Liebe und Zuneigung im Herzen. Die ersten beiden Aussagen Buddhas leuchten ein.

Und die dritte: «Kultiviere deinen Geist»?

Wir Menschen wachsen heran und werden alt. Dazu müssen wir nicht viel beitragen. Für das geistige Wachstum aber müssen wir wie für die Gesundheit etwas tun. Um körperlich gesund zu bleiben, müssen wir uns richtig ernähren, uns genügend bewegen und ein Bewusstsein für Gesundheit entwickeln.

Im buddhistischen Denken geht man davon aus, dass sich in unserem Geist ein unermessliches Potenzial verbirgt. Jeder Mensch trägt einen Samen des Buddha in sich, der darauf wartet, zur Blüte gebracht zu werden. Jeder Mensch ist wie ein Lotus in einem See mit unzähligen Blumen. Einige Blumen sind ganz am Beginn des Wachstums, andere dagegen sind vollkommen geöffnet und zur Blüte gelangt wie der Siddharta.

Siddharta war ein gewöhnlicher Mensch mit Schwächen und Fehlern. Ein Lotus tief im Schlamm und mit Schmutz behaftet. Dann hat er seinen Geist kultiviert und ist zur Erleuchtung gelangt, Siddharta ist Buddha geworden.

Zunächst hat er sich im ethischen Verhalten, Shila, geübt und vor allem darauf verzichtet, anderen zu schaden. Danach hat er mit Hilfe der Konzentration, Smadhi, seinen Geist geschärft und ihn zur Ruhe gebracht; dann übte er sich in Weisheit, Prajna, und erkannte das wahre Wesen der Dinge, Shunyatha, die Leerheit. Diese ist die Grundlage des Karma-Denkens im Buddhismus:

Ein Meister zeigt seinem Schüler ein weisses Papier und sagt: «Betrachte dieses Papier. Siehst du in diesem Papier Wolken?» Der Schüler: «Nein, ich sehe keine Wolken.» Dann erklärt der Meister, wie er in diesem weissen Papier Wolken sehen kann. Er sagt: «Schau, um das Papier herzustellen, brauchen wir Holz. Für Holz brauchen wir Bäume, und damit Bäume wachsen können, brauchen wir Wasser. Für Wasser brauchen wir Regen, für Regen brauchen wir Wolken. Also siehst du doch in diesem weissen Papier Wolken.»

Es gibt nichts in der Natur, das aus sich selbst und unabhängig von anderem existiert. Es ist «leer von Eigenexistenz». Das heisst, dass wir und die Dinge ausserhalb von uns keine «Eigenexistenz» haben, sondern alles existiert in Relation zu und wechselseitiger Abhängigkeit von anderen. Das ist Shunyatha, Leerheit.

Im Zustand dieser Shunyatha hat Siddharta sich angestrengt, in Disziplin geübt, in Weisheit, in Konzentration, in Liebe.

So ist dieser Lotus zur Blüte gelangt. Vorbildhaft für uns.

---

1 Wörtlich enthält das sechssilbige Mantra eine Anrufung an eine Erscheinungsform des Boddhistava, es bringt eine Grundhaltung des Mitgefühls zum Ausdruck und den Wunsch, den Kreislauf der Wiedergeburt aufbrechen zu können.

2 Retreat meint die Zurückgezogenheit, gewissermassen den Grad der inneren Einkehr.

WAS DER MENSCH BRAUCHT: ZWEIFEL AM GLAUBEN

Und wohin ich gehe – den Weg dorthin kennt ihr. Thomas sagte zu ihm: Herr, wir wissen nicht, wohin du gehst. Wie sollen wir dann den Weg kennen?
Jesus sagte zu ihm: Ich bin der Weg und die Wahrheit und das Leben; niemand kommt zum Vater ausser durch mich.

(Johannes 14,2–6)

I

Die Kirche fragt nicht, was gewesen wäre, wenn Jesus in Japan oder in Mexiko auf die Welt gekommen wäre – die Kirche fragt nicht, ob Jesus dann anlässlich des letzten Abendmahls Saké getrunken oder Fajitas gegessen hätte. Die Kirche fragt auch nicht, wie heute das Erkennungszeichen der Christen aussehen würde, wäre Jesus nicht gekreuzigt, sondern gesteinigt worden. Das alles fragt die Kirche nicht. So erklärt es der Jesuit Carlo Maria Martini, Kardinal und ehemaliger

Erzbischof von Mailand, in einem öffentlichen Briefwechsel dem italienischen Schriftsteller und Agnostiker Umberto Eco. Die Kirche hält fest, was war, versucht zu interpretieren, zu überliefern, sie trägt ihren Schatz in die Welt und teilt ihn; was sie nicht versteht, bleibt nur vordergründig ein Geheimnis. Das vermeintliche Geheimnis erklärt die Kirche letzten Endes nämlich mit der Existenz eines Gottes, der uns nach seinem Ebenbild geschaffen haben soll, der in unserem Leben präsent sei und den wir zu verehren hätten. Deswegen ist es ein göttliches Geheimnis. Diesen Schritt können Nichtgläubige kaum verstehen. Hier beginnt ein möglicher Weg des Zweifels. Es ist der Zweifel daran, ob dieses Geheimnis so erklärt werden kann und ob es überhaupt erklärt werden soll. An diesem Punkt entsteht auch mein Zweifel. Denn dort, wo Erklärungen nichts mehr taugen, dort aber auch, wo Vernunft und Logik, wo Empirie und Dialektik, wo die Naturwissenschaften und der Fortschritt nicht mehr dominieren, weil es nur ein Letztes, das Göttliche eben, geben soll, das das Unerklärliche fassen kann, dort fängt der Weg des Zweifels an. Dort zweigt der Weg ab – Gläubige (ob Theisten, Deisten oder Pantheisten), Agnostiker und Atheisten gehen von dort an getrennte Wege.

Ich habe den Weg des Agnostikers gewählt. Dem Agnostiker ist der Zweifel nahe. Mein Weg ist von einem Bibelzitat begleitet, das ich während sieben Jahren beinahe täglich gesehen habe, aber nie richtig einordnen konnte. Um ehrlich zu sein: Ich schenkte dem Zitat, das in einen Steinsockel gemeisselt war, weit weniger Beachtung als der Statue darauf.

Ich durfte während sieben Jahren eine Klosterschule besuchen. Die Klosterschule ist ein weitläufiges Gebäude mit unendlich vielen und langen Gängen, mit unbekannten

Querverbindungen, mit grossen und kleinen Zimmern, mit dicken Mauern, Treppen, Ein- und Durchgängen, mit Bildern, Skulpturen und – Statuen. Eine solche übergrosse Statue steht im Schultrakt, und zwar inmitten eines Treppenhauses. An dieser Statue laufen praktisch alle Schüler täglich vorbei. Die Statue ist bis auf einige Flecken weiss. Sie zeigt Jesus, der geradeaus schaut und mit einem Finger nach oben zeigt. Auf diesem Finger steckte eines Tages ein triefender Apfel.

Auf dem Sockel der Statue steht geschrieben: *Ego sum via, veritas et vita.*

Auf Deutsch: Ich bin der Weg, die Wahrheit und das Leben.

Natürlich habe ich als Schüler das mit dem Apfel recht lustig gefunden, und gleichzeitig war mir klar, dass der Übeltäter entweder mit einem Verweis von der Schule flog oder seine Eltern einen namhaften Betrag an die Renovation der barocken Kirche zu zahlen hatten. Dennoch war der Akt subversiv genug, um der Statue (und natürlich nicht nur einfach der Statue im materiellen Sinn) eine Unmenge an Respektlosigkeit entgegenzuschleudern. Auf dem Finger von Jesus steckte ein Apfel. Das Zitat wurde zur Karikatur.

Wäre diese Komposition so in einem Museum zu finden gewesen, hätte der Museumsführer vielleicht gesagt: «Dieses moderne Kunstwerk zeigt Jesus Christus mit einem Zitat aus dem Johannesevangelium. Der Apfel ist Symbol der Erbsünde. Er soll das Zitat ironisieren, denn: Der Betrachter soll zweifeln, ob Jesus wirklich frei von Sünde war. Das Zitat stammt von Jesus als Antwort auf eine Anfrage von Thomas. Thomas ist der zweifelnde Jünger. Der Apfel soll den Zweifel – und damit die Grundsatzfrage – verstärken.»

Die Statue stand nicht im Museum, sondern in einem fast sakralen Schulhaus. Und der Urheber der Apfelidee war mit an

Sicherheit grenzender Wahrscheinlichkeit kein Künstler und auch kein Pater, sondern wohl ein Schüler. Ob sich der Schüler über Jesus lustig machen oder der Schule einfach einen Streich spielen wollte, weiss ich nicht. Auf jeden Fall hat dieses Bild in mir bleibenden Eindruck hinterlassen. Damals wusste ich natürlich nicht, dass dieses Zitat ein Bibelzitat war, ich wusste somit auch nicht, dass es eine Antwort auf eine Frage eines Zweiflers war, und ich wusste sowieso nicht, dass es sich um ein häufig verwendetes Zitat handelte. Das weiss ich heute. Und heute bedeutet mir der Zweifel sehr viel. Ich bin als Zweifler stolz, dass der Zweifel nicht nur an dieser Stelle der Bibel ein wichtiges Zitat hervorgebracht hat. Schade nur, dass der Zweifel nicht ebenso prominent geworden ist wie das, was er ausgelöst hat. Thomas, der auch an andern Stellen nachgefragt und gezweifelt hat, hat eine wichtige Antwort provoziert.

Der Zweifel ist Kreation, Innovation. Der Zweifler kommt weiter, sein Wissen wächst. Der Zweifler ist Ur-Empiriker, er ist Sokratiker, er findet sich in der gewaltfreien Kommunikation von Karl F. Popper genauso («Ich glaube wohl, dass ich recht habe; aber ich kann mich irren, und du magst recht haben.») wie im Kategorischen Imperativ von Kant (denn daraus folgt unweigerlich der Zweifel am eigenen Handeln) oder in der Forschungsmethode der Doppelblindstudie. Der Zweifler kann zweierlei Zweifel haben: Er kann in einer Angelegenheit zögern, dann ist er der hadernde Zweifler. Oder er kann einen Prozess einfach hinterfragen. Und diesen Zweifler meine ich, wenn ich vom Agnostiker rede.

Der Zweifel begleitet mich schon lange – und er ist auch in meinem beruflichen Alltag zentral: Überall dort, wo Innovation gefragt ist, ist auch der Zweifel nicht weit. Immer dann, wenn man sich oder Prozesse verbessern will, muss man

Bestehendes hinterfragen – bewahren, was zu bewahren ist, und ändern, was man ändern muss. Mit diesem Grundzweifel bin ich denn auch vor drei Jahren, zusammen mit meinem Freund Philippe Rothlin, auf die Boreout-Theorie gestossen. Wir haben hinterfragt, ob alle Menschen, die durch ihren Arbeitsalltag gestresst wirken, es auch wirklich sind, oder ob sie das vielleicht dann und wann auch nur vorspielen. Wir haben herausgefunden: Es gibt Menschen, die unterfordert sind, aber alles daran setzen, möglichst beschäftigt zu wirken. Auf den Boreout sind wir nur dank des Zweifels gekommen. Manchmal darf man einfach nicht alles glauben. Womit wir schon wieder beim religiösen Zweifel wären.

II

Ein Atheist und ein Agnostiker unterscheiden sich unter anderem darin, dass Atheisten Religion und Glaube vermischen. Oberflächlich zeigen sie zwar manchmal Unterschiede in ihren Publikationen auf, verwischen dann aber immer wieder grosszügig Bereiche, die nichts miteinander zu tun haben. Ein Beispiel: Der Vorzeige-Atheist Richard Dawkins (nicht der am korrektesten argumentierende, aber dafür der am lautesten schreiende Vertreter des New-Atheism) nennt als eine Leistung von Religion, Trost zu spenden. Allerdings relativiert er dies in seinem Werk «Der Gotteswahn» gleich wieder ein paar Zeilen weiter unten. Konkret (S. 487): «Dass Religion die Fähigkeit hat, Trost zu spenden, macht sie nicht wahrer.» Korrekt müsste es aber heissen: «Dass Religion die Fähigkeit hat, Trost zu spenden, beantwortet die Frage nach der Existenz Gottes noch nicht.» Denn: Solange der Trost nicht aus der Frage nach der Existenz Gottes oder nach dem ewigen Leben heraus gespendet wird, sondern aus einer institutionalisierten altruistischen Menschlichkeit und Nächstenliebe heraus, ist dieser Trost mehr als hilfreich. Das ist ein wichtiger Unterschied zwischen Religion und Glaube. Glaube ist, wie oben erwähnt, der Versuch, die eigentlich unerklärlichen Phänomene der menschlichen Existenz mit einem Erklärungsmuster zu versehen. Dieses Erklärungsmuster wird als Gott bezeichnet. Mit dem Terminus «glauben» wird – im Unterschied zu «wissen» – eigentlich die dieser Annahme inhärente Unsicherheit betont. Je nach etymologischer Deutung klingt «vertrauen», «vermuten», «für wahr halten» oder «voraussetzen» mit. Das würde beispielsweise heissen: darauf zu vertrauen oder es für wahr halten, dass es einen Gott gebe. Atheisten glauben ebenfalls, nur an das Gegenteil – nämlich, dass es keinen Gott gebe. Agnostiker lassen die Frage und damit die Antwort offen, weil sie die Plausibilität der Angelegenheit auf keine Weise prüfen können. Somit haben sie mit den Atheisten gemein, dass sie nicht an dieses Gottesbild glauben. Viele Gläubige zeigen sich aber so überzeugt von ihrer Annahme, dass es einen Gott gebe, dass dies eigentlich nicht mehr Glaube, sondern vermeintliches Wissen ist. Und das wiederum verbindet sie mit den Atheisten, die ebenfalls überzeugt sind – einfach vom Gegenteil.

Der Glaube ist Teil der Religion und nicht einfach dasselbe. Religion ohne Glaube ist möglich, darauf wird an späterer Stelle einzugehen sein. Nur mit dem Respekt und dem offenen Auge für die Leistungen von Religion kann seriös, sachlich und mit der empirischen Genauigkeit, die die naturwissenschaftlich argumentierenden Atheisten von ihren Gegnern erwarten, aufgezeigt werden, was Religion leistet – auch wenn es keinen Gott geben sollte.

Würde sich Religion auf die beantwortbaren Fragen konzentrieren, würde sie ins Zentrum stellen, was auch Agnostiker teilen, dann würde Religion unersetzbar. Das haben schon Konfuzius und Buddha gesagt, die die Beschäftigung mit metaphysischen Fragen zugunsten der praktischen Lebensführung ablehnten, weil sie die Gefahr von Verwirrung, Unerkennbarkeit und Irrelevanz für das Heil sahen. Der naturwissenschaftliche Fortschritt wird der Religion den Bereich des Glaubens und damit das göttliche Geheimnis immer weiter verkleinern und damit entzaubern. Oder wer glaubt heute noch an einen Wetter-, Meeres- oder Liebesgott? Der Glaube gehört für mich zum Ballast, den wir abwerfen sollten. Mit dem Glauben zusammen möchte ich zwei weitere Gebiete der Religion nennen, die mir Ballast scheinen. Werfen wir zuerst diesen Ballast ab, bevor wir die grossen Leistungen von Religion würdigen.

Ballast

Ich habe an einer Tagung einen Arzt kennen gelernt, der sich als Quäker bezeichnete: Er war somit Anhänger einer friedensliebenden kleinen Kirche. Er erzählte mir die folgende Geschichte: Sein Enkel wurde getauft, die Familie traf sich zum Mittagessen im Wald. Während einer kurzen Ansprache flog ein grosser Milan über die Gesellschaft hinweg und drehte drei Runden. Das Pikante an der Geschichte: Der Enkel hiess ebenfalls Milan. Der Arzt geriet in romantische Verklärung und liess mich mit vieldeutigem Augenbrauenzucken wissen: Das kann kein Zufall gewesen sein. Und genau das ist das Problem, dessen sich die Religion entledigen sollte: Ich nenne es den Zwang des Sinnstiftens. Es gibt viele Zufälle, es gibt mit Sicherheit auch viele Zusammenhänge, die wir noch nicht erklären können. Aber schlagen wir uns auf die Seite der

Nüchternheit, und wir verabschieden uns von dieser zwanghaften Sinnzuordnung. Es gibt Leute, die zweimal einen Flugzeugabsturz überleben, es gibt Unglücke am Freitag dem 13., es gibt Menschen, die Hilfe erleben, wenn sie dafür gebetet haben. Die Grenzen zwischen Glaube und Aberglaube sind fliessend. Lassen wir diese Zuordnungen. Es gibt dafür keine Erklärung, also sollten wir auch keine zusammenschustern oder sie als Gottesbeweise interpretieren.

Den zweiten Ballast habe ich bereits erwähnt: Der Glaube und das Gebet. Hier muss unterschieden werden: Der Glaube an einen Gott ist notwendige Voraussetzung dafür, zu ihm beten zu können, ihn um etwas zu bitten oder ihn anzubeten. Das kann für einen Agnostiker nichts Sinnvolles sein. Das Gebet aber als meditativer und intrapersonaler Vorgang, als ein In-sich-Gehen, als ein Fokussieren auf einen Wunsch, auf eine Willensäusserung – dieses Gebet (wenn man es denn Gebet nennen soll) ist frei von einem Glauben an einen Gott. Dieses Gebet, besser: diese Form der Meditation kann auch für einen Agnostiker bedeutsam sein. Schon Darwins Cousin Francis Galton interessierte sich Ende des 19. Jahrhunderts für die Frage, ob Gebete nach aussen wirken. Er fokussierte also das Beten für jemanden zu Gott – er wollte wissen, ob dieses Beten bei denjenigen etwas bewirkt, für die gebetet wird. Gerade dieses Beten, das im Zentrum des Glaubens steht, manifestiert sich zum Beispiel in Form von konkreten Forderungen («Gott, bitte mach, dass meine Grossmutter gesund wird!») und Dankestafeln in Kirchen («Maria hat geholfen!»). Und es sind die vermeintlichen Wirkungen dieses Betens, die immer wieder als Beweis für die Existenz Gottes herangezogen werden. Das Fazit von Francis Galton: Diese Gebete nützten nichts. In einer aktuelleren und gross angelegten Doppelblindstudie hat ein Forscherteam um den

Herzspezialisten Dr. Herbert Benson ebenfalls bewiesen und es im American Heart Journal 2006 publiziert, dass Beten auf andere keinen Einfluss hat: Für eine Gruppe Kranker wurde gebetet, für die andere Gruppe nicht. Die Teilnehmer wussten nicht, zu welcher Gruppe sie gehörten. Das Resultat: Beten hat den Genesungsprozess nicht beeinflusst. Das Gebet mag Ausdruck einer altruistischen Haltung sein und es mag eine meditative Wirkung haben. Aber es wurde wissenschaftlich widerlegt, dass das Beten eine Wirkung auf andere hat. Lassen wir das Gebet, werfen wir diesen Ballast ab. Lassen wir den Glauben, wir können momentan nicht herausfinden, ob es diesen Gott, den wir anbeten, überhaupt gibt. Das ist im Kern die Haltung eines Agnostikers.

Der dritte Ballast ist der letzte Erklärungsrahmen für die Ethik. Den, davon bin ich überzeugt, kann Religion nicht bieten. Davon sollte sie sich definitiv verabschieden, denn hier passiert eine unwissenschaftliche Umkehr der Kausalität. Nicht das Christentum hat einen ethischen Rahmen vorgegeben, der ethische Rahmen war vorher da. Das ist einfach und auf zweierlei Arten festzustellen. Zum einen entscheiden in ethischen Grundfragen Gläubige und Nichtgläubige identisch. Es mag Unterschiede zwischen Kulturen, sozialen Schichten, Alter und Geschlecht geben: Aber der Glaube macht hier keinen Unterschied. Zu solchen Fragen zählen zum Beispiel Entscheide, die man intuitiv in lebensbedrohlichen Situationen fällt. Zum andern braucht es für das Verständnis der Bibel bereits einen Interpretationsrahmen, der nicht Teil der Bibel ist. Die Auslegung der Bibel ist eine theologische Fachdisziplin, die sich unter anderem auf Kirchenväter wie Augustinus oder auf Theologen wie Thomas von Aquin und Martin Luther oder auf die historisch-kritische Methode abstützt. So hat zum Beispiel Augustinus entschieden, dass die tausend Jahre, die im Zweiten Petrusbrief genannt werden, nicht wörtlich, sondern «im geistigen Sinn» zu verstehen seien. Weitere Beispiele: In Levitikus 19,19 werden Mischungen von zweierlei Pflanzenarten auf dem Feld und von zweierlei Fäden an Kleidern verboten. Wieso halten wir uns nicht daran? Diese Texte bieten noch weiter gehende Regeln: Deuteronomium 21,18–21, Levitikus 20,13 oder auch Psalm 137,9. Diese Stellen stehen übrigens alle im Widerspruch zu Levitikus 19,16. Auch im Neuen Testament finden sich solche Probleme: Zum Beispiel bei Johannes 5,31 im Vergleich zu Johannes 8,14, oder bei Matthäus 5,21–48 im Vergleich zu Deuteronomium 13,1. Gerade der letzte Punkt ist für die Gültigkeit der erstgenannten Stellen von grosser Bedeutung. Wir entscheiden – auch bei vielen andern Widersprüchen in der Bibel – mithilfe unseres gesunden Menschenverstands. Für diese Entscheide brauchen wir die Ethik im Sinn eines ursprünglich göttlichen Rahmens nicht. Religion kann Ethik institutionalisieren, dies aber nicht auf Basis eines deistischen Glaubens an einen Gott, der diese Ethik gestiftet haben soll.

Leistungen

Wenn wir Religion von diesem Ballast befreit haben, dann ist Religion etwas Wunderbares. Religion ohne Glaube ist trotzdem Religion. Das Standardwerk «Religion in Geschichte und Gegenwart» nennt auf der Seite von Religion nicht eine einzige Definition, sondern wägt ab zwischen historisch gewachsenen Ansätzen und hält fest, dass der Begriff Religion erst seit knapp dreihundert Jahren im Alltagsgebrauch mit dem Glauben vereint sei. Religion meint – und das ist als

Minimaldefinition zu verstehen – das komplexe Gebilde aus Traditionen und Praktiken, mit dem Menschen in Beziehung treten zu dem, was mit der Bewältigung ihres Daseins zu tun hat. Ob das Dasein bewältigt werden kann, indem dafür das Unerklärliche erklärt werden soll, nämlich, woher wir kommen, wohin wir gehen und ob dahinter ein Sinn steckt, diese Frage kann Religion offenlassen, ohne damit nicht mehr Religion zu sein. Den Agnostiker interessiert das komplexe Gebilde, nicht die Erklärung des Daseins. Also: Wagen wir einen Neuanfang und fokussieren wir die Leistungen von Religion. Hier müssten mir auch eingefleischte Atheisten zustimmen können. Meine folgende Aufzählung ist assoziativ und nicht systematisch.

Zuerst einmal ist Religion die Themenführung im Altruismus zuzugestehen. Die Nächstenliebe (mit dem Kategorischen Imperativ vom Sinn her seit je verwandt) ist Friedensstifterin par excellence. Altruismus ist aber mehr, nämlich ein Engagement ohne Gegenleistung, auf eigenes Risiko und ohne sichtbaren Nutzen für sich selbst. Das Christentum geht sogar einen Schritt weiter und propagiert die Feindesliebe. Dafür braucht es keinen Glauben an einen Gott, dafür braucht es aber einen institutionellen Rahmen, ohne den es immer der Ausdruck eines vermeintlichen Einzelkämpfers bleibt, für jemanden einfach so da zu sein. Einer meiner Freunde, der sich von einer schwierigen Zeit in einem Kloster erholen durfte, formulierte es so: «Jemand ist da für dich, ohne dafür etwas zu verlangen, ohne dich vorher gekannt zu haben.» Das bringt mich bereits zum nächsten Punkt: Religion hat die Kraft, einzigartige Gemeinschaften zu stiften. Keine Sozialutopie gab es länger als fünfzig Jahre. Nur Klöster können eine Tradition vorweisen, die seit Jahrhunderten andauert. Und: Die Klosterregeln blieben dabei beinahe unverändert.

Sie widerspiegeln noch heute, was dem Menschen gut tut: Regelmässigkeit, Gemeinschaft und ein individuelles sowie kollektives Weiterkommen. In den Klöstern sind die Literatur, die Bildung und die Musik über Jahrhunderte gewachsen. Auch wenn der Glaube einer der Bausteine von klösterlichen Gemeinschaften ist: Das Geschenk, das die Menschheit hier entgegennehmen darf, sollte darüber hinwegtrösten.

Das bringt mich zu einem weiteren Punkt, der in meinem Leben von entscheidender Bedeutung ist: Die Musik. Nur die Liebe kann es mit der Religion aufnehmen, wenn es darum geht, Inspirationsquelle und Ursache für Komposition zu sein. Die Musik, die aus religiöser Motivation gewachsen ist, kann an Kraft kaum überboten werden. Dufay, Palestrina, Bach, Mozart, Haydn, Amy Grant und der Gospel – eine unvollständige Aufzählung der musikalischen Inspirationsleistung von Religion. Gerade im Gospel, dem ich mich als Agnostiker sehr verbunden fühle, ist es nicht einfach nur der Glaube, sondern oft die ballastfreie Religion, die aus dem Kampf zwischen Gross und Klein, Arm und Reich, Sklave und Meister den Geist gerettet hat, der hörbar ist, wenn man genau hinhört. Gospel ist für mich nicht einfach God-Spell, Gospel ist für mich Good-Spell. Gospel thematisiert Hoffnung, Energie, Sicherheit in der Gemeinschaft oder auch den guten Kampf gegen die Ungerechtigkeit. Dass beim Gospel meist biblische Texte verwendet werden, ist nur für den Glauben entscheidend. Das aufgeklärte Herz hört noch viel mehr.

Religion bietet Spiritualität, die gerade auch in klösterlichen Gemeinschaften, immer mehr aber auch für Menschen im Arbeitsalltag zum Ausgleich und zum Halt geworden ist. Bildung und Schule wären durch die Reformation und durch die Jesuiten und damit auch durch die Religion nicht zu dieser Bedeutung gekommen, die sie heute haben. Die Institutionalisierung der Weitergabe von Wissen (auch durch den Buchdruck) wurde durch Religion gefördert. Schliesslich darf in dieser Aufzählung der Zweifel nicht fehlen. Religion lässt den Zweifel immer wieder zu, Religion schult und kultiviert den Zweifel. Nur aus dem Zweifel kann Kritik entstehen. Wir leben in einer aufgeklärten Gesellschaft der Kritik. Aktuelle Beispiele gefällig? Lesen Sie Malcom Gladwells «Der Überflieger» oder «Black Swan» von Nassim Nicholas Taleb. Das sind erkenntnisreiche Bücher, die auf der Basis des Zweifels bestehende Meinungen hinterfragen und wertvolle Alternativen bieten.

Für den nächsten grossen Schritt in der religionsgeschichtlichen Entwicklung braucht es die Agnostiker – es braucht die Zweifler, die nicht einfach «nein» zu einem Gott sagen, sondern diese Frage einfach nicht beantworten, sie nicht einmal stellen. Manche Menschen haben so allgemeine und dehnbare Auffassungen über Gott, dass sie unweigerlich auf Gott stossen müssen – Gott ist für sie das Universum oder die Natur. Man nennt diese Auffassung Pantheismus. Auch Thomas von Aquin sah in der primären Bedeutung von Gott die Quelle von allem, er nannte das «arché». Das kann nicht die Lösung sein – denn so versucht man mit verklärter Romantik, das Problem zu umgehen, sich als Agnostiker zu outen. Für den Übergang zur «Religion 2.0» müssen wir den Ballast abwerfen, und das können die Agnostiker am besten. *Ego sum via, veritas et vita* – Jesu Antwort auf die Frage eines Zweiflers. Nur weil sich jemand getraut hat, so etwas zu fragen, hat Jesus – modern formuliert – diese Kernbotschaft erfolgreich positioniert.

Literatur

Dawkins, Richard: Der Gotteswahn, Berlin 2008.

WAS DER MENSCH BRAUCHT:
EINEN BLICK HINTER DAS SICHTBARE

Im Anfang war das Wort
[griechisch logos], und das Wort war bei Gott, und von Gottes
Wesen war das Wort ... alle Dinge sind durch das Wort gewor-
den, und ohne dasselbe ist nicht eines geworden ... Und das Wort
wurde Fleisch und wohnte unter uns, und wir schauten seine
Herrlichkeit ...   (Johannes 1,1.2.14)

I

An einem Fortbildungskurs wurde mir kürzlich als Vortragsthe-
ma vorgeschlagen: «Hat Gott die Sterne geschaffen oder sind
sie von selbst entstanden?» Immerhin hat die Astrophysik in
den vergangen zwanzig Jahren das Wissen über die Sternentste-
hung enorm erweitert. Andererseits steht als erster Satz in der
Bibel: «Im Anfang schuf Gott Himmel und Erde». Im wissenschaftlich und technisch denkenden Teil unserer Gesellschaft
werden die erzählerischen Schöpfungsgeschichten am Anfang
des Alten Testaments immer weniger verstanden. Vielerorts

ist die Idee einer göttlichen Schöpfung gar völlig unwichtig geworden. Die biblischen Geschichten stammen aus einer Zeit, als das Weltbild von Erfahrungen im Leben und Betrachtungen der Natur bestimmt wurde. Mit Galileo Galilei (1594–1642) hat sich eine rationale Art der Naturbefragung eröffnet, die Beobachtungen und Messungen mit Hilfe mathematischer Gleichungen und nummerischer Modelle erklärt. Diese Methodik hat einen beispiellosen Siegeszug durch die ganze Welt angetreten. Das geht heute so weit, dass ich schon erlebt habe, dass eine Frau bereits auf das Erwähnen von Transzendenz allergisch reagierte, weil es in ihrem Weltbild für nicht-materielle Kräfte keinen Platz mehr gibt und sie nicht verstehen konnte, dass überhaupt von so etwas gesprochen wird.

Die Unverständlichkeit der alten Geschichten ist nicht neu. Etwa um 100 n. Chr. standen die Intellektuellen der frühen Christenheit vor einem ganz anderen Problem. Sie lebten in einer Griechisch sprechenden Kultur, die von Gnostizismus geprägt war. Anders als heute war diese Kultur dominiert vom Begriff Geist. Geist wurde als Grundlage der Wirklichkeit verstanden und in einer uns heute fast unverständlichen Art betont und gelebt. Die gegenständliche Welt galt fast nichts, das Wirkliche war geistig. Demgegenüber standen die Christen mit ihrer Erinnerung an einen bestimmten Menschen, Jesus von Nazaret, in dessen Reden sie eine Kraft erfuhren, die ihre Welt erschütterte und veränderte. Viele Ereignisse um Jesus waren zwar geistiger Art, aber sie spielten in einer konkreten Welt, die mit Händen zu greifen war. Die Erfahrung mit Jesu Leben und Sterben identifizierte Johannes mit der Kraft, die auch im ganzen Universum Neues schafft.

Der von mir gewählte Bibeltext erscheint zunächst absurd und braucht Erklärungen, wie man sie in einschlägigen Kommentaren findet. Mehr noch: Erst wenn der Text in die heutige Gedankenwelt übertragen wird, spricht mich sein Inhalt an. Zunächst fasziniert mich, wie der Autor des Johannesevangeliums völlig anders, als es in den übrigen Evangelien geschieht, seine Erfahrung und Tradition ausdrückt. Er scheut sich nicht, dafür *logos* (Wort) zu verwenden, was in der hellenistischen Kultur ein Modewort war. Hauptsache war, sich verständlich zu machen. Jesus, der nicht Griechisch sprach, hätte wohl eher von Weisheit als vom Wort gesprochen. Johannes wollte jedoch nicht wörtlich überliefern. Es war ihm wichtiger, die Überlieferung den Lesern verständlich zu machen. Er übertrug die selbsterfahrene Wirkmächtigkeit der Jesus-Worte auf den ganzen Kosmos nach dem Prinzip: Wie innen, so aussen. Wie er in seinem Leben und durch die Tradition erfahren hat, so deutet er auch die äussere Welt.

Die zitierten Zeilen stehen ganz am Anfang des Johannesevangeliums. Sie sind keine Einführung, vielmehr erscheinen sie wie ein mathematischer Satz oder eine spekulative Theorie, die dann im restlichen Evangelium durch die Berichte von Leben, Sterben und Auferstehen Jesu erläutert und plausibel gemacht wird. In seiner Kurzfassung deutet Johannes das Universum als Schöpfung und erklärt zugleich, was Schöpfung bedeutet: *Schöpfung ist wie das Leben und Wirken Jesu*. Das ist so erfrischend anders, als was man selbst heute über Schöpfung liest, dass ich bei diesem Text aufmerke wie bei einer frischen Brise an einem heissen Tag. Muss man sich auch heute so weit vom heute Üblichen entfernen, um Naturwissenschaft und Theologie in eine gemeinsame Perspektive zu bringen?

Gewiss ging es Johannes nicht um Kosmologie, wie sie die heutige Naturwissenschaft betreibt. Der Schöpfungsgedanke kommt hier fast nebenbei dazu. Johannes setzte die Ereignisse um Jesu Leben, Sterben und Auferstehung rund siebzig

Jahre später in diesen grösseren Zusammenhang. Erst in der kosmischen Perspektive werden Johannes die Ereignisse verständlich. Er bringt sie in Verbindung mit dem Entstehen aller Dinge und zeigt zugleich auf, was er unter Schöpfung versteht: Schöpferische Weisheit geht von Gott aus und bewirkt Veränderungen in der Welt. Schöpfung geschieht nicht in einer mythischen Vorzeit. Für Johannes hat Schöpfung mit der Weisheit zu tun, die dem Universum und seiner Entwicklung von Anfang an zugrunde liegt, sich aber auch in der Gegenwart manifestiert und Gestalt annimmt.

Im Text spricht mich an, wie vom Verhältnis zwischen Gott und Welt gesprochen wird. Nicht nur Wissenschaftler sind heute versucht, das Universum als ein durch und durch rationales Geschehen zu verstehen, als eine Welt, die von reinem Zufall und strengen Gesetzen regiert wird. Wenn überhaupt, sehen nicht wenige Gottes Handeln nur in unerklärlichen Naturerscheinungen, zum Beispiel im Urknall. Genau das macht aber der Text nicht. Gott ist nicht in den Lücken einer kausalen Welterklärung zu finden, sondern in der Weisheit des Ganzen. Die Grunderfahrung von Gott lässt sich nicht im Beobachten von Naturerscheinungen machen. Der Grund, von Gott zu reden, ist nicht ein vermeintlich beweisbarer Plan in der Entwicklung von Lebewesen. Selbst wenn es um den Kosmos geht, geschieht dies vielmehr in der Erinnerung an einen Menschen, an Jesus. Beeindruckend ist hier, dass es nicht Erinnerungen sind an sein vielleicht beeindruckendes Äusseres, auch nicht an seine Taten (häufig waren es Erzählungen von Wundern), sondern an seine Worte. In diesen Worten hat Johannes eine transzendente Weisheit erfahren. Sie haben sein Leben geprägt. Auf dieser Wahrnehmung gründet Johannes seine Sicht der Welt. Eigentlich eine total verrückte Art, eine Kosmologie zu entwickeln! Sie ist so ganz anders als die naturwissenschaftliche Kosmologie, weil sie einen ganz anderen Ursprung, nämlich eine andere Erfahrungsebene hat. Im Unterschied zur naturwissenschaftlichen Kosmologie, die physikalisch-mathematisch erklären will, hat Johannes das Universum bildhaft gedeutet.

Ein Text wie der Prolog des Johannesevangeliums weist auf eine Dimension der Wirklichkeit hin, die heute in einem rationalen Weltbild leicht vergessen geht. Auch wenn Johannes gegen ein Übermass an Geist im Hellenismus anschreibt, verliert er diese geistige Wahrnehmungsperspektive nicht.

Nun aber zum Heute: So alternativ auch die Perspektive von Johannes bezüglich der damals gängigen Ansichten war, stellt sich dennoch die Frage, wie sich Geist heute äussern kann. Als naturwissenschaftlich geprägter Mensch kann ich Geist, wie alles Wirkliche, nur aus Wahrnehmungen und Erfahrungen begründen, denn Geist lässt sich nicht naturwissenschaftlich messen oder beobachten.

Eine Möglichkeit zum Einsteigen in nicht-naturwissenschaftliches Wahrnehmen ist das Staunen. Im Staunen lässt man sich auf die Wirklichkeit ein und nimmt sie als nicht selbstverständlich wahr. Ich staune zum Beispiel, dass sich noch heute im Universum pro Sekunde rund dreissigtausend neue Sterne und vielleicht ebenso viele Planeten bilden. Es sind zehntausendmal mehr als Menschen pro Sekunde geboren werden. Dass Sterne entstehen, scheint zwar geradezu das Gewöhnlichste der Welt zu sein. Und doch hat schon Newton nicht verstanden, warum nicht alles Gas im All zu einem einzigen grossen Klumpen zusammenfällt. Ich staune, dass alle Sterne im Universum ungefähr die Masse der Sonne haben – es gibt fast keine, die hundertmal grösser oder kleiner sind. Diese Masse ist nun ziemlich genau der Bereich, der nötig ist, damit die grossen Sterne genügend schwere Elemente liefern, aus denen in späteren Generationen von kleineren, sonnenähnlichen Sternen Planeten entstehen. Damit sich normale Sterne und Planeten bilden, müssen viele Prozesse ineinanderspielen. Wir können zwar immer mehr erklären, sind aber weit davon entfernt, den ganzen Ablauf zu verstehen. Die kosmische Wirklichkeit zeigt sich in einem Masse komplex, wie das noch vor wenigen Jahren nicht für möglich gehalten wurde. Keiner dieser einzelnen Prozesse ist prinzipiell unerklärbar. Wenn ich in einer klaren, mondlosen Nacht die überwältigende Fülle von Sternen sehe, staune ich trotzdem darüber, wie diese Vorgänge so zusammenwirken, dass daraus fast immer ein Stern wie die Sonne entsteht. Ja, dass sich sogar mindestens einmal im Universum ein Planet wie die Erde bildete, auf dem Leben entstehen und sich so weit entwickeln konnte, dass ich als ein derart entwickeltes Lebewesen mir meiner selbst bewusst bin und Sterne wahrnehmen kann. Im Staunen nimmt man an der Wirklichkeit teil und erlebt sie aus einer anderen Perspektive. So lässt sich nicht nur anders, sondern auch anderes wahrnehmen als aus der Perspektive der Naturwissenschaft.

In dieser teilnehmenden Perspektive stellen wir Beziehungen zu unserer eigenen Existenz her. Auch Sterne leben nicht ewig. Wenn die Energie im Innern aufgebraucht ist, verschiebt sich die Brennzone nach aussen und der innere Aufbau des Sterns ändert sich. Der vormals weiss leuchtende Stern bläht sich auf und wird zum Roten Riesen. Die Oberfläche wird kühler, daher rot, ist aber so gross, dass der Stern viel mehr Energie abstrahlt. Infolge der wachsenden Leuchtkraft der Sonne wird sich die Erde innerhalb der nächsten Milliarden Jahre auf über 1000 Grad erwärmen. Das Leben auf der

Erde ist daher ebenfalls begrenzt. Die Sonne wird dermassen gross, dass sie schliesslich die Erdbahn erreicht und die Erde in ihr versinkt. In rund sieben Milliarden Jahren werden alle Atome unseres Körpers ein Teil der Sonne. Das erinnert mich daran, dass alle Dinge im Universum vergänglich sind, und erschreckt mich. Auch Erschrecken ist eine teilnehmende Erfahrung.

II

In unserem Land breitet sich die Meinung aus, dass ausserhalb der Naturwissenschaften keine Erkenntnis möglich sei. Es herrscht Agnostizismus, der mit Religion allgemein nichts anzufangen weiss. Immer wieder hört man die Frage, ob Religion noch nötig sei, wenn die Naturwissenschaft bald die ganze Wirklichkeit erklären könne. In dieser Frage wird deutlich, dass Religion auf derselben Ebene wie Naturwissenschaft gesehen wird. Damit wird unterstellt, dass sie in Konkurrenz stünden. In einer Sicht, die nur kausale Erklärungen gelten lässt, kann Religion nicht mithalten und sollte es auch nicht versuchen. Wird ein erkennbarer Plan oder eine unerklärliche Lücke behauptet und daraus ein Beweis für die Existenz Gottes gezogen, wird Religion auf naturwissenschaftliche Antworten reduziert. Es ist eine Sicht, die von einer bestimmten Art von Theologie ausgeht, die im 17. und 18. Jahrhundert aufkam, aber für den Dialog von moderner Theologie und Naturwissenschaft keine Rolle mehr spielt. Ich glaube nicht, dass die Naturwissenschaften notwendigerweise dazu führen, dass Geistiges nicht mehr wahrnehmbar wird.

Echte Religion entspringt anderen Wahrnehmungen als naturwissenschaftliche Messungen. Auch Johannes bezieht sich primär auf menschliche Erfahrungen mit dem Göttlichen und kleidet sie in Bilder. Sie sind uns zum Teil fremd geworden. Indem man die Metaphorik erschliesst, wird der Blick auf den Inhalt dieser Bilder frei. Es sind Wahrnehmungen, die die eigentlichen religiösen Fragen nach Wertordnung, Orientierung und Sinn berühren. Wenn im Verhältnis zu den Naturwissenschaften das Christentum an Glanz verloren hat, dann infolge des Vergessens und Negierens dieser anderen, teilnehmenden Wahrnehmungen, von denen Johannes ausgeht. Gewiss haben naturwissenschaftliche Erkenntnisse dazu beigetragen, dass frühere religiös hergeleitete Schöpfungsvorstellungen heute nicht mehr verständlich sind. Sie enthalten Bilder, die sich neuen Erfahrungen der Wirklichkeit anpassen müssen. Dies scheint mir aber sowohl notwendig als auch möglich, denn ich schätze am Christentum besonders die Vielfalt der Erfahrungen, die im Laufe der langen Geschichte in seine metaphorische Sprache eingeflossen sind.

Es brauchte eine lange Zeit von Konflikten und Missverständnissen, bis man heute im Gespräch mit Theologen feststellen kann, dass viele der früheren Fragen völlig irrelevant sind. Ob die Sonne im Zentrum unseres Planetensystems steht, ob Mensch und Schimpanse gemeinsame Vorfahren haben, das sind heute keine theologisch relevanten Fragen mehr. Es ist bedauerlich, wenn Kreationisten nur die ersten Seiten des Alten Testaments lesen. Europäische Theologen haben zur Klärung des Schöpfungsbegriffs bereits viel beigetragen, was die Öffentlichkeit aber kaum zur Kenntnis nimmt. Die Gründe dafür sind einerseits, dass die meisten Theologen nur wenig von den neuesten naturwissenschaftlichen Erkenntnissen aufgenommen haben. Andererseits bevorzugen die Medien und das Publikum Konflikte statt Vermittlung und fördern damit die Extreme.

Unsere Kultur hat verschiedene Zweige. Neben Kunst, Musik und Philosophie gehören auch Religion und Naturwissenschaft dazu. Ich kann mir keine Kultur vorstellen, in der religiöse Grundfragen, z. B. nach Ethik und Sinn, ausser Acht bleiben. Andererseits bleibt eine Kultur unvollständig, wenn sie nicht versucht, die Naturwissenschaft zu integrieren. Beide müssen Platz finden in unserer Gesellschaft. Die christliche Theologie hat eine lange Tradition im Dialog mit den Naturwissenschaften und hat damit sowohl gute als auch schlechte Erfahrungen gemacht. Das Gute: Die Konflikte haben auf beiden Seiten Grenzen aufgezeigt. Sie haben die Sicht auf die grundverschiedenen Wahrnehmungen in Religion und Naturwissenschaft und die Verschiedenheit ihrer Ziele gelenkt. Daraus zeigt sich ein gangbarer gemeinsamer Weg ab: Nur ein unaufgeregter Dialog dient im Zeitalter rascher naturwissenschaftlicher Fortschritte der Förderung unserer Kultur.

WAS DER MENSCH BRAUCHT: DAS HINSCHAUEN UND DURCHSCHAUEN

... dass Güte und Treue einander begegnen, Gerechtigkeit und Friede sich küssen (Psalm 85,11)

Erfahrungen mit dem Themenpaar Frieden und Gerechtigkeit in fünfunddreissig Jahren journalistischen Beobachtens

I

Der Meister der Ängste

Als Radovan Karadžic vor vielen Jahren baden ging, stieg ich ins Wasser. Hautnah dranbleiben war die Devise bei meiner Zeitungs-Reportage über den bosnischen Serbenführer. Gänsehaut-nah gewissermassen. Nicht etwa, weil das Wasser zu kalt war im komfortablen Pool eines Genfer Luxus-Hotels, in dem sich der Kriegsverbrecher aus Sarajevo gerne entspannte, wenn er bei der UNO zu dem verweilte, was er bisweilen als Friedensverhandlungen bezeichnete. Der Schuhmachersohn aus Ex-Jugoslawien schätzte es damals sehr, wenn wir Journalisten ihm direkt auf den Fersen waren. Nein, die Gänsehaut wurde zur Dauerempfindung in der Nähe eines Bösewichts, den ich bisher nur aus dem Fernsehen kannte. In meiner damaligen Redaktionsstube in Hamburg ahnte ich, dass dieser Blut- und Bodenpolitiker ein Meister der Ängste ist.

Aus den norddeutschen Ahnungen wurde Genfer Wirklichkeit. Drei Tage mit Radovan, dem Psychiater aus Sarajevo, Spezialgebiet Depressionen. Eine selbstverliebte, höchst gespaltene Persönlichkeit, die im Völkerbundpalast an der Rhone ihr Hollywood gefunden hatte. Treppauf, treppab marschierte der Bosnier durch den europäischen UNO-Sitz und streifte reflexartig mit der Hand das lange silbergraue Haar glatt, wenn er eine Kamera erspähte. Die Welt war sein schauderndes Publikum, der bosnische Serbenführer im ersten Balkankrieg der 90er Jahre spielte die Hauptrolle des Bösen in einem Stück, in dem der Massenmörder eine Zeitlang die Inszenierung bestimmen durfte. Ja, dieser Mann genoss es, im Mittelpunkt unserer Ängste zu stehen. Fürs Fernsehen wurde die Gestik rasch staatsmännisch, die kräftige Stimme umschmeichelte warm: «Die Serben wollen nur Frieden.» Beängstigend sanft seine Augen, lasch der Händedruck und die Fingernägel bis zum Rand heruntergekaut – drei Tage lang war ich im Sommer 1993 schauderhaft nah dran an Radovan Karadžic.

Etwa 200 000 Tote hat der erste Balkankrieg gefordert. Ich musste damals viel schreiben über diesen Krieg und habe über den späteren Krieg der NATO gegen Belgrad so manchen KONTEXT auf DRS 2 realisiert. Dass ich einst mit einem der Hauptakteure dieser Balkankriege in einem Genfer

Swimmingpool baden ging, hat meine Berichterstattung mehr geprägt als viele andere Quellen, auf die wir Journalisten uns berufen. Und dass dieser Mann, der den Frieden mit Füssen getreten hat, nun der Internationalen Gerichtsbarkeit übergeben wurde, dass – spät zwar, aber immerhin – zum Frieden sich nun auch die Gerechtigkeit gesellte, das hat mich dann doch mit grosser Genugtuung erfüllt.

Die Kinder von Palästina

«Das unheilige Land» habe ich 1995 eine Zeitungs-Reportage nach einer Reise durch Israel, Palästina, Jordanien und Syrien betitelt. Da ich das erste Mal im Nahen Osten war, wollte ich vor allem niederschreiben, was ich sah: Kinder zum Beispiel vor Wellblechhütten in den Slums des Gaza-Streifens, die im Dreck nach Stöcken wühlten, die sie wie Gewehre auf uns anlegten, als unser Bus vorbeifuhr. Diese Kinder kennen kein Fernsehen und keine Actionfilme, Vorbild für ihre Gestik ist der Alltag.

Und dann war da dieses fast lautlose Schreien des kleinen Mädchens mit dem alten Gesicht. Die Palästinenserin war bereits sechs Wochen im Kinderkrankenhaus in Bethlehem und hatte vom vielen Weinen längst ihre Stimme verloren. Hätte die Caritas nicht jenes unscheinbare Hospital in der Geburtsstadt Jesu betrieben, dieses neunte Kind muslimischer Eltern hätte wohl sein zartes Leben wegen mangelnder Ernährung und Unterkühlung unhörbar ausgehaucht.

In diesem einzigen verbliebenen Krankenhaus auf der Westbank begegnete ich auch jener Siebzehnjährigen, die in einem Jahr schon das zweite Mal da war. Im Januar hatte sie ihr erstes Kind entbunden, im November das zweite. Mädchen beide, mithin «wertlos» in einer Gegend, in der noch immer die religiös verbrämte Unterdrückung der Frau dazu führt, dass über das Kinderkriegen allein der Mann entscheidet. In einer Gegend auch, in der massenhafte Vermehrung politische Ideologie ist, weil man der drückenden militärischen Überlegenheit Israels nur eines gegenüberstellen zu können glaubt: junge Menschen, einige von ihnen mit umgebundenen Sprengstoffgürteln. Die Befreiung von der israelischen Besatzung bestimmte schon damals jede einzelne Phase des palästinensischen Alltags.

Der prägende Eindruck meiner ersten Nahost-Reise waren deshalb die Kinder – viele von ihnen so alt wie meine eigenen. Journalistisch zu beschreiben, was in Palästina ist, hinterlässt viele Fragen nach dem, was sein könnte, sollte, müsste. Wann sich in dieser Region je Frieden und Gerechtigkeit küssen werden, ob Luthers schön-altmodisches Wort von der Güte je einmal eine Rolle bei einer der beteiligten Gruppierungen spielen wird? Im Moment zeichnet sich das nicht ab. Eher scheint es mir, dass zu den zahllosen Opfern des Pulverfasses Nahost auch die Hoffnung gehören könnte.

Taxi ohne Türgriff

Kameras waren nicht zugelassen im altehrwürdigen Gerichtssaal von Buenos Aires. Die beiden hohen Offiziere, die da auf der Anklagebank sassen, mussten sich deshalb auch keine Mühe geben, irgendwie zerknirscht auszusehen. Sie waren in Zivil, ohne Macht. Noch vor kurzem hatten sie viel Macht gehabt über die Menschen in Argentinien – da trugen sie noch ihre Uniformen. Nunmehr, im Jahr 1985, wurden einige Militärs der berüchtigten Junta endlich als das angeklagt, was sie quälend lange Jahre waren: Mordgesellen. Hunderte von jungen Menschen, meist Studenten, hatten diese beiden Offiziere spurlos verschwinden lassen. Wer den Militärs widersprach, war bald weg. Was mich an diesem Prozesstag, über den ich berichtete, am meisten erschütterte: Die beiden Offiziere zeigten keinerlei Unrechtsbewusstsein. Die einzige Form der Gerechtigkeit, die ihnen zugänglich war, ist die Selbstgerechtigkeit.

Als ich draussen im Taxi die Tür zugemacht hatte, wurde mir mit einem Schlag klar, dass ich sie allein nicht mehr aufkriege. Das Taxi war noch nicht repariert worden seit der Junta-Zeit. Damals hatten die Militärs die jungen Menschen, die sie verschwinden lassen wollten, oft von Taxis abholen lassen. Innen hatte man die Türgriffe abgeschraubt, damit die Abgeholten nicht entfliehen konnten. Als mein Taxi an der Plaza de Mayo vorbeifuhr, wo Tag für Tag Hunderte von Müttern um ihre verschwundenen Söhne trauerten, konnte ich am eigenen Körper die Panik nachvollziehen, die so mancher von diesen Verschwundenen in den fahrenden Gefängnissen empfunden haben muss. Und mir wurde deutlich vor Augen geführt, dass auch im Frieden, der nun wieder in Argentinien herrschte, für die Mütter, die ihre Söhne verloren haben, das Vertrauen in eine Welt, in der Gerechtigkeit und Frieden sich küssen, verloren gegangen ist.

Das Wunder von Südafrika

Klein ist der Mann. Ein Spitzbubengesicht hat er. Und er ist immer in Bewegung, strahlt eine nicht enden wollende Fröhlichkeit aus. In die grosse anglikanische Kirche von Johannesburg kommt er tanzend, hat den afrikanischen Rhythmus des lauten Chorgesangs in seinen nun wirklich nicht mehr jungen Körper aufgesogen. Mitten in der Predigt des Kollegen fängt er laut an zu klatschen, weil ihm ein Satz besonders gut gefallen hat. Dieser ganz und gar unkonventionelle Mensch und Theologe ist der südafrikanische Erzbischof und Friedensnobelpreisträger Desmond Tutu. «Es passieren noch Wunder!» überschlägt sich seine Fistelstimme immer wieder. Und: «Dieses ist doch ein verrücktes Land!»

Zwei Wochen war ich in Südafrika im Januar 1994. Die europäischen Medien rissen sich um Geschichten vom Kap in dieser Zeit, da Nelson Mandela ein freier Mann war und gerade die ersten wirklichen Wahlen für den April vorbereitet wurden. Ein verrücktes Land, wie Tutu jubelte? Ich musste nur hinschauen. Gerade war es noch verboten, dass Schwarz sich zu Weiss auf die gemeinsame Parkbank setzte. Und jetzt liefen die gemischten jungen Paare verliebt und untergehakt durch Johannesburg, als sei das nie anders gewesen. Ein verrücktes Land!

Seither war ich noch ein paar Mal im südlichen Afrika gewesen, musste mit ansehen, wie auch ohne Apartheid ein grosser Teil der schwarzen Bevölkerung von den Reichtümern des eigenen Landes ausgeschlossen wurde, wie das Nachbarland Zimbabwe, dieses wunderschöne Land mit diesen liebenswürdigen Menschen, wie dieses Land von einem Diktator zugrunde gerichtet wurde; und doch hat sich in Südafrika vor fünfzehn Jahren bei mir sehr stark der Eindruck festgesetzt, dass es tatsächlich möglich ist, dass Friede und Gerechtigkeit sich küssen.

Basel: Hinter-Grund meiner journalistischen Perspektive

Zu den mich journalistisch und menschlich stark prägenden Veranstaltungen, über die ich nun seit mehr als drei Jahrzehnten berichtet habe, gehört die Europäische Ökumenische Versammlung für «Frieden, Gerechtigkeit und Bewahrung der Schöpfung» in Basel 1989. In langen Gesprächen mit ihren Mentoren Carl-Friedrich von Weizsäcker und Heino Falcke hat sich mir das Psalmwort erschlossen, unter dem diese Veranstaltung stand. Frieden und Gerechtigkeit gehören untrennbar zusammen. Gerechtigkeit in einer friedlosen Gesellschaft kann es so wenig geben wie wirklichen Frieden in einem unrechtverhafteten Umfeld.

Wir sind als Journalisten keine Politiker oder Kirchenmenschen. Zu unserem wichtigsten Handwerk gehört das Erlernen von Distanz, Distanz zum Objekt unserer Berichterstattung. Aber das hat für mich nie den journalistischen Einsatz für Frieden und Gerechtigkeit ausgeschlossen. Nicht als Mitglied einer Partei oder als Aktivist einer engagierten Gruppierung – schlicht mit dem Mittel der Information.

II

Mit Informationen zum Beispiel aus Südafrika taten wir uns früher immer schwer. An der Apartheid trugen Amerikaner, EU-Europäer, Schweizer, trugen wir alle Mitschuld. Soweto irritierte nur. Information kann eben auch Angst machen. Angst vor Erkenntnissen, die uns nicht so weitermachen liessen, wie wir es gewohnt waren. Information aber, die den Blick freigibt über die üblichen Grenzen hinaus, die sich nicht einfach begnügen mag mit einer scheinbaren Wirklichkeit, die uns die so genannten Realpolitiker dauernd vorgaukeln wollen, diese Information ist ein gutes Stück Aufklärung.

Seit der Globus durch Medientechnik überschaubar geworden ist, wirkt auf uns vieles ein, Neuartiges und Fremdes, was uns bisher nie zu betreffen schien. Heute aber ist es für jeden von uns erheblich zu erfahren, was die Menschen in Russland und China bewegt und was in Harare und Tel Aviv vor sich geht. Was fern ist, kann über Nacht sehr nahe rücken – das ist eine Erkenntnis, die wir nicht erst seit AIDS, SARS oder Schweinegrippe haben. Deshalb fehlt noch zu häufig das Bewusstsein für die Zusammenhänge aller Vorgänge auf dem Erdball. Ein wahrheitsliebender Journalismus kann helfen, dieses Bewusstsein zu entfalten. Das Motto «was ich nicht weiss, macht mich nicht heiss» zählt nicht mehr. Aber spätestens seit der Ergänzung der Printmedien durch die elektronische Übermittlung erleben wir nun so etwas wie eine Inflation der Information. Angesichts der Schreckensbilder zum Beispiel aus dem Nahen Osten, die Fernsehen und Illustrierte uns vor Augen führen, werden wir zu Dickhäutern. Nicht schon wieder Steine werfende Kinder, nicht schon wieder israelische Panzer. Das Überangebot desensibilisiert, wir entwickeln eine Form von Immunität gegen das, was wir nicht mehr auszuhalten vermögen. Wir werden einfaltsreich (einfallsreich?) in der Erfindung von Schutzhaltungen gegen Information. Und so gedeiht einer der subtilsten Feinde von Information: das Vorurteil. Es geht einher mit einer wachsenden Aufnahmebereitschaft für konfektionierte Meldungen und Meinungen.

In diesem Sinne war der Irakkrieg 2003 nicht nur ein gewaltiger Rückschlag für Frieden und Gerechtigkeit, er war auch eine verheerende Niederlage für ein journalistisches Grundverständnis, mit dem wir bei wichtigen Ereignissen möglichst nahe am Thema und der Sache, aber nie bei einer der Parteien sein wollen. Eine Berichterstattung, die auf Distanz grössten Wert legt, wird durch einen «eingebetteten Journalismus» ad absurdum geführt. Unabhängige Journalisten wie Ulrich

Tilgner, der für SF DRS aus Bagdad berichtete und dabei auch immer wieder die widrigen Bedingungen seiner Berichterstattung transparent machte, waren – im Weltmassstab gesehen – die Ausnahme. Wer in eine Armeeeinheit «eingebettet» ist, hat kaum eine Möglichkeit, die Distanz zum Krieg nicht zu verlieren. Christiane Amanpour, das wohl bekannteste Reporterinnen-Gesicht von CNN, antwortete nach dem Irakkrieg auf die Frage, ob sie auch die Bilder mit zerfetzten Leichen aus Bagdader Krankenhäusern – wie sie der arabische Sender AL-JAZIRA brachte – gesehen habe: «Nein, habe ich nicht, ich habe nur davon gehört. Grundsätzlich bedauere ich sehr, wenn Zivilisten in Kriegen zu Schaden kommen. Aber ich kann sagen, dass Zivilisten in diesem Krieg nicht zu den primären Zielen gehören.» Agenturen vermeldeten bald darauf, dass allein in Bagdad viele Tausend Zivilisten starben und zum Teil schwer verletzt wurden.

Dass fehlende Distanz blind macht, ist das eine. Die noch bedrohlichere Erfahrung der jüngsten Zeit ist, dass in den USA nach dem 11. September 2001 in vielen Medien das journalistische Gebot zur Objektivität abgelöst wurde durch patriotische Parolen. FOX-NEWS, ein Fernseh-Network aus dem Imperium des Australiers Rupert Murdoch, stellte seinen Zuschauern in den USA eine neue Form von Kriegsberichterstattung vor: FOX engagierte den einstigen US-Oberst Oliver North, den Verantwortlichen für den «Iran-Contra-Skandal». Und der durfte nicht nur jede Menge Falschmeldungen – zugunsten seines Vaterlandes – verbreiten, er bezeichnete die Bombardierung Bagdads auch als «städtebauliche Erneuerung».

«Dass Friede und Gerechtigkeit sich küssen» – das Psalmwort gehört sicher bisher zu den Verlierern dieses noch jungen Jahrtausends. Ein Ansporn, sich mit den Mitteln eines

Journalisten für etwas mehr Frieden, für etwas mehr Gerechtigkeit einzusetzen, bleibt es mir gleichwohl.

WAS DER MENSCH BRAUCHT:
EIN BEIDSEITIGES SEHEN

Alles hat seine Stunde,
und eine Zeit [ist bestimmt] für jedes Vorhaben unter dem
Himmel: Eine Zeit fürs Geborenwerden und eine Zeit fürs
Sterben; eine Zeit fürs Pflanzen und eine Zeit, das Gepflanzte
auszureissen … Eine Zeit zu töten und eine zu heilen; eine Zeit
einzureissen und eine Zeit aufzubauen. Eine Zeit zu weinen
und eine Zeit zu lachen; eine Zeit zu klagen und eine Zeit zu
tanzen.
Eine Zeit zu lieben und eine Zeit zu hassen; eine Zeit für den
Krieg und eine Zeit für den Frieden. (Prediger 3,1–4.8)

Da erkannte ich: Es gibt für den Menschen
kein anderes Gut als sich zu freuen und es
sich wohl sein zu lassen in seinem Leben.
(Prediger 3,12)

Ein junger Mensch ist gestorben – lange vor der Zeit. Wir
Freundinnen und Freunde des Verstorbenen sind sehr traurig,
auch empört, vermutlich auch selbst verunsichert. Wir sind

alle noch nicht dreissig Jahre alt: Ein Altersgenosse, der bereits tot ist, erinnert uns daran, dass wir nicht «unsterblich» sind, wie es eigentlich unserem Lebensgefühl entspricht.

Bei der Beerdigung legt der Pfarrer seiner Predigt den Text aus Prediger 3,1–4.8 zugrunde.

Dieser Text wird am Abend nach der Beerdigung – wir sitzen zusammen, trauern, beschweren uns über das Leben – heftig diskutiert. Hatte der Pfarrer nichts anderes zu sagen gewusst? Immerhin besser als «der Herr hat's gegeben, der Herr hat's genommen», meinten wir.

Wir diskutieren über Vorbestimmung. Diese hat keine Chance bei uns – es ist das Jahr 1969. Ich behaupte, das sei doch nicht der wichtige Punkt, und im Übrigen sei es ein sehr schöner rhythmischer Text, es gehe wohl um Rhythmus. Wir holen eine Bibel und lesen den Text – ein schöner Text. Ein rhythmischer Text. Ein Text, der eingängig ist. Alles im Leben ist Rhythmus, es geht um ein zirkuläres Verständnis von Leben, nicht um einsinnig Gradliniges. Aber: Ist das ein Text, der uns den Biss nimmt, etwas zu verändern? Oder ist Leben einfach so, ist das ein weiser Text? Die Ansichten gehen weit auseinander. Und dann liest jemand weiter und liest laut Prediger 3,12: «Da erkannte ich: Es gibt für den Menschen kein anderes Gut als sich zu freuen und es sich wohl sein zu lassen in seinem Leben». Das wirkt, wie wenn Öl ins Feuer gegossen würde. Ein theologisch etwas gebildeterer Mensch sagt uns, diese Textstelle könnten wir nicht einfach so anhängen. Und ob wir das können! Für die einen klingt diese Textstelle zynisch, für die anderen weise. Wir haben uns nie mehr in dieser Zusammensetzung getroffen, wir haben nie mehr alle miteinander über diesen Text gesprochen.

Dieser Text hat eine tiefe Resonanz in mir ausgelöst – er begleitet mich ganz unaufdringlich seit vierzig Jahren –, und wenn immer ich einseitig zu werden drohe, zu pessimistisch, dann ertönt dieser Text in meinem Inneren. Ein wenig wie ein Mantra. Ich freue mich nicht immer darüber, aber ich stelle fest, dass es ein stimmiger Text ist.

Bestimmte Texte lösen eine Resonanz in uns aus: Diese Texte gehen uns etwas an, wir schwingen mit ihnen, sie lösen Gefühle und Gedanken aus. Das ist für mich der Sinn dieser Texte, die die Menschen schon seit Langem begleiten. Mich begleitet dieser Text: eher wie ein Gedicht, das mir immer einmal wieder einfällt, denn als ein biblischer Text. Für mich ging und geht etwas Tröstliches von ihm aus; werden meine Ideen nicht so aufgenommen, wie ich es erwarte, dann fällt mir ein, dass es offenbar nicht Zeit ist zu ernten. Wenn ich die Welt nicht verstehen kann, wenn die Novembernebel den Winter ankündigen, wenn wieder etwas sich nicht so entwickelt, wie ich es mir vorgestellt habe, wenn wieder ein Mensch stirbt, den ich gerne noch länger in meinem Leben gewusst hätte, dann fällt mir ein, dass alles seine Stunde hat.

Dieser Text wirkt wie ein Hintergrund, vor dem ich wichtige Ideen entwickelt habe. Als ich mich mit dem Trauerprozess befasste, war im Hintergrund dieser Text, den ich ergänzte: «Es gibt eine Zeit festzuhalten und eine Zeit loszulassen.» Leben und Tod, beide gleichermassen bedeutsam, bestimmen den Rhythmus des Lebens. In einem solchen Denken kann man sich als Mensch gelassen niederlassen: Man braucht weder das Leben noch den Tod zu vermeiden. Man kann sich engagieren, wissend, dass es auch eine Zeit gibt, das Engagement loszulassen – nicht nur beim endgültigen Tod, immer wieder. Kann man das Leben immer wieder einmal so sehen – denn diese Sicht kommt einem auch immer wieder einmal abhanden –, dann kann man sich in der Tat freuen und es sich wohlsein lassen. Wir freuen uns ja dann, wenn wir einverstanden sind mit uns selbst und mit dem Leben, wenn etwas besser war als erwartet.

Für mich steht dieser Text auch hinter der Idee der «abschiedlichen Existenz».

Da der Tod eine Realität im Leben ist, geht es im Leben immer auch um Trennung, um Abschiednehmen, um Loslassen. Diese abschiedliche Existenz ist aber nicht geprägt von Gleichgültigkeit, sondern von einem grossen Engagement für das, was ist, von einer Offenheit dem gegenüber, was uns begegnet, etwas von uns will, und vom Willen, das Leben so intensiv zu gestalten wie es überhaupt menschenmöglich ist. Deshalb: Es gibt eine Zeit, sich einzulassen – und eine Zeit loszulassen. Aber so loslassen, dass wir uns dabei nicht verlieren, sondern dass wir unsere Identität dabei gerade besonders spüren.

Die Existenz des Menschen ist eine abschiedliche, und gerade deshalb sind Bindung und Beziehung so wichtig. Abschiedliches Leben macht uns offen für alles, was das Leben an uns heranträgt, erzeugt eine bewusste Verantwortlichkeit für das, was gerade ist, ein Engagement für das eigene Leben, aber auch die Bereitschaft zur Bindung an andere Menschen und an das Leben als solches. Dank dieser Bindungen wissen wir uns gehalten, nicht nur von aussen, sondern auch von innen getragen. Bindung an das Leben heisst auch, unseren Interessen nachzugehen und zu spüren, dass es etwas gibt, was uns mit Lebendigkeit erfüllt, ein Interesse von innen heraus am Leben, auch wenn der Tod nah ist.

Nur wer Bindungen einzugehen wagt, kann auch loslassen. Gelingt es uns, loszulassen und die Erinnerung an das, was war, zu bewahren und uns immer wieder auf neue Bindungen einzulassen, dann können wir uns auch von Herzen freuen, sind wir einverstanden mit uns, mit der Mitwelt – und letztlich auch mit dieser *conditio humana*, dass uns der Tod gewiss ist.

Prediger 3,1–4.8 steht auch hinter der Idee des «beidseitigen Sehens», einer Idee, die mir sehr wichtig ist: Oft wird nur geklagt, man sieht nur das Schwierige im Leben, die Mitmenschen sind eine Quelle der Frustration, alles wird immer schlechter … Das ist aber nur die eine Seite, und wer so das Leben betrachtet, ist auch etwas ungerecht: Mitmenschen können durchaus auch eine Quelle der Freude sein, einiges wird immer wieder deutlich besser, etwa die Möglichkeit, Krankheiten zu behandeln, an denen man früher gestorben ist. Beidseitiges Sehen: nicht nur die Trauer und die Angst wahrnehmen, sondern auch die Freude. Das gibt ein besseres Lebensgefühl. Es hängt an uns selbst, ob wir alles schlechtsehen und -reden wollen, oder ob wir beide Seiten sehen wollen. (Natürlich kann man auch alles gutreden, auch das ist einseitig.)

Dieser Bibeltext, der so sehr den Rhythmus betont, scheint mir für unsere heutige Zeit besonders wichtig zu sein: Mehr, besser, schneller, immer nur Fortschritt – und keine Brachzeiten –, das ist unser Credo. Die Nacht machen wir zum Tag, was nicht wächst im Winter, das führen wir ein. Mehr wird aber auch die Angst, Angst vor Krisen, Angst davor, dass es uns nicht mehr so gut gehen wird, wie es uns schon gegangen ist, Angst, dass dieses Immer-Mehr gefährdet ist. Das mag ja so sein. Wir Menschen sind aber nicht nur für Schönwetterperioden gemacht: Wir können auch mit Krisen umgehen, wenn wir denn überzeugt davon sind, dass diese auch zum Leben gehören, dass es uns eine Würde gibt, mit diesen Krisen umzugehen, dass unsere Kreativität herausgefordert werden kann, dass wir so etwas wie Kreativität im Umgang mit dem alltäglichen Leben im Ansatz haben und sie entwickeln können. Es gäbe auch eine Zeit für Vertrauen.

Wenn dieser Bibeltext in uns Resonanz auslösen kann – und das ist der Sinn dieser Texte –, dann weckt er in uns die Zuversicht, dass das Leben nie nur schlecht ist, aber auch nie nur gut. Können wir diese Lebensweisheit verinnerlichen, sind wir nicht so empört, wenn wir für uns – oder auch gesellschaftlich gesehen – in schwierigen Zeiten leben. Wir vertrauen auf Veränderung, auch wieder zum Guten hin. Der Text lädt in der aktuellen gesellschaftlichen Situation zu Gedankenspielen ein: Es gibt nicht nur die Gier, es gibt auch das Gönnen …

Der Text Prediger 3 ist in meiner Bibelausgabe überschrieben mit «Der Tod». Sterblichkeit und Tod sind Tatsachen, die wir hinzunehmen haben, so schwer es auch fällt. Wehren wir den Tod ab, wird er zum Feind, er steht hinter uns als ständige Bedrohung und hindert uns daran, unser Leben gestaltend zu leben. Akzeptieren wir ihn, erstrahlt das Leben in einem besonderen Glanz. Blickt der Mensch seiner Sterblichkeit ins Auge, wird deutlich, was wesentlich ist im Leben, was letztlich zählt. Die Bedeutung des Lebens angesichts des Todes leuchtet auf, seine Kostbarkeit wie auch die Gewissheit, dass wir dieses Leben nicht vertun, nicht verpassen sollten. Kreativität ist die Antwort des Menschen auf das Sterbenmüssen; die Freude darüber, dass das Leben doch besser ist als erwartet, dieses Lebensgefühl steht der Trauer gegenüber. Die Notwendigkeit des Engagements für dieses eine Leben und für das Leben der Gemeinschaft wird existenziell erfahrbar und als unmittelbarer Sinn des Lebens erkannt.

Unsere Einstellung zum Tod und zum immer neuen Loslassenmüssen beeinflusst in hohem Masse unsere Einstellung zum Leben. Leugnen wir den Tod und unsere Sterblichkeit und vermeiden wir es, uns damit auseinanderzusetzen, führt dies zu einer Entzweiung mit uns selbst. Akzeptieren wir unsere Sterblichkeit nicht, besteht die Gefahr, dass wir uns unbewusst mit dem Tod als dem unzerstörbaren Zerstörer, der Macht hat über alles Leben, identifizieren und destruktiv und gewalttätig werden. Die heutige Gewalt- und Kriegsbereitschaft wie auch die Rücksichtslosigkeit gegenüber unserer Umwelt können wir als eine Folge der permanenten Verdrängung des Todes verstehen, aber auch eine Lebensfeindlichkeit, eine übergrosse Tendenz, immer nur das Negative zu sehen, und die damit verbundene grundlegende Unzufriedenheit können darin ihre Wurzel haben.

Und wenn es wirklich hart wird?

«Da erkannte ich: Es gibt für den Menschen kein anderes Gut als sich zu freuen und es sich wohl sein zu lassen in seinem Leben.» (Prediger 3,12) Wir haben immer wieder einen Anlass zur Freude, wenn wir denn die Freude schätzen. Das ist nicht selbstverständlich – die Freude kostet nichts ausser Aufmerksamkeit. Wir sehen etwas Schönes, wir hören etwas, das uns ergreift, packt, etwas kommt zum Blühen. Ein Kind kommt vertrauensvoll auf uns zu, wir fühlen eine wunderbare Nähe zu einem Menschen. Oder wir haben eine Leistung vollbracht, einem anderen Menschen eine Freude gemacht, etwas gefunden, von dem wir nie gedacht hätten, dass wir es finden könnten …

Freude erleben wir dann, wenn etwas besser ist als erwartet, wenn uns mehr zukommt, als zu erwarten war. Wenn wir uns freuen, sind wir einverstanden mit uns, mit der Welt, mit den Mitmenschen. Eine der Ausdrucksgesten der Freude ist, dass unsere Augen aufstrahlen, dass Gesichter aufleuchten, es gibt den Eindruck von etwas Strahlendem, Leuchtendem, Lichtem.

Die Bewegungen, die wir mit der Freude verbinden, sind Bewegungen in der Vertikalen, Bewegungen, die zur Höhe und zur Weite hin tendieren – so gehen die Mundwinkel nach oben, wenn wir uns freuen oder wenn wir lächeln: Wir könnten vor Freude Luftsprünge machen oder wir werfen etwas hoch in die Luft. So wird deutlich, dass in der Freude ein Gegengewicht zur Erdenschwere ist und zur Dunkelheit. Freude suggeriert uns eine mögliche Verbundenheit mit etwas, was über uns hinausgeht.

Wenn wir uns freuen, dann fühlen wir eine Wärme in uns aufsteigen, eine körperlich erfahrbare, aber durchaus auch eine seelische Wärme. Diese lässt uns offener, aber auch lebendiger werden. Das Selbstgefühl, das wir bei der Freude erleben, ist ein Gefühl des selbstverständlichen Selbstvertrauens, das daraus resultiert, dass wir im Moment der Freude uns selbst, die Innenwelt, die Mitwelt akzeptieren können, wie sie ist, weil uns ohnehin mehr zugekommen ist, als wir erwartet haben. Zu diesem selbstverständlichen Selbstvertrauen gehört, dass man sich bedeutsam fühlt, ohne dass man bedeutsam sein muss. Dieses selbstverständliche Selbstvertrauen, das wir als Menschen im Zustand der Freude erleben, lässt uns uns öffnen: Wir müssen unsere Ich-Grenzen nicht stur behaupten, wir können sie öffnen. In der Freude sind wir nicht misstrauisch, manchmal dafür naiv. Wir erwarten in der Tat nichts Böses. Tritt das Böse dann doch ein, dann fühlen wir uns sehr verletzt. Man kann sich schützen vor diesen Verletzungen, indem man die Freude nicht mehr zulässt. Das ist ein teurer, ein zu teurer Schutz.

Selbstverständliches Selbstvertrauen, Bedeutsamkeit, auf der man nicht beharren muss, Offenheit und die Möglichkeit des Sich-Öffnens, ergibt ein Selbstgefühl der Vitalität und der Kompetenz, mit dem Leben umgehen zu können. Wir spüren neue Lebensenergie. Daraus resultiert, dass wir den Menschen nahe sein möchten, dass wir teilen möchten, dass wir den Mut finden, miteinander Lösungen zu erproben. Freude ist die grundlegende Emotion für Verbundenheit und Solidarität.

Freude ist eine Emotion auch für schwierige Zeiten, wenn wir sie denn wertschätzen – und wie schon gesagt, meistens ist sie einfach da, kostet uns Aufmerksamkeit, ein Verweilen bei der Freude, ein Wahrnehmen der Freude – und dann fühlen wir uns schon sehr viel besser. Es gibt eine Zeit für die Angst, aber auch eine Zeit für die Freude.

WAS DER MENSCH BRAUCHT:
IDENTITÄT UND SELBSTSICHERHEIT

Thomas aber, einer von den Zwölfen, war nicht bei ihnen, als Jesus kam. Die andern Jünger sagten ihm nun: Wir haben den Herrn gesehen. Er aber sagte zu ihnen: Wenn ich nicht an seinen Händen das Mal der Nägel sehe und lege meinen Finger in das Mal der Nägel und lege meine Hand in seine Seite, werde ich es nicht glauben.

Und nach acht Tagen waren seine Jünger wiederum drinnen und Thomas mit ihnen. Jesus kam, als die Türen verschlossen waren, trat in die Mitte und sprach: Friede sei mit euch! Dann sagte er zu Thomas: Reiche deinen Finger hierher und siehe meine Hände, und reiche deine Hand her und lege sie mir in die Seite, und sei nicht ungläubig! Thomas antwortete und sprach zu ihm: Mein Herr und mein Gott! Jesus sagt zu ihm: Weil du mich gesehen hast, hast du geglaubt. Selig sind die, welche nicht gesehen und doch geglaubt haben.

(Johannes 20,24–29)

I

Diese Verse aus dem Evangelium des Johannes haben mich schon deshalb immer irritiert, weil hier die Frage nach Glauben oder Unglauben gestellt wird.

Der «richtige» Glaube wurde einem schon früh in der Kindheit beigebracht, stellte sich nicht einfach so ein, kam nicht als Gnade über einen. Glauben ist lernbar, ich meine, er hat mit den Erfahrungen zu tun, die man im Verlauf eines Lebens macht. Allerdings erinnere ich mich in diesem Zusammenhang auch an meinen Urgrossvater, der in Bern (am Münster oder an der Heiliggeist-Kirche?) Pfarrer gewesen ist und unter anderem auch zwei Bände für Kinder von drei bis acht Jahren verfasst hat: «Bärndütschi Värsli u Liedli». Es sind dies etwas holperige Verse, die in ihrer schwarzen Pädagogik eigentlich nur aus Drohungen bestehen, und als ich kürzlich in diesem Büchlein blätterte, war diese Wiederbegegnung erschreckend: «Mir Lebtyg will ich ja nit schwöre / U sött is oh von-n-andre ghöre: Nie will i rede wüeschti Wort: Gott straft's, er ghörts a jedem Ort.»

Und in diesem Stil geht es weiter. Da wurde einem der «richtige» Glaube mit Drohungen beigebracht, eingebläut. Damals erinnerten die Sonntagspredigten in der Kirche wohl an Strafpredigten, an Gardinenpredigten. Der Pfarrer (mein Urgrossvater gehörte wohl auch zu dieser Spezies von Geistlichen) versuchte, von der Kanzel aus die Schäfchen zu seinen Füssen mit Drohungen auf den Weg der Tugend und des rechten Glaubens zu bringen, konfrontierte sie mit all dem, was ihnen an höllischen Qualen widerfahren würde, wenn sie nicht gehorchten. Schuldgefühle wurden provoziert und bestimmten ganze Biografien. Die Gemeinde wurde in die Rolle der Kinder gedrängt, der Kinder Gottes, dies nicht im positiven Sinn, und ich frage mich im Nachhinein, wie denn diese Geistlichen von damals die tröstliche Botschaft interpretieren wollten, die Christi Sterben und Auferstehung beinhaltet. Zweifel waren nicht gestattet.

Ich denke deshalb, dass die Bibelpassagen, in denen von der Auferstehung Jesu die Rede ist, keine Antwort auf die Glaubensfrage zu geben versuchen. Allerdings gibt es da in den vier Evangelien verschiedene Versionen dieses Ereignisses bzw. dessen, wie die Jünger damit umgingen. Bei Matthäus und Lukas ist die Gewichtung allerdings eine andere als bei Johannes, vor allem deshalb, weil hier in der Figur des Thomas konkret ein Zweifler auftritt, der nicht dabei war, als der auferstandene Jesus den Jüngern begegnete. Bei Johannes also tritt einer auf, der dem Hörensagen misstraut und den «lebendigen» Beweis für die Auferstehung verlangt, die ihm Jesus dann später ja auch liefert, ihm dabei aber gleichzeitig zu verstehen gibt, dass Glaube nicht eine Sache handfester Beweise, sondern gewissermassen eine Gnade sei. Dass er einem von einer übergeordneten Instanz, von einer autoritären Vaterfigur aufgezwungen werden soll, der man zu vertrauen hat, davon ist in diesen Passagen allerdings nicht die Rede.

Die Vaterfigur aber spielt in der Bibel, und nicht nur in der Bibel, eine dominierende Rolle. Ich möchte deshalb, von diesem Gedanken ausgehend, an Erinnerungen aus meiner Kindheit anknüpfen, um von dort aus, auch im Zusammenhang mit der Vaterfigur, der übergeordneten Instanz, im speziellen und im umfassenden Sinn, das Thema anzugehen.

Die Unmündigkeit, die Bevormundung, die vorbehaltlose kindliche Akzeptanz eines Befehls haben – wie im Beispiel vom ungläubigen Thomas – wenig mit der Figur von Jesus Christus zu tun: Sie gehören eher ins Alte Testament, gehören zu dieser archaischen Erscheinung des drohenden Gottes, des

Rächergottes, der wie ein Wüterich ins irdische Geschehen eingegriffen hat: Er hat Lots Sodom und Gomorra mit Pech und Schwefel eingedeckt, hat Lots Weib zur Salzsäule erstarren lassen, nur deshalb, weil sie sich auf der Flucht entgegen seinem ausdrücklichen Verbot umgeschaut hat. Das sind die Bilder aus meinem frühen Religionsunterricht, archaische Bilder. Ich sehe die berstenden Mauern von Jericho, sehe den Tanz der Israeliten um das Goldene Kalb, für mich in der Erinnerung eben keine gotteslästerliche Orgie, sondern ein Ausbruchversuch der Gegängelten aus dem strengen Regime, unter das die Vaterfigur Mose, verlängerter Arm des Allmächtigen, sein Volk gezwungen hatte. Der Gott, der in diesem Alten Testament über allem steht, ist kein gütiger, verzeihender Gott. Er ist ein Gott der Heimsuchung, wobei das Wort «heim» nichts Heimeliges suggeriert und auch nicht positive Assoziationen an Heim, nach Hause kommen, Aufgehobensein auslöst.

Warum ich jetzt so weit hinten Anlauf nehme, um mich dem Text, den ich ausgewählt habe, zu nähern und dessen Bedeutung zu erschliessen? Es hat, wie die vorangegangenen Ausführungen erkennen lassen, mit meinen Kindheitserinnerungen zu tun, mit meiner Biografie, in die ich, durch diese wilde Assoziationsreihe, die die Passage um den ungläubigen Thomas in mir ausgelöst hat, eingetaucht bin.

Ein Theologe hält sich, wenn er seine Predigt verfasst, an die Bibel, interpretiert die Bibelstelle, die er ausgewählt hat, bringt sich selbst zwar immer mit ein, aber wahrscheinlich nicht mit der Ausschliesslichkeit, mit der Schriftsteller ihre Stoffe zwingen. Ein Theologe wird, so nehme ich an, in seiner Sonntagspredigt, einer Osterpredigt vielleicht, bald einmal den Kernpunkt des Geschehens anpeilen, wird schnell den Schritt vom Leben zum Sterben tun, um sich dann ausführlich dem Kern der Sache, der Auferstehung und des Überlebens im übertragenen Sinn, zu widmen.

Ich möchte mir etwas mehr Zeit lassen, möchte mich zuerst ausführlicher mit dem Leben beschäftigen – auch mit dem Überleben in dem Leben, das einem gegeben wurde. Und in diesem Zusammenhang lässt mich eben auch die Figur des Vaters nicht los: Die Vaterfigur – sie spielt wohl nicht nur in meiner Biografie eine grosse, eine dominierende Rolle.

In den Fotoalben, in denen mein Vater schon meine frühste Kindheit dokumentierte, finde ich mich auf Abbildungen und in Texten, die die Fotografien interpretieren. Da wurden nicht nur die üblichen Daten bezüglich Gewicht und Körpergrösse angegeben, sondern auch Vermutungen über meinen Charakter angestellt. Da wurde die Besorgnis geäussert, ob sich denn das scharf beobachtete Geschöpf auch so entwickeln würde, wie es der Vater für wünschenswert hielt.

Da steht beispielweise unter einem Foto, das mich, vom Berufsfotografen arrangiert, sitzend, nackt vor einem weissen Hintergrund zeigt, vielleicht drei Jahre alt, die lakonische Bemerkung: «Peter spricht alles nach. Er bildet aber noch immer keine ganzen Sätze. Ob's wohl immer so bleibt?» – Mittlerweile habe ich trotz väterlicher Skepsis gelernt, ganze Sätze zu bilden. Doch etwas hat das väterliche Misstrauen trotzdem bewirkt: Die Vorstellungen des Vaters, wie sich sein Sohn zu entwickeln habe, entsprechend dem, was er sich unter einem gestandenen Mannsbild vorstellte, setzten den Sohn unter Druck. Der Sohn sah sich so einem Erfüllungszwang ausgesetzt, und weil er spürte und später auch wusste, dass er die spezifischen Erwartungen des Vaters nicht zu erfüllen vermochte, versuchte er sich zu verstellen, bemühte er sich nach aussen, die Erwartungen des Vaters scheinbar zu erfüllen. Das Spiel der Verstellung schien mir damals, als Kind, ein praktikables Lebensmodell gewesen zu sein. Das Leben hinter der Maske, die das wahre Gesicht verbirgt, machte mich scheinbar unverletzbar. Dass diese Verleugnung meiner wahren Identität den Verlust derselben zur Folge hat, war mir wohl damals nicht bewusst.

Als Kind hatte ich Heimweh; aber die Überwindung dieses Heimwehs, sich ihm auszusetzen, zu stellen, hatte mit der Mannwerdung zu tun, wie sie der Vater bei seinem Sohn anstrebte. Und ich erinnere mich an eine Episode in diesem Zusammenhang, als mich der Gedanke, zwei Wochen in einem Pfadfinderlager zu verbringen, so quälte, dass ich in meiner Not betete: «Lieber Gott, mach, dass ich krank werde und nicht ins Pfadfinderlager gehen muss.» Am Samstag habe ich gebetet, am Montag bin ich ins Pfadfinderlager gefahren, scheinbar gesund und enttäuscht darüber, dass mich der liebe Gott nicht erhört hatte. Und am Mittwoch wurde ich krank, hatte Mumps. (Bezeichnenderweise nennt man diese Krankheit, passend zu meinem Vornamen, auch Ziegenpeter.) Nur – ich durfte, entsprechend meinem Lebensmodell, das ich mir angeeignet hatte, diese Krankheit nicht als Rettung begreifen: Wäre ich noch zu Hause krank geworden, hätte ich nicht wegfahren müssen. Aber weil ich nun einmal im Pfadfinderlager war, getraute ich mich nicht, mein Kranksein einzugestehen und nach Hause zu fahren. Ich fürchtete, es könnte mir als Schwäche ausgelegt werden und ich würde meinen Vater enttäuschen. Also stand ich die zwei Wochen durch, fiebrig und mit geschwollen Drüsen (die die Lagerleiter aber offenbar gar nicht registrierten), und als dann das Lager endlich zu Ende war und ich, noch immer nicht ganz gesund, vom Vater am Bahnhof abgeholt wurde, stellte er befriedigt fest, wie wohlgenährt, rund im Gesicht, wie erholt ich doch aussähe. Und der Sohn? Er stützte die Aussagen des Vaters insofern, indem er erzählte, wie viel und gut sie im Lager gegessen hätten: Butter, Käse, Speck.

Ich hatte gelernt, mein Leben möglichst weit entfernt von meiner wirklichen Identität zu leben, um mich vor Verletzungen zu schützen. Die Angriffe von andern, so glaubte ich zu wissen, galten ja nicht dem, der ich wirklich war, sondern dem, den ich vorzeigte, zu sein vorgab. Ich versuchte der zu sein, den mein Vater sich erwünschte.

Wie heisst es doch in der Bibel: «Du sollst dir kein Bildnis machen, weder von Gott noch von deinem Nächsten», ein sinngemässes, nicht ein wörtliches Zitat.

Was ich damit meine, und jetzt komme ich auf den Ausgangspunkt zurück:

In der Rückschau auf mein bisheriges Leben – und das dauert ja schon eine ganze Weile – stelle ich fest, dass ich mich meiner wirklichen Identität im Umweg über andere, mir zwar verwandte, aber letztlich doch nicht authentische Identitäten anzunähern versuchte. Ich habe in meinem Beruf als Romanschriftsteller gewissermassen fremdes Leben erkundet, um die Gründe und Abgründe meines wirklichen Wesens auszuloten. Vielleicht ist es dieses Bedürfnis nach Erlösung von Zwängen, die mich trieb und treibt, Maske um Maske fallen zu lassen, bis ich endlich dort angekommen bin, ankommen werde, wo es nicht weitergeht: am Punkt, der mich wirklich ausmacht.

Vielleicht kommt dieser Prozess, den ich hier zu beschreiben versucht habe, dem nahe, was ich – auf das Diesseits bezogen – unter Auferstehung verstehe.

Der holländische Autor Janwillem van de Wetering, der einige Zeit in einem japanischen Zen-Kloster verbrachte, beschrieb in seinem Buch «Ein Blick ins Nichts» einen alten japanischen Zen-Meister, der ihm als doppelte Persönlichkeit erschien: Er war der Meister und zugleich ein Mann, der den Alltag und seine Freuden lebte wie andere, normal Sterbliche: «Aber all diese Gewohnheiten, Vorlieben und Abneigungen waren Teil seiner Persönlichkeit, seiner vorübergehenden Erscheinung. Sie waren das Resultat seiner Erziehung und seiner Umgebung. Daneben aber besass er die Meister-Persönlichkeit. Er war ein ungewöhnlicher Mann, der sein eigenes Gesicht kannte, das Gesicht, das er besass, lange bevor seine Eltern geboren wurden. Er verstand das Warum aller möglichen und unmöglichen Welten, er hatte jede Form durchschaut, er wusste, wie alles miteinander verbunden war. Er lebte in einer Einheit, die alle Vielheiten vereinigte.»

Vielleicht ist hier der Zustand beschrieben, den wir anstreben und den wir durch permanente Metamorphose zu erreichen versuchen. Günter Wallraff, der deutsche Journalist und Schriftsteller, der sich früher immer wieder, um gewisse soziale und politische Zustände – auch Missstände – aufzudecken, in fremden Identitäten versuchte und sich unter falschen Angaben in ihm fremde Milieus begab, hat diese Versuche folgendermassen umschrieben: «Ich bin erst ich, wenn ich durch viele andere hindurchgegangen bin.»

Was bleibt also dem Menschen, als das unmögliche Kunststück des Sterbens immer wieder kunstvoll und trickreich zu versuchen, bis er eben dort ankommt, wo es auf dieser Erde nicht mehr weitergeht?

Ich erinnere mich an eine alte Frau, die ich von meinem Arbeitsraum aus, hoch unter dem Dach, beobachtet habe: Ich habe sie von Weitem, unten auf der steil ansteigenden Strasse, kommen sehen; mühselig hat sie sich Schritt für Schritt vorwärtsgeschafft, hin zu der Stelle, wo sich ihr Weg mit der Strasse kreuzte, an der ich wohne. Die Frau ging immer langsamer. Sie quälte sich vielleicht deshalb die Strasse hoch, weil es ihr der Arzt empfohlen hatte: Bewegung! Sie ging, weil sie wusste, dass sie gehen musste. Doch jedes Mal hielt sie zwei Schritte vor der Stelle an, wo sich die beiden Strassen kreuzen, schaute zurück auf den Weg, der hinter ihr lag, zögerte und kehrte endlich wieder um. Und unten angekommen, blieb sie erneut stehen und absolvierte denselben Parcours noch einmal, wieder beinahe hinauf zur Kreuzung. Aber nur beinahe. Die Neugier hatte sie verlassen. Sie wollte nicht mehr um die Ecke schauen. Sie hatte keine Sehnsüchte mehr. Sie war, so habe ich es damals empfunden, angekommen.

Was uns antreibt, denke ich, ist unsere Sehnsucht nach einer Welt hinter der Welt, in der wir leben. Bezogen auf unser Leben können wir hier den Begriff Utopie anwenden. Es geht um unsere Sehnsucht, jenseits dieses Fluchtpunktes, jenseits des sichtbaren Horizonts, ein anderer zu sein als man ist, hier als der zu überleben, der man ist, dort als ein anderer neugeboren zu werden. Man lässt sich zurück, um eine neue vollkommenere Fassung der eigenen Identität zu finden. Nein, wir haben keine Gewissheit, dass wir dort auch ankommen werden: Aber wir glauben daran. «Selig sind die, die nicht gesehen und doch geglaubt haben» – so interpretiere ich den Begriff Auferstehung.

Noch eine Kindheitserinnerung: Schon früh begann ich darüber zu spekulieren, was Ewigkeit sei. Ewigkeit sei, hat man mir damals gesagt, wenn ein Vogel auf dem höchsten Gipfel des Himalaja sitze und dort am Fels seinen Schnabel wetze, so lange, bis dieser Berg abgewetzt sei – bis es keinen Berg mehr gebe. Ich erinnere mich in diesem Zusammenhang an eine Interpretation, die ich mir selbst zurechtgelegt habe: Auf der Klinge des Brotmessers meiner Mutter war in einem ovalen Medaillon ein Adler abgebildet, der seinerseits wieder auf der Klinge eines Messers sass, auf der in einem Medaillon ein Adler auf einer Klinge sass, auf der … und so weiter. Ich bin damals in dieses Bild eingetaucht, immer wieder, bis dieser Adler auf der Klinge sich letztlich in der Unschärfe verlor, sich in der scheinbaren Unendlichkeit auflöst.

Dieses Bild von Ewigkeit ist für mich auch eine Metapher für die Bemühungen eines Schriftstellers, sich schreibend von seiner eigenen Individualität zu befreien, von sich wegzuschreiben, sich in andere Figuren zu versetzen, durch sie hindurchzugehen, sich selbst im Verlauf dieses Arbeitsprozesses gewissermassen unkenntlich zu machen, Distanz herzustellen, Spuren zu verwischen, dies in immer neuen Anläufen, bis die Realität, von der er schreibend ausgegangen ist, so unscharf wird, dass sie sich auflöst.

Auferstehung heisst, so gesehen auch, wenn es gelingt, das eigene Selbst mit dem angestrebten Selbst, mit seinem ideellen Doppelgänger, zur Deckung zu bringen. Diesen Prozess der Selbstfindung geht man zuletzt allein – und ich meine jetzt das Sterben als letzte Phase dieser Selbstfindung.

In dem Zusammenhang möchte ich noch einmal auf die Vaterfigur zu sprechen kommen, wie sie uns in der Bibel begegnet: Im Neuen Testament (im Unterschied zu den Bildern aus dem Alten Testament, die ich zu Beginn beschworen habe) ist Jesus der Protagonist und nicht mehr der Vater. Doch der Vater ist durch den Sohn präsent: Der Sohn ist sozusagen sein verlängerter Arm, ist auch sein Sprachrohr, aber im Sterben seines Sohnes am Kreuz hielt sich der Vater zurück, war er abwesend. Warum sonst hat Jesus am Kreuz, so mindestens steht es im Matthäusevangelium, geklagt: «Mein Gott, mein Gott, warum hast du mich verlassen?» (im Lukasevangelium allerdings heisst es, Jesus habe gesagt: «Vater, in deine Hände befehle ich meinen Geist.») – Jesus hat Gott, den Vater, in seinem ganzen Leben nicht in Frage gestellt, nur im Augenblick seines Sterbens hätte er seine Gegenwart wohl gebraucht, sehnlich gewünscht. Hätte da dieser Vater nicht präsent sein müssen, denn schliesslich war er es ja letztlich, der seinen Sohn geopfert hat? Ich möchte in diesem Zusammenhang die etwas provokative Frage stellen, ob denn der grollende Gott im Alten Testament nicht doch der mitleidigere Gott gewesen ist, hat er doch unter anderem Abraham daran gehindert, seinen Sohn zu opfern?

Aber man kann ja diese Abwesenheit des Vaters beim Sterben seines Sohne auch anders deuten: «Es ist vollbracht!» soll Jesus in der Fassung des Johannes als Letztes gesagt haben. Und in diesem Augenblick des Sterbens war Jesus, so meine Interpretation, bei sich angekommen, war gewissermassen mündig geworden, und in dieser Gewissheit hat ihn sein Vater mit sich allein gelassen, ihn aus seiner Abhängigkeit entlassen.

Dass Jesus wiederauferstanden sein soll, kann ja im Sinne der christlichen Lehre auch so gedeutet werden: Er hat in dieser Welt die Auseinandersetzung mit dem Vater beendet, ist angekommen und verlässt jetzt die Menschen, mit diesem fundamentalen Satz als Vermächtnis, den wir zu Beginn gehört haben: «Selig, die nicht mehr sehen und doch glauben.»

Oder anders formuliert: Wir sind alleingelassen mit unserm Glauben. Das nennt man, denke ich, lebendiger Glaube: Es ist dies eine Herausforderung, der man sich täglich zu stellen hat: Es ist dies die permanente Auseinandersetzung mit dem Vater, die letztlich zu sich selbst, zur Auferstehung im übertragenen Sinn führt.

II

Glaube, so meine ich, ist eine Frage der Erfahrungen, die man im Verlauf eines Lebens gemacht hat. Diese Erfahrungen liefern mir Argumente für oder gegen eine Sache, wobei der Ausdruck Sache in diesem Zusammenhang nicht zu wörtlich zu nehmen ist. Die Bibel hat mich seit meiner Kindheit begleitet, in der Sonntagsschule, in der Kinderlehre, im Religions- und Konfirmationsunterricht, wobei die Gewichtung immer eine andere war: Zuerst waren es die Geschichten im Alten Testament, die mich im wahrsten Sinn des Wortes fesselten; später betrieben meine Religionslehrer Überzeugungsarbeit, versuchten uns zum wahren Glauben hinzuführen. Dass ich in meinem Beitrag die Textstelle vom ungläubigen Thomas gewählt habe, mag zeigen, dass sie mich nicht durchweg zu überzeugen vermocht haben, jedenfalls bin ich heute nicht das, was man einen Kirchengläubigen nennt. Und weil mir jeder pädagogische Eifer abgeht, auch Missionarisches, möchte ich von diesem ausgewählten Bibeltext keine Folgerungen ableiten. Meine Haltung wird von meiner Lebenserfahrung mitbestimmt, die mir Argumente liefert – dafür oder dagegen. So wie die Bibel mir Argumente anbietet – so wie ich sie aus den zitierten Bibelstellen ableite. Das nennt man wohl lebendiger Glaube.

Literatur

Wetering, Janwillem van de: Ein Blick ins Nichts. Erfahrungen in einer amerikanischen Zen-Gemeinde, Reinbek 1985 u. ö.

ALEX RÜBEL

WAS DER MENSCH BRAUCHT:
REFORMER UND SAMARITER

*Im Anfang schuf Gott
Himmel und Erde.*
*Und die Erde war wüst und öde, und Finsternis lag auf der
Urflut, und der Geist Gottes bewegte sich über dem Wasser.
Da sprach Gott: Es werde Licht! Und es wurde Licht. Und
Gott sah, dass das Licht gut war. Und Gott schied das Licht
von der Finsternis. Und Gott nannte das Licht Tag, und die
Finsternis nannte er Nacht. Und es wurde Abend, und es
wurde Morgen: ein Tag.*

*Und Gott sprach: Es werde eine Feste inmitten des Was-
sers, und sie scheide Wasser von Wasser. Und Gott machte
die Feste und schied das Wasser unter der Feste vom Wasser
über der Feste. Und so geschah es. Und Gott nannte die Feste
Himmel. Und es wurde Abend, und es wurde Morgen: ein
zweiter Tag.*

*Und Gott sprach: Es sammle sich das Wasser unter dem
Himmel an einen Ort, dass das Trockene sichtbar werde.
Und so geschah es. Und Gott nannte das Trockene Erde,
und die Ansammlung des Wassers nannte er Meer. Und Gott*

sah, dass es gut war. Und Gott sprach: Die Erde lasse junges Grün sprossen: Kraut, das Samen trägt, und Fruchtbäume, die Früchte tragen auf der Erde nach ihrer Art, in denen ihr Same ist. Und so geschah es. Und die Erde brachte junges Grün hervor: Kraut, das Samen trägt nach seiner Art, und Bäume, die Früchte tragen, in denen ihr Same ist, je nach ihrer Art. Und Gott sah, dass es gut war. Und es wurde Abend, und es wurde Morgen: ein dritter Tag.

Und Gott sprach: Es sollen Lichter werden an der Feste des Himmels, um den Tag von der Nacht zu scheiden, und sie sollen Zeichen sein für Festzeiten, für Tage und Jahre, und sie sollen Lichter sein an der Feste des Himmels, um auf die Erde zu leuchten. Und so geschah es. Und Gott machte die zwei grossen Lichter, das grössere Licht zur Herrschaft über den Tag und das kleinere Licht zur Herrschaft über die Nacht, und auch die Sterne. Und Gott setzte sie an die Feste des Himmels, damit sie auf die Erde leuchten, über den Tag und die Nacht herrschen und das Licht von der Finsternis scheiden. Und Gott sah, dass es gut war. Und es wurde Abend, und es wurde Morgen: ein vierter Tag.

Und Gott sprach: Es wimmle das Wasser von lebendigen Wesen, und Vögel sollen fliegen über der Erde an der Feste des Himmels. Und Gott schuf die grossen Seetiere und alle Lebewesen, die sich regen, von denen das Wasser wimmelt, nach ihren Arten und alle geflügelten Tiere nach ihren Arten. Und Gott sah, dass es gut war. Und Gott segnete sie und sprach: Seid fruchtbar und mehrt euch und füllt das Wasser im Meer, und die Vögel sollen sich mehren auf der Erde. Und es wurde Abend, und es wurde Morgen: ein fünfter Tag.

Und Gott sprach: Die Erde bringe Lebewesen hervor nach ihren Arten: Vieh, Kriechtiere und Wildtiere, je nach ihren Arten. Und so geschah es. Und Gott machte die Wildtiere nach

ihren Arten, das Vieh nach seinen Arten und alle Kriechtiere
auf dem Erdboden, nach ihren Arten. Und Gott sah, dass es
gut war. Und Gott sprach: Lasst uns Menschen machen als
unser Bild, uns ähnlich. Und sie sollen herrschen über die
Fische des Meers und über die Vögel des Himmels, über das
Vieh und über die ganze Erde und über alle Kriechtiere, die
sich auf der Erde regen. Und Gott schuf den Menschen als
sein Bild, als Bild Gottes schuf er ihn; als Mann und Frau
schuf er sie. Und Gott segnete sie, und Gott sprach zu ihnen:
Seid fruchtbar und mehrt euch und füllt die Erde und macht
sie untertan, und herrscht über die Fische des Meers und über
die Vögel des Himmels und über alle Tiere, die sich auf der
Erde regen. Und Gott sprach: Seht, ich gebe euch alles Kraut
auf der ganzen Erde, das Samen trägt, und alle Bäume, an
denen samentragende Früchte sind. Das wird eure Nahrung
sein. Und allen Wildtieren und allen Vögeln des Himmels und
allen Kriechtieren auf der Erde, allem, was Lebensatem in sich
hat, gebe ich alles grüne Kraut zur Nahrung. Und so geschah
es. Und Gott sah alles an, was er gemacht hatte, und sieh, es
war sehr gut. Und es wurde Abend, und es wurde Morgen:
der sechste Tag.   (Genesis 1)

Die Schöpfung und unser Umgang mit der Natur

Als Naturwissenschaftler kommt man kaum um die Frage
herum: Woher kommen wir? Die Frage der Herkunft des
Lebens und des Menschen beschäftigt auch mich. Als Veteri-
närmediziner, als Zoodirektor und als getaufter Christ kann
ich den Evolutionsfragen nicht ausweichen. Wie können wir
die Entstehung der ungeheuren Vielfalt der Lebenserschei-
nungen und des Alls verstehen? Welches ist die richtige Lehre

dazu? Diejenige Darwins, der die Evolution auf Selektion und Mutation zurückführt? Für mich sind die Ergebnisse der Evolutionsforschung Tatsachen, ich bin mit den Methoden und Resultaten vertraut. Natürlich kann diese Lehre nicht alles erklären, moderne Forschungen zeigen aber immer deutlicher, dass sich viele Entwicklungen und Phänomene, die man früher als Gottesbeweise deutete, durch diese heute erweiterte Lehre erklären lassen.

Als Beispiel möchte ich die Pfauenfeder anführen, die früher gerne als solch ein Gottesbeweis aufgeführt wurde. Die Pfauenfeder mit dem wunderschön glänzenden Auge ist ein Wunder der Natur, wie sollte eine solche Struktur und Form allein durch Selektion entstanden sein, war da nicht eine höhere Macht im Spiel? Wir wissen heute mehr dazu: Pfauenhähne balzen an einem bestimmten Platz, den die Hennen in der Balzzeit besuchen. Dabei sucht sich die Henne nach der darwinistischen Theorie denjenigen Hahn aus, dessen Nachwuchs später am ehesten überlebt und sich am erfolgreichsten weitervermehrt. Es hat sich nun gezeigt, dass die Hennen den Hahn nach der Anzahl und der Schönheit der Schwanzfedern aussuchen. Die Untersuchungen haben auch gezeigt, dass es sich bei diesen ausgewählten Hähnen um die gesündesten handelt, die am wenigsten Parasiten tragen und kein struppiges Gefieder aufweisen. Natürlich macht dies für die Nachkommen der Henne Sinn und wirkt gleichzeitig selektiv im Sinne Darwins zugunsten möglichst vieler, schöner Schwanzfedern.

Andere von ihm erwähnte «Gottesbeweise» konnten bis heute mit der Evolutionstheorie noch nicht erklärt werden, so die Tatsache, dass der Magenbrüterfrosch die Eier abschluckt und im Magen, der eigentlich für die Verdauung konstruiert ist, ausbrütet. Ich bin aber überzeugt, dass die Forschung auch dieses Rätsel bald lösen wird.

Gilt also, wie es Richard Dawkins in seinem Buch «The selfish gene» formuliert hatte: «Wir Tiere sind die kompliziertesten und am vollkommensten konstruierten Stücke der Maschine im erforschten Universum» (Oxford 1978), oder Jacques Monod: «Die Lebewesen sind chemische Maschinen» (München 1971)? Lässt sich die Entstehung des Lebens ganz auf den Urknall und die Ursuppe zurückführen und damit rein auf Chemie und Physik reduzieren? Max Planck, Albert Einstein, Walter Heitler und Max Thürkauf lehnten beides vehement ab. Letzterer zitiert Herbert Haag: «Gott bleibt nach wie vor der Schöpfer des Menschen auch dem Leibe nach; aber nichts hindert uns anzunehmen, die Schöpfung könne darin bestanden haben, dass Gott die Fähigkeit der Entwicklung schuf. Unser Gottesbild wird dadurch nicht kleiner, höchstens grösser.» (Luzern/München 1966)

Diese Definition liesse sich theoretisch auch mit meinem Weltbild in Übereinstimmung bringen. Trotzdem sehe ich es nochmals etwas anders. Ich frage mich, ob es denn wirklich eines materialistischen Beweises bedarf, um an eine höhere Macht zu glauben? Muss diese höhere Macht wirklich der Schöpfer des Menschen sein – «dem Leibe nach» –, damit wir an einen Gott glauben können? Karl Rahners (1904–1984) vielzitierter Satz «Glauben heisst: Die Unbegreiflichkeit Gottes ein Leben lang aushalten» führt hier weiter. Nimmt man dieses Zitat ernst, braucht es die materialistischen Beweise nicht mehr und auch keine Antwort auf die Frage, inwieweit Gott uns geschaffen hat.

In die gleiche Richtung wie die Suche nach materialistischen Gottesbeweisen in der Natur zielen kreationistische Welterklärungen. Auch der Kreationismus versucht, Glaubensüberzeugungen zu materialisieren. Dieser Versuch, den Kreationismus als Lehre dem Darwinismus gegenüberzustellen, kann meiner Meinung nach nur scheitern und versetzt uns zurück ins Mittelalter, als der römisch-katholische Glaube den Lehren von Galileo Galilei und Johannes Kepler gegenübergestellt wurde. Kreationismus hat nichts mit naturwissenschaftlicher Forschung zu tun, weshalb Beweise und Gegenbeweise in diesem religiösen Bereich sowieso unbrauchbar sind. Im Gegenteil, sie gaukeln uns vor, der Mensch könne Gott wissenschaftlich erklären.

Bin ich nun im religiösen Sinne gläubig? Ich weiss es nicht. Trotzdem schätze ich die Bibel. In ihr finde ich spannende Geschichten, anschaulich formulierte Lebensweisheiten und Gleichnisse, deren Interpretationen uns immer wieder einen Hinweis geben können, wie wir Menschen uns in einer bestimmten Situation verhalten sollen. Ich möchte eine solche Auslegung für die Schöpfungsgeschichte versuchen und schauen, was sie uns in Bezug auf den Naturschutz hin zu bieten hat.

Die Schöpfung und unser Umgang mit der Natur

Als reformierter Christ bin ich im Geiste Zwinglis erzogen worden. Für Zwingli ging es um das Wort, nicht um die Dogmen, auch nicht um die Riten, einfach um das Wort Gottes. Es ging Zwingli um das Wort, dass er sinngemäss genau, aber nicht wörtlich auslegte, was, wie ich es auch heute sehe, aufgrund der Gestaltung der Bibel mit ihren Gleichnissen auch sicher nie so gedacht war. Widersprüche der Evolutionsforschung zur biblischen Schöpfungsgeschichte gibt es natürlich, diese jedoch wörtlich zu nehmen, würde dem biblischen Anspruch nicht gerecht. Sie muss symbolisch betrachtet werden, auf den Schöpfer hin, wie man ihn in dieser Zeit verstand. In diesem Sinne passt die Vorstellung einer Schöpfung durchaus mit der Evolutionstheorie zusammen.

Welche Lebensweisheiten, Anweisungen und moralischen Hinweise will uns nun die Bibel mit der Schöpfungsgeschichte geben? Wird die Zerstörung der Welt, wie wir sie zunehmend praktizieren, bereits in der Bibel postuliert, oder interpretieren wir die Genesis einfach vor dem Hintergrund von Zeitgeist und Egoismus?

Als Zwingli nach Zürich kam, hat er Missstände vorgefunden. So zogen damals die jungen Leute als Söldner in den Krieg für fremde Herrscher, bis es so weit kam, dass sich junge Männer aus der gleichen Stadt für ihre Arbeitgeber gegenseitig bekämpften. Dem galt es Einhalt zu gebieten. Zwingli suchte und fand Bibelstellen, die seine moralischen Anliegen stützten, und konnte die Bevölkerung erfolgreich überzeugen, diesen und andere Missstände nicht länger zu dulden.

Schaue ich in die heutige Welt, gibt es neue Missstände, die einer Reform bedürfen. Besonders störend wirkt, wenn sie mit Hinweisen auf die Bibel, in diesem Zusammenhang mit der Schöpfungsgeschichte, hingenommen und begründet werden. Von welchen reformbedürftigen aktuellen Missständen spreche ich?

Der erste ist das ungebremste Wachstum, das wir in allen Bereichen anstreben. Zuerst kommen uns dabei das Wirtschaftswachstum und seine Auswüchse in den Sinn. Häufig ausgeblendet, gerade in kirchlichen Kreisen, werden dabei das Bevölkerungswachstum und unsere Einstellung diesem Wachstum gegenüber.

Der zweite Misstand ist der, wie wir die Erde nutzen. Wir nutzen Sie nicht, wir übernutzen und zerstören sie. Ist dies der in der Bibel als Wille Gottes vorgesehene Weg?

Der dritte ist unsere Sattheit, unser gelebter Luxus, unser Tanz ums Goldene Kalb. Es geht uns gut. Wir sind heute kaum mehr in der Lage zu erkennen, dass eine Reform unausweichlich ist.

Lassen Sie mich auf diese drei Punkte etwas näher eingehen: Der erste ist das Wachstum, besonders das Bevölkerungswachstum. Eigentlich ist ja jedem von uns klar, dass es kein unbeschränktes Wachstum geben kann, sind doch die Ressourcen auf unserer Erde beschränkt und erfolgt deshalb ein Wachstum an einem Ort immer auf Kosten eines Niedergangs an einer anderen Stelle.

Es vergeht kaum eine Woche, in der man in der Politik nicht nach mehr Kindern ruft. Sonst könne unsere Wirtschaft nicht mehr wachsen oder unsere AHV könne nicht mehr finanziert werden. Dass auch diese Kinder einmal alt werden, blendet man einfach aus. Dass auch deren Kinder und Kindeskinder noch mehr Kinder haben müssen, um Wachstum sicherzustellen, will man gar nicht denken.

Als Begründung für erstrebenswertes Bevölkerungswachstum wird auch immer wieder die deutsche Fassung der Schöpfungsgeschichte zu Rate gezogen.

Und Gott sprach: Lasst uns Menschen machen als unser Bild, uns ähnlich. Und sie sollen herrschen über die Fische des Meers und über die Vögel des Himmels, über das Vieh und über die ganze Erde und über alle Kriechtiere, die sich auf der Erde regen. Und Gott schuf den Menschen als sein Bild, als Bild Gottes schuf er ihn; als Mann und Frau schuf er sie. Und Gott segnete sie, und Gott sprach zu ihnen: Seid fruchtbar und mehrt euch und füllt die Erde und macht sie untertan, und herrscht über die Fische des Meers und über die Vögel des Himmels und über alle Tiere, die sich auf der Erde regen.

Lassen Sie uns zuerst den Wortlaut genau ansehen. Auf der wörtlichen Auslegung des «seid fruchtbar und mehrt euch» beruht der Glaube, Gott wolle ein unbeschränktes Wachstum der Menschen auf unserer Erde. Der Satz wurde oft so ausgelegt, als müsse man grosse Familien haben. Geht man aber zurück in den hebräischen Text, kann der Text genauso akkurat auch anders übersetzt werden: Ich zitiere aus einem jüdischen Tora-Kommentar zu diesem Abschnitt aus dem Alten Testament:

«Gott segnete sie und durch sein Wort gab er in Ihnen die Möglichkeit, Gutes zu tun und sich zu vermehren, die Erde zu füllen. So, dass sie helfen könnten, Ordnung in die Welt zu bringen, sich zu kümmern um die Fische im Meer, die Vögel in der Luft und sich zu kümmern um alles Leben, das es auf unserer Erde gibt.»

In diesem Kontext ist die geschlechtliche Vermehrung ein Geschenk, ein Segen, kein Befehl. Hier sagt Gott den Menschen, sie sollten sich vermehren, doch nicht unbeschränkt, nein, sondern mit einem klaren Ziel.» (Sarna: Philadelphia 1989, S. 6)

In den uns bekannten Übersetzungen heisst es weiter «macht euch die Erde untertan». Das Wort untertan nimmt bei uns gerne den Geschmack des Unterdrückens an. In der obigen Interpretation sollten sich die Menschen aber vermehren, um Ordnung in die Welt zu bringen. Genau so, wie Gott Ordnung ins Chaos der Erde gebracht hatte, wie er am Dritten Tag Land und Wasser getrennt hatte. (Vgl. Genesis 1,9–10)

Auch das Wort, das wir mit «herrschen» übersetzen, muss nicht als «herrschen über» im Sinne einer Tyrannis verstanden werden. Der Mensch soll Gott bei der Umsetzung dieser Ordnung helfen, was an sich durchaus mit «herrschen» gleichgesetzt werden kann, aber nicht mit «herrschen über etwas». Der Bibelvers enthält so keine Wertigkeit, setzt den Menschen nicht über das Tier, er macht ihn nur zum Helfer Gottes.

Dieses Textverständnis wird unterstützt in der Beschreibung des Paradieses: «Und der Herr, Gott, nahm den Menschen und setzte ihn in den Garten Eden, damit er ihn bebaute und bewahrte.» (Genesis 2,15)

So kann ich in der Bibel keinen Befehl zur unkontrollierten Fortpflanzung und unendlichen Vermehrung der Menschheit finden. Im Gegenteil, will der Mensch den Auftrag, diese Welt mit seinen von Gott gegebenen Fähigkeiten zu pflegen, erfüllen, dann ist die Einschränkung der Fortpflanzung, zum Beispiel durch Kondome, auch nach der Bibel ein absolut vertretbares und notwendiges Mittel.

Mit der Übervölkerung bringen wir Menschen neues Chaos über die Erde, wir zerstören das, was Gott nach den Worten der Bibel für uns vorbereitet hat. Gott hat den Menschen aber den Auftrag gegeben, gute Bedingungen für alle Geschöpfe zu schaffen und für sie zu sorgen:

Und Gott sprach: Seht, ich gebe euch alles Kraut auf der ganzen Erde, das Samen trägt, und alle Bäume, an denen samentragende Früchte sind. Das wird eure Nahrung sein. Und allen Wildtieren und allen Vögeln des Himmels und allen Kriechtieren auf der Erde, allem, was Lebensatem in sich hat, gebe ich alles grüne Kraut zur Nahrung.

Damit sind wir beim zweiten Missstand, der Übernutzung unserer Erde. Natürlich ist diese direkt mit der Überbevölkerung verbunden, aber nicht nur. Als Schweizer nutzen wir die Erde sechsmal mehr, als Amerikaner zwölfmal mehr als ein Madagasse. Wir haben als Menschen Wege gefunden, dem Planeten Erde durch unsere Nutzungen Verletzungen zuzufügen. Ich möchte nur einige wenige aufführen:

Wir haben die Wälder der Erde grossenteils zerstört.

Wir haben die Hälfte der Oberfläche der Landmasse der Erde menschlich verändert.

Wir haben die Meere verschmutzt und leergefischt.

Wir rotten Tiere aus, tausendmal schneller als vor der Industrialisierung, siebzig Arten pro Tag.

Wir haben die Ozonschicht massiv geschädigt.

Wir sind für die Klimaerwärmung mitverantwortlich.

Der Mensch kann auf dieser Erde nicht leben, ohne sie zu nutzen, aber die wachsende Bevölkerung nutzt die Erde heute in einem Ausmass, dass sie sich davon nicht mehr erholen kann.

Am Anfang des 3. Jahrhunderts schreibt der römische Christ Tertullian in seiner Schrift «Über die Seele» Folgendes (Kap. 13):

«Der ganze Erdkreis steht uns offen, von Tag zu Tag weiter kultiviert und ausgebaut als am Tag zuvor. Alles ist bereits erschlossen, alles bekannt, alles voller Geschäftigkeit. Lieblichste Pflanzungen haben berüchtigtes Ödland weithin zum Verschwinden gebracht, Fruchtfelder haben die Wälder in die Schranken gewiesen, die Haustiere haben die Wildtiere in die Flucht geschlagen; Sandwüsten werden besät, Felsgründe bepflanzt, Sümpfe trocken gelegt; Städte gibt es so viele wie früher nicht Häuser. Längst haben Inseln ihren Schauder, Riffe ihren Schrecken verloren; überall gibt es Häuser, überall Völker, überall Staaten, überall Leben. Das schlagendste Zeugnis für das Überhandnehmen des Menschengeschlechts aber ist dies: Wir sind der Welt zur Last. Kaum reichen die vier Elemente für uns noch aus, die Zwänge ziehen sich enger zusammen, und Klagen werden bei allen laut, während doch die Natur uns, die Menschen, bereits nicht mehr erträgt …»

Als Tertullian dies schrieb, lebten etwa 400 Millionen Menschen auf der Erde, 1750 waren es etwa doppelt so viele, heute sind es 6,7 Milliarden. Was würde er wohl dazu schreiben? Nutzten wir die Erde in Bezug auf ihre Produktionsmöglichkeiten 1960 erst zur Hälfte, hielt sie sich und ihre Produktion im Jahre 1985 noch im Gleichgewicht, sie konnte sich also noch gerade immer wieder erholen. Heute brauchen wir 20 Prozent mehr, als die Erde produzieren kann. Das heisst nichts anderes, als dass wir das Leben auf der Erde zerstören. Wir rotten Tiere und Pflanzen aus, wir zerstören die Lebensräume. Natürlich, wir wollen dies nicht wahrhaben. Es lässt sich aber nicht wegdiskutieren, heute ist es die verletzte Erde, die einen barmherzigen Samariter braucht. Einen Samariter, der sich um einen verletzten überfallenen gekümmert hat, wie Jesus ihn in der Beispielgeschichte Lukas 10,10–37 geschildert hat.

Die Erde braucht Leute, die nicht wegsehen und weiter ihres Weges gehen. Die Übernutzung der Erde ist nicht nur ein Problem für den Naturschutz, für Tiere und Pflanzen. Viele glauben, dass die Armut auf dieser Erde die grösste Geissel sei. Viele aber übersehen, dass eine Armutsbekämpfung unmöglich ist, wenn die Bevölkerung weiter zunimmt und die Natur zerstört wird. Erst wenn die Bevölkerungszahl stabilisiert und die Natur mit uns im Gleichgewicht ist, werden wir auch den Hunger besiegen können, alles andere ist meiner Meinung nach Augenwischerei.

Unser drittes Problem ist unser Luxus, unsere Sättigung mit allem, was wir begehren. Wer alles hat, was er begehrt, wird träge und glaubt doch immer, er hätte zu wenig. Oft gehen uns die Augen erst auf, wenn wir in einem armen Land sind.

Wir hier in Europa kämpfen um höhere Saläre, damit wir uns nicht nur einen VW, sondern einen Mercedes leisten können, wir kämpfen um mehr Freizeit, mehr Ferien und weniger Arbeitsstunden. Wir fühlen uns gestresst, wenn dies nicht subito möglich ist. Das Ego steht im Mittelpunkt, Selbstverwirklichung ist gefragt, nicht Dienst am Nächsten.

An einem anderen Ort auf dieser Welt, zum Beispiel in Madagaskar, kämpft eine Familie ums blanke Überleben. Freizeit, ein festes Salär und Selbsterfahrungskurse sind dort unbekannte Phänomene.

Als Beispiel möchte ich eine Geschichte erzählen aus dem Projekt des Zoo Zürich in Madagaskar. Seit vielen Jahren betreiben wir in Ivoloina bei der Stadt Tamatave zusammen mit anderen Zoos ein kleines Naturschutzzentrum mit einem Zoo, eine Modellstation für eine nachhaltige Bewirtschaftung der Felder und eine Naturschutzschule (www.savethelemur. org). Die Schule findet jeweils am Samstagmorgen statt und hat einen guten Ruf, weil die Schüler nicht nur in Naturkunde, in der nachhaltigen Bewirtschaftung ihrer Felder, sondern auch in Mathematik und Französisch unterrichtet werden. Die Hoffnung, dank dieser Bildung einmal der Armut entfliehen zu können, ist gross. Der Andrang an die Schule ist überwältigend, von vierhundert Bewerbungen können jeweils nur zweihundert berücksichtigt werden, weil nicht mehr Raum und Lehrer da sind. Die Familien, die ihre Kinder in die Schule schicken, leben zum Teil vom Anbau von Reis und Maniok, ein grosser Teil aber auch davon, dass sie grössere Granitbrocken aus den 40 Kilometer entfernten Bergen von Hand anschleppen und dann mit einem Hammer zu Baukies zerschlagen.

Viele Kinder dieser Kiesproduzenten besuchten die Schule, doch eines Tages kam es in Madagaskar zu einer gewaltigen Inflation, und der Preis für Reis, das Hauptnahrungsmittel in Madagaskar, stieg um 35 Prozent. Die Familien brachten das Geld für die Handvoll Reis am Abend nicht mehr zusammen und holten die Kinder aus der Schule zurück. Vom Zweijährigen bis zum Grossvater musste die ganze Familie Steine hacken, um zu überleben. Was passierte aber in der Schule? Kein Platz blieb leer, wenn immer ein Kind nicht kommen konnte, sass am nächsten Tag ein anderes dort, unter dem gleichen Namen, keines wollte sich die Chance entgehen lassen, dank der Ausbildung vielleicht einmal der Armut entfliehen zu können. Bildung ist notwendig, um die eigene Situation zu erkennen und Massnahmen zu ergreifen.

Gegen die aktuell stattfindende Zerstörung der Natur braucht es Reformer, die sich nicht vom Wachstumsglauben und von Sattheit blenden lassen, sondern ein Umdenken gegenüber der Natur einleiten. Gleichnisse dazu finden sich durchaus auch in der Bibel, wenn wir die Lehren entsprechend berücksichtigen. Seit vielen Jahren wissen wir, dass die Umweltzerstörung ein Mass erreicht hat, das nicht lange tragbar ist und auch uns Menschen bedroht. Auch bei der Reformation Zwinglis vor fünfhundert Jahren erkannte man die Missstände schon viele Jahre, bevor die Reformation einsetzte. Wie lange dauert es noch, bis wir uns auch bezüglich unseres Umdenkens gegenüber der Natur besinnen und Massnahmen ergreifen?

Ist Al Gore mit seinem Film «An Inconvenient Truth», der sehr eindrücklich zeigt, wie wir Menschen das Klima anheizen, ein Warner in der Wüste? Hoffentlich nicht. Ich bin sicher, bei 6,7 Milliarden Menschen braucht es uns alle, damit es zu einer Umkehr kommt. Leisten auch Sie Ihren Teil zu dieser Reformation, die allein in unserer Hand liegt.

Literatur

Dawkins, Richard: The Selfish Gene, Oxford 1978.

Haag, Herbert/Haas, Adolf/Hürzeler, Johannes: Evolution und Bibel, Luzern/München 1966.

Monod, Jacques: Zufall und Notwendigkeit. Philosophische Fragen der modernen Biologie, München 1971.

WAS DER MENSCH BRAUCHT: FERNSTENLIEBE ALS FÄHIGKEIT DER ANTEILNAHME

Der [... Rechtsgelehrte] sagte zu Jesus: Und wer ist mein Nächster?
Jesus gab ihm zur Antwort: Ein Mensch ging von Jerusalem nach Jericho hinab und fiel unter die Räuber. Die zogen ihn aus, schlugen ihn nieder, machten sich davon und liessen ihn halb tot liegen. Zufällig kam ein Priester denselben Weg herab, sah ihn und ging vorüber. Auch ein Levit, der an den Ort kam, sah ihn und ging vorüber. Ein Samaritaner aber, der unterwegs war, kam vorbei, sah ihn und fühlte Mitleid. Und ging zu ihm hin, goss Öl und Wein auf seine Wunden und verband sie ihm. Dann hob er ihn auf sein Reittier und brachte ihn in ein Wirtshaus und sorgte für ihn. Am anderen Morgen zog er zwei Denare hervor und gab sie dem Wirt und sagte: Sorge für ihn! Und was du darüber aufwendest, werde ich dir erstatten, wenn ich wieder vorbeikomme. Wer von diesen dreien, meinst du, ist dem, der unter die Räuber fiel, der Nächste geworden? Der sagte: Derjenige, der ihm Barmherzigkeit erwiesen hat. Da sagte Jesus zu ihm: Geh auch du und handle ebenso. (Lukas 10,29–37)

I

Fähigkeit der Anteilnahme

In der katholischen Bauernfamilie, in der ich als Ältester
von acht Geschwistern aufgewachsen bin, gab es zwar keine
Bibel, aber illustrierte Bibel-Geschichten. Eine der faszinie-
rendsten war für mich die Geschichte vom barmherzigen
Samaritaner oder «guten Samariter». Erstens war sie spannend, weil Räuber vorkommen. Die Zeichnungen brachten
deren Bösartigkeit wie auch die Gefährlichkeit der tiefen
Schluchten und hohlen Gassen eindrücklich und nachhaltig zur Geltung. Die beigefügte Erläuterung, dass der steile
Passweg von Jerusalem nach Jericho den Namen *Adummin*
trage, was Blut bedeutet, verstärkte den Schauder. Zweitens
bestätigte die Geschichte einen Eindruck, den ich schon früh
gewann und in dem mich meine Mutter, eine überzeugte
Sozialkatholikin, immer wieder bestätigte: Auf die da oben,
die Mehrbesseren, die Tonangebenden, ist wenig Verlass.
Drittens bot der gute Samaritaner mit seinem Esel die Chance
zur ungebrochenen Identifikation. So wollte ich sein und
werden.

Nähe zu Jesus, Distanz zur Kirche

Zwei Jahrzehnte nach meinem Glaubensverlust, der ausgelöst worden war durch den unerwarteten Tod der Mutter,
traf ich im holländischen Rijksmuseum Kröller-Müller auf
Vincent van Goghs Gemälde «Der gute Samariter». Die
kräftigen Pinselstriche stellen die Landschaft wie auch die
Handlung so dramatisch dar, wie ich sie in Erinnerung

hatte. Der Priester und der Tempeldiener schleichen als kleine Gestalten aus dem Bild. Der Samaritaner, der eine Art Turban trägt, hebt den Verletzten auf sein Reittier. Besonders berührten mich die Situation und die Motivation, in der und mit der van Gogh sein Ölbild geschaffen hatte. Beim Werk handelt es sich um die Kopie einer Lithografie des gleichnamigen Gemäldes von Eugène Delacroix. Van Gogh schätzte den Revolutionsmaler hoch, unter anderem weil nur er und Rembrandt die Gestalt Christi so gemalt hätten, wie er sie empfinde. Van Gogh war zum Abmalen von Vorlagen gezwungen, weil er im Frühling 1890 in der Heilanstalt Saint Rémy eingeschlossen war. Das Gleichnis vom barmherzigen Samaritaner muss den gescheiterten Prediger aus verschiedenen Gründen stark angesprochen haben. Nächstenliebe und Barmherzigkeit gehörten zu den Leitwerten dieses Künstlers, dessen Medium eine «ausserordentliche Fähigkeit der Anteilnahme» (Paul Nizon) war. Der Samaritaner war wie er selbst ein geschundener Aussenseiter, und die Geschichte bestätigte seine Abwendung von den offiziellen religiösen Instanzen.

Die Begegnung mit van Goghs Bibel-Bild und die daraus folgende Auseinandersetzung mit seinem Christus-Bild löste bei mir damals im Frühling 1990 eine intensive Auseinandersetzung mit meiner religiösen Vergangenheit und meinem Verhältnis zur Religiosität und zum Christentum aus. Van Gogh und «sein Samariter» bestärkten mich in der Haltung, dass die Nähe zu den jesuanischen Werten nicht im Widerspruch stand zur Distanz zu den offiziellen Kirchen und ihren Hierarchien.

Im Fernsten den Nächsten sehen

Mein drittes Erlebnis mit dem «barmherzigen Samaritaner» hatte ich nach dem Zuger Attentat vom 27. September 2001. An einer der vielen Beerdigungen erzählte ein CVP-Kantonsrat, der am schwarzen Donnerstag auf einer Geschäftsreise im Ausland geweilt hatte, Fraktionskollegen hätten ihm vorher noch gesagt: «Pass auf, dass Du nicht unter die Räuber fällst!» Trotz der ganzen Tragik klang das lustig, auch weil die Formulierung eine geläufige war. Erst nach ein paar Tagen kam mir in den Sinn, woher sie ursprünglich stammt: aus dem Lukasevangelium Kapitel 10, Vers 30! Die Adummin-Steige, die hohle Gasse des Blutes, befand sich nicht im Ausland, sondern im Inland, im eigenen Zugerland. Der kollegiale Wunsch, der, auch wenn er spöttisch gemeint war, einen Risiko-Unterschied zwischen dem Leben diesseits und jenseits der Landesgrenze ausdrückte, wirft ein besonders grelles Schlaglicht auf das Unerhörte und Unglaubliche, das mitten in der Schweiz passiert war.

Aussergewöhnlich war aber auch die Solidarität, die die Angehörigen der Opfer, die Verletzten und wir körperlich Unversehrten erleben durften. Diese Erfahrung der tiefen und breiten Anteilnahme einer ganzen Bevölkerung hat meinen Glauben ins Gute des Menschen – unabhängig von seinen Interessen und Ideen – bestärkt. Umso schärfer fällt die Kritik an den wirtschaftlichen, politischen und gesellschaftlichen Verhältnissen aus, die Menschen zu bestrafen scheinen, wenn sie Gutes tun, wenn sie nicht eigennützig, sondern gemeinnützig, nicht gleichgültig oder rücksichtslos, sondern nachhaltig handeln, wenn sie wie der barmherzige Samaritaner auch im Fernsten den Nächsten sehen.

II

Lob des Gutmenschen

Die Erzählung vom «barmherzigen Samaritaner» gehört zu den bekanntesten Geschichten des Zweiten Testaments. Allerdings wird ihre Radikalität – anders als etwa bei der Bergpredigt – kaum wahrgenommen. Ihre Wirkungsgeschichte ist nicht zuletzt deshalb ziemlich ambivalent. Positiv wahrgenommen wird der darin enthaltene Aufruf zur praktischen Solidarität und zur tätigen Nächstenliebe. Angesichts der zunehmenden Gleichgültigkeit im Alltag gegenüber dem, was Unbekannten auf der Strasse oder im Tram angetan wird, ist ein Appell zum persönlichen Handeln höchst wertvoll. Auch das ehrenamtliche Engagement bei den Samaritern hat unter Bedingungen, unter denen es ehrenrühriger ist, als «Gutmensch» zu gelten, denn als Abzocker zu wirken, eine Bedeutung, die über das Karitative hinausgeht. Allein: Jesus ging es nicht um die Schaffung von Samariterbünden und die Verbesserung des Gesundheitswesens. Seine Ziele waren weiter reichende.

Sanfter Zwang einer starken Geschichte

Ein Ziel verfolgte er gewiss nicht mit seiner Geschichte gegen die Tempelhierarchie: die Herabsetzung der Jüdinnen und Juden. Dazu aber wurde der «barmherzige Samaritaner» in späteren Jahrhunderten, vor allem im Mittelalter, häufig missbraucht. Eine wichtige Grundlage der judenfeindlichen Auslegung war die allegorische Deutung durch den Kirchenvater Augustinus (354–430). Für ihn stellen die Figuren des Priesters und des Leviten, des Tempeldieners, die Nutzlosigkeit des Alten Bundes für das Heil dar. Der Samaritaner ist Christus selbst, die Herberge ist die Kirche und der Wirt der Apostel Paulus. Gegen diese willkürliche «Entschlüsselung» spricht vieles, nicht zuletzt die Tatsache, dass Lukas' Erzählung sehr konkret und exemplarisch war. Die antijudaistische Spitze ist zudem unvereinbar mit dem Umstand, dass der Jude Jesus gemäss dem Juden Lukas zu anderen Juden sprach. Die Samaritaner selbst waren religiöse Verwandte, die sich allerdings vom offiziellen Judentum getrennt hatten.

Jesu Kernbotschaft lässt sich aus dem Dialog mit dem Schriftgelehrten lesen. Der Hintergrund dessen Frage «Und wer ist mein Nächster?» liegt im hergebrachten Verständnis, dass dies nur die Angehörigen des eigenen Volkes und Glaubens einschliesslich ihrer Gäste sind. Der ihm gestellten Falle weicht Jesus aus, indem er zuerst eine Geschichte erzählt und dann den Schriftgelehrten selbst die Frage beantworten lässt, «wer von diesen dreien» dem Opfer «der Nächste geworden» ist. Mit dem sanften Zwang einer starken Geschichte bringt er den Traditionalisten dazu, eine revolutionäre Antwort zu geben. Als «Nächster» verhielt sich der, der nicht dazugehört – im Unterschied zu den beiden Volks- und Glaubensgenossen. Dies bedeutet, dass erstens die Taten und nicht die Worte oder Gesetze oder Dogmen zählen, zweitens «der Nächste» nicht durch Zugehörigkeiten oder Grenzen (lateinisch *fines*) de-*finiert* wird und drittens sich jeder als «Nächster» erweisen kann und muss.

Katholizismus und Universalismus

In der Geschichte hat es ein überraschendes Moment, das die jesuanische Kernaussage verdeutlicht. Aufgrund der verbreiteten antiklerikalen Stimmungslage dürften die Zuhörerinnen und Zuhörer erwartet haben, dass Jesus nach den beiden Negativbeispielen Priester und Tempeldiener einen Laien aus dem gleichen Volk als positives Gegenbeispiel bringt. Indem er diese Rolle einem Nichtangehörigen, also einem, der offiziell als «Nächster» gar nicht in Frage kommt, zuweist, wird deutlich, dass es ihm nicht um eine blosse Desavouierung des eigenen (und im Publikum vertretenen) Establishments gegangen ist. Es ging dem Juden Jesus um viel mehr: um die Schaffung einer neuen Moral mit humanistischem und universalistischem Potenzial. Hier liegt das Auffälligste, Unerhörteste, Bedeutendste der jesuanischen Botschaft: Alle tragen gemeinsam Verantwortung für alle. Der Grund zur Solidarität liegt nicht mehr in der Zugehörigkeit zum eigenen Volk oder zum eigenen Glauben. Dabei ist nicht entscheidend, was «alle» damals bedeutete. Bei Paulus ist der Kreis bereits weiter gezogen. In seinem Brief an die Galater aus den 50er Jahren schreibt er: «Da ist weder Jude noch Grieche, da ist weder Sklave noch Freier, da ist nicht Mann und Frau.» (Galater 3,28) Heute ist die Welt zu einem Dorf geworden und die Erde zu einem höchst verletzlichen Planeten. Wir erkennen immer deutlicher, dass wir herausgefordert sind, uns allen Menschen und der ganzen Schöpfung als «Nächste» zu erweisen.

Der Katholizismus, der mich kulturell und ethisch stark geprägt hat, trägt diesen universalistischen Anspruch in seinem Namen. Die zwei griechischen Wörter *kath holon* bedeuten «das Ganze betreffend», «die ganze Welt umfassend». In seinem anregenden Büchlein «Was würde Jesus heute sagen?» schreibt der ehemalige Jesuit und CDU-Generalsekretär Heiner Geißler: «Nichts ist der jesuanischen Botschaft fremder als Nationalismus, ethnische Arroganz und deutsche Leitkulturen.» (S. 60) Auf die heutige Schweiz übertragen heisst das:

Nichts ist der jesuanischen Botschaft fremder als Nationalismus, ethnische Arroganz und steuerliches Abzockertum.

Botschaft gegen Bankgeheimnis

Wenige Länder auf dieser Welt profitieren so stark von der Ausbeutung der so genannten Dritten Welt wie die Schweiz. Ein Instrument dieser Ausbeutung ist das Bankgeheimnis. Gemäss Schätzungen der Erklärung von Bern (EVB) verlieren Lateinamerika, Afrika und Asien jährlich zwischen 5,4 und 22 Milliarden Franken durch Steuerflucht in die Schweiz. Wenn wir von der Mitte dieser Berechnung, also von 13,7 Milliarden Franken ausgehen, kommen wir auf folgende gesundheitspolitische Fakten: Mit diesem Geld liessen sich in den Entwicklungsländern jährlich 50 Millionen Kinder impfen und präventivmedizinisch versorgen, 300 000 Spitalangestellte ausbilden, ausrüsten und entlöhnen, 100 000 neue Spitalplätze erstellen, für 3 Millionen HIV-Infizierte Tests und Dreifach-Therapien finanzieren und für 175 Millionen Menschen sauberes Wasser bereitstellen.

Insbesondere jene Schweizerinnen und Schweizer, die sich auf Christus berufen, stehen angesichts des jesuanischen Anspruchs, dass alle füreinander verantwortlich sind, vor den Fragen: Was hat den höheren Wert, die Gewinne und die Arbeitsplätze, die unser Land der Steuerflucht verdankt, oder die zahllosen Menschenleben, die mit der Beendigung der Steuerflucht gerettet werden könnten? Bedeutet die Schlussaufforderung von Lukas 10,37 «Geh auch du und handle ebenso» nicht, die sofortige Aufhebung des Steuerhinterziehungsgeheimnisses zu verlangen?

Prinzip Verantwortung im Zugerland

Nirgends in der Schweiz stellt sich der universal-humanistische Anspruch der jesuanischen Botschaft im Samaritaner-Gleichnis derart konkret und umfassend wie in meinem Kanton. Es gibt wenige Wirtschaftsstandorte, die mit dem Globus derart eng verbunden sind, die von anderen Ländern derart stark profitieren wie der Kanton Zug. So gehört der Zuger Rohstoffhandelsplatz zu den wichtigsten auf diesem Planeten. Nirgendwo wird mehr Kaffee umgesetzt, nur an wenigen Orten werden mehr Metalle gehandelt. Der grösste Rohstoffkonzern hat mit 165 Milliarden Franken einen Umsatz, der das Anderthalbfache desjenigen der Nestlé beträgt. Auf 22 Einwohner kommt 1 ausländische Briefkastenfirma, die dem Kanton und den Gemeinden keine Ertragssteuer und eine sehr tiefe Kapitalsteuer zu entrichten hat. Auf 15 Einwohner kommt 1 privilegierte Gesellschaft, die den ganzen oder den Grossteil ihrer Geschäftätigkeit irgendwo in der Welt draussen ausübt und deshalb am formellen Firmensitz bloss einen Bruchteil des Steuersubstrats zu sehr tiefen Sätzen versteuern muss. Solche Steuerprivilegien und die tiefen Sätze verführen «Multis» zu so genanntem «Transfer Pricing». Waren werden beispielsweise aus Bolivien oder aus dem Kongo an eine eigene Gesellschaft in Zug zu einem Preis verkauft, der unter dem Marktpreis liegt. Der Gewinnt fällt dadurch dort an, wo die Steuersätze bedeutend niedriger sind. Der Fiskus Boliviens oder des Kongos hat das Nachsehen – mit verheerenden Folgen für das Gesundheits-, Bildungs-, Sozialwesen. In den europäischen Ländern, denen Steueroasen wie der Kanton Zug Steuersubstrat entziehen, sind die Folgen weniger dramatisch als in der Dritten Welt. Aber auch hier entzieht es den Sozialstaaten die materielle Basis.

Etliche Zuger Christinnen und Christen stellen sich der globalen Verantwortung, die sich aus der globalen Zentrumslage ergibt. Andere «gehen vorüber», wenn Zusammenhänge zwischen Zuger Fiskus und Kongo oder Zuger Firmen und Bolivien thematisiert werden. Wer den «barmherzigen Samaritaner» in seiner universal-humanistischen Radikalität erfasst, wird sich bewusst, dass «Nächstenliebe» in einer globalisierten Welt nichts anderes ist als «Fernstenliebe», wie es Hans Jonas in «Prinzip Verantwortung» (S. 36) auf den Punkt bringt.

Literatur

Geißler, Heiner: Was würde Jesus heute sagen? Die politische Botschaft des Evangeliums, Reinbek 2003.

Jonas, Hans: Das Prinzip Verantwortung. Versuch einer Ethik für die technologische Zivilisation, Frankfurt a. M. 2003.

Nizon, Paul: Der heilige Vincent, in: Tagesanzeiger-Magazin Nr. 24/1990.

WAS DER MENSCH BRAUCHT: RESPEKT UND GEGENSEITIGE AKZEPTANZ

وَٱلْإِنجِيلَ ٱلتَّوْرَنةَ وَأَنزَلَ بَيْنَ يَدَيْهِ لِمَا مُصَدِّقًا بِٱلْحَقِّ ٱلْكِتَـٰبَ عَلَيْكَ نَزَّلَ

Herabgesandt hat er [Gott] auf dich [Muhammad] das Buch mit der Wahrheit, bestätigend, was vor ihm [dem Koran] war. Herabgesandt hat er [Gott] Tora und Evangelium. (Sure 3, Vers 3)

I

Als ich noch in die Primarschule ging, zog meine Familie vom Westen der Türkei in die Stadt Diyarbakir um. Diese liegt im Südosten der Türkei. Mein Vater war Berufsoffizier. Berufsoffiziere mussten in der Türkei stets nach 4 Jahren umziehen, womit sie die Möglichkeit bekamen, das ganze Land kennenzulernen. In der Gegend, in der wir unsere Wohnung in Diyarbakir gemietet hatten, lebten auch aramäische Christen, die «Chaldäer». In unserer Strasse gab es eine alte aramäische Kirche (syrisch-orthodox). Meine ersten Kontakte als Muslim zu einer religiösen Minderheit hatte ich dort. In der gleichen Strasse lebte auch der Pfarrer dieser Kirche mit seiner Familie. Wie es sich für eine gute Nachbarschaft ziemt und zu guten menschlichen Beziehungen gehört, hatten wir, solange wir in dieser Gegend wohnten, die Pfarrersfamilie zu uns eingeladen, und auch wir waren des Öfteren zu Gast bei diesem Pfarrer.

Ich kann mich noch an eine ganz bestimmte Besonderheit dieser Beziehung erinnern. Vor dem allerersten Besuch haben meine Eltern darüber diskutiert, dass sie darauf achten müssten, die Gefühle unserer Gäste, die noch dazu zu einer religiösen Minderheit gehörten, nicht zu verletzen. Es herrschte grosse Nervosität bei uns zuhause. Man ging davon aus, dass es zwangsläufig zum Gespräch über die Religion kommen würde, da unser Gast ja ein Pfarrer war. Ich war sehr froh und erleichtert, als ich von meinen Eltern hörte, dass ich mit den Kindern unserer Gäste einfach ganz normal spielen durfte (für uns Kinder war die Religion nicht sonderlich relevant), was auch sehr gut klappte. Während des Spielens war ich anfangs noch mit einem Ohr bei Gespräch meiner Eltern mit unseren Gästen. Als die Wörter «Gemeinsamkeiten» und «gleich» häufig ausgesprochen wurden, war auch ich beruhigt und konnte mich endlich voll dem Spiel mit den Kindern unserer Gäste widmen.

Das Läuten der Kirchenglocke, etwas, das ich zuvor noch nie gehört hatte, war am Anfang für mich sehr interessant. Doch schnell hatte ich mich daran gewöhnt und mit der Zeit war es dann für mich gleich «normal» wie der islamische Gebetsruf (Ezan) aus der Moschee.

Diese gute Beziehung zu unseren christlichen Nachbarn entwickelte sich. Dabei war der oben erwähnte Vers aus dem

Wort Gottes, dem Koran, mir damals nicht bekannt. Solche Stellen im Koran bilden die Basis für die guten Beziehungen zwischen Muslimen einerseits und Christen sowie Juden anderseits. Nach vier Jahren Aufenthalt in Diyarbakir zogen wir wieder in den Westen der Türkei um. Dort, in der Stadt Balikesir, im Gymnasium hatte ich zwar nur einen christlichen Kollegen, trotzdem lernten wir im Religionsunterricht auch etwas über das Judentum und das Christentum.

Nach der Matura in der Türkei hatte ich nach einer zusätzlichen Prüfung ein staatliches Stipendium für das Studium im Ausland erhalten. Ich entschied mich für ein Studium an der ETH in Zürich. Im Jahre 1973, mit 17 Jahren bin ich allein in die Schweiz eingereist. Ich konnte nur Türkisch und wenig Englisch.

Ich fand schnell heraus, dass ich hier in der Schweiz zu meinem Umfeld Beziehungen auf zwei Ebenen aufbauen musste. Als «Fremder», «Ausländer», und als «Muslim». Ich war in der Türkei geboren und aufgewachsen und hatte in meinem Erfahrungsschatz die türkische, islamisch geprägte Kultur mitgebracht. Mit dem Erlernen der Sprache und dem Beginn des Studiums an der ETH konnte ich den Dialog und die Integration als Ausländer initiieren. Ich habe aber damals schon ein tiefes Bedürfnis gespürt, als Muslim mit den hiesigen Christen (und später mit den Juden) in Dialog zu treten. In den ersten Gesprächen mit meinen christlichen Mitmenschen stellte ich relativ schnell fest, dass ich mit meinen Kenntnissen über das Christentum und das Judentum den Dialog nicht wirklich vertiefen konnte. Ich kaufte eine deutsche Übersetzung des Korans, um gezielt nach Stellen darin über Christen und Juden zu suchen. Ich wurde schnell fündig. Ich freute mich sehr über diese Verse. Und ich erinnerte mich bruchstücksweise an die Gespräche zwischen meinen Eltern und dem Pfarrer von Diyarbakir in meiner Kindheit. Alles passte irgendwie zusammen.

Ich wollte meinen christlichen (und jüdischen, wenn ich solche träfe) Mitmenschen mitteilen, dass ich als Muslim ihren Glauben respektiere und sie als «Rechtschaffene» sehe. Ich verstand sogar aus den Versen im Koran, die mit «Sprich» beginnen und an den Propheten Muhammad gerichtet sind, die Verpflichtung, zu den christlichen und jüdischen Gläubigen zu sprechen und sie auf «ein gleiches Wort zwischen uns und ihnen» aufmerksam zu machen. Ich wollte meinen Mitmenschen sagen, dass wir der gleichen abrahamitischen Familie angehören und viele Gemeinsamkeiten haben. Die Religion des Islams lehrt uns, das «Buch Universum» lesen zu lernen. Die Erde mit allen Geschöpfen, die Planeten und Sterne, alle sind Kunstwerke Gottes und haben uns etwas zu sagen. Wir müssen sie nur verstehen, ihre Mitteilungen richtig deuten. Diese Gedanken wollte ich mit den anderen teilen.

Ich habe dann meine ersten Enttäuschungen erlebt. Die Studentenschaft in meiner Klasse, in der Fakultät und auch im Studierendenwohnheim wollte über Gott und Religionen überhaupt nicht sprechen. Niemand hatte Interesse am Glauben, alle waren nicht religiös.

Ich mit meiner jugendlichen Energie und Lust auf das Gespräch mit den anderen über die Religionen stand allein da, ohne Gesprächspartner. Ich kannte den Islam für mein eigenes tägliches Leben schon in der Türkei relativ gut und hatte die Kenntnislücke «die Stellung der Andersgläubigen im Islam» hier in der Schweiz mittlerweile ganz gut ausgefüllt. Meine Kenntnisse über das Christentum waren für mich aber noch nicht befriedigend. Ich dachte, wenn ich mehr über das Christentum lernte, könnte ich eventuell mit meinen christlichen Partnern das Gespräch zuerst über ihre Religion führen, ihre Interessen wecken, ja sogar sie in ihrem christlichen Glauben bestärken und mit ihnen dann über die Gemeinsamkeiten (auch über die Unterschiede, warum nicht?) zwischen Christentum und Islam diskutieren. Als Gläubige könnten wir einander dann gegenseitig unterstützen, den eigenen Glauben zu vertiefen und besser in die Praxis umzusetzen. Ich fand einen Gymnasiallehrer für bildnerische und künstlerische Gestaltung, der selbst ein überzeugter, frommer Christ war. Als er von meinem Interesse über das Christentum erfuhr, bot er mir an, mit mir die ganze Bibel zu lesen und darüber zu diskutieren. Besseres konnte mir nicht passieren. Ich nahm sein Angebot natürlich sofort an. Er kam dann jeden Donnerstagnachmittag ins Studentenheim und las mit mir einen Vers nach dem anderen in der Bibel. Wir diskutierten ausgiebig darüber, wie man das alles verstehen soll. Ich lernte auch, was unter den einzelnen religiösen Begriffen zu verstehen ist und dass manche davon auch unterschiedlich verstanden werden können, wenn ich sie für die Darstellung der islamischen Glaubensinhalte anwende.

Die Koranverse und dieses «Bibelstudium» haben mir die Basis und den Mut gegeben, weiterhin auf den Dialog mit den Christen und Juden unserer Gesellschaft zu setzen.

II

Leider haben wir eine weit verbreitete Islamophobie (Islamfeindlichkeit) in unserer heutigen Gesellschaft. Die neue Einwanderung der Muslime in die Schweiz begann ab 1960 und erreichte den Höhepunkt mit den Flüchtlingsströmen wegen des Balkankriegs. Mittlerweile ist die Zahl der muslimischen Zuzüger aber rückläufig. Die muslimische Minderheit macht derzeit knapp 5 Prozent der Schweizer Bevölkerung aus. Diese Anwesenheit und die Anmeldung der religiösen Bedürfnisse dieser Minderheit dienen manchen politischen Parteien als Basis für die Verbreitung islamfeindlicher Polemik.

Slogans wie «schleichende Islamisierung», «Wehret den Anfängen!» und «Der Islam ist keine Religion, sondern eine Kriegserklärung an die christliche und andersgläubige Welt!» fördern diese negative Entwicklung. Wenn ich aber den Vers 114 (Sure 3) lese, lerne ich etwas ganz anderes: «Diese [Juden und Christen] glauben an Gott und an den Jüngsten Tag, gebieten das Rechte, verbieten das Schlechte und sind schnell bereit zu guten Taten. Jene gehören zu den Rechtschaffenen.» In Juden und Christen finde ich «rechtschaffene» Mitmenschen, denen ich mit Respekt und Akzeptanz begegnen muss, nicht nur mit Toleranz! Dieser Denkansatz muss durch die Muslime unseren Mitmenschen vermittelt werden.

Wenn manche politische Parteien in ihren Kampagnen Islam und Muslime angreifen, Unterstellungen und Verunglimpfungen verbreiten, um Stimmen zu gewinnen, leidet die muslimische Minderheit darunter. Sie spürt diese immer weiter um sich greifende Islamfeindlichkeit am eigenen Leib. Der zunehmenden Islamfeindlichkeit muss entgegengewirkt werden. Natürlich muss auch die muslimische Minderheit ihre Verantwortung kompetent in diesem Umfeld wahrnehmen.

Gegen manche Gründe der Islamfeindlichkeit können die Muslime in der Schweiz selbst aber kaum etwas tun. Wenn eine Terrororganisation mit einem fremdklingenden Namen irgendwo in der Welt abscheuliche, unmenschliche Attentate verübt, die mit der Lehre des Islams nicht nur unvereinbar, sondern ganz klar abzulehnen sind, wird in der westlichen Welt, auch in der Schweiz, darüber mit Schlagworten wie «islamistisch», «islamischer heiliger Krieg», oder «Islamismus» u.ä. berichtet. Damit schürt man die Angst vor dem Islam und den Muslimen allgemein und leistet der Islamophobie Vorschub. Mehrere Universitätsstudien (Zürich 2004, Erfurt 2007, Zürich 2007) haben gezeigt, dass in den Medien der Islam und die Muslime zu 70–80 Prozent negativ thematisiert werden.

Unsere heutige schweizerische Gesellschaft hat mit viel Leid und über manchen Krieg das erreicht, worüber die Welt uns heute beneidet: Demokratie, Rechtsstaatlichkeit, Rechtssicherheit, Menschenrechte und Wohlstand. Unsere Gesellschaft hat es verstanden, die Vielfalt und Andersartigkeit als eine Bereicherung zu erkennen und daraus Nutzen zu ziehen, sie in ein vielfältiges Ganzes einzufügen und innerhalb von 26 Kantonen und mit 4 Sprachen nebeneinander weiterzuentwickeln. Diese griechisch, römisch, jüdisch und christlich geprägte Gesellschaft, die sich durch hervorragende Leistungen im Bereich der Ökumene der christlichen Kirchen auszeichnet, sollte in der Lage sein, mit dem Islam und der muslimischen Minderheit entsprechend umzugehen. Wenn nicht unsere Gesellschaft, welche ist dann überhaupt dazu in der Lage?

Für die Muslime gibt es nur einen Gott (Allah, Elokim, God), den Schöpfer des Universums (die Arabisch sprechenden Christen nennen Gott – genau wie die Muslime – auch Allah). Mit dem Koran-Vers «Herabgesandt hat er [Gott] Tora und Evangelium» werden den Muslimen die heiligen Bücher der Juden und Christen, die Tora und das Evangelium, als Offenbarungen Gottes definiert. Ein Mensch wird nach islamischer Definition kein wahrhaft Gläubiger, wenn er an den göttlichen Ursprung der Offenbarungen Gottes, Tora und Evangelium eingeschlossen, nicht glaubt. Dieser Vers fordert von den Muslimen nicht nur Toleranz und Respekt, sondern auch die grundsätzliche Akzeptanz dieser heiligen Schriften. Mit dem ersten Teil des Verses «Er hat das Buch mit der Wahrheit auf dich herab gesandt als Bestätigung dessen, was vor dir da war» werden Muhammad und die Muslime daran erinnert, dass unser Glaube die gleiche Quelle hat, nämlich Gott, Seine Barmherzigkeit und Rechtleitung. Dies ist die gemeinsame, solide Basis, worauf wir bauen können. Wir können daran arbeiten, die Probleme unserer Gesellschaft gemeinsam, einander ergänzend einer Lösung zuzuführen. Die Zugehörigkeit zur «Familie Abrahams», ohne die anderen (Atheisten oder Andersgläubige) auszugrenzen, ist doch etwas, was wir nicht aus den Augen verlieren sollten. Je mehr Gemeinsamkeiten wir entdecken, desto einfacher wird es, gemeinsam zu handeln und «die anderen» nicht als Feinde zu sehen. Die Gesprächsaufforderung im Koran soll unser Denken auf das Gute, auf förderliche zwischenmenschliche Werte lenken:

«Sprich: O Volk der Schrift [Juden und Christen], kommt herbei zu einem gleichen Wort zwischen uns und euch, dass wir nämlich Gott allein dienen und nichts neben Ihn stellen und dass nicht die einen von uns die anderen zu Herren nehmen ausser Gott. Und wenn sie sich abwenden, so sprich: Bezeugt, dass wir [Gott] ergeben sind.» (Sure 3, Vers 64).

Der folgende Vers aus dem Koran gibt den Rahmen für das friedliche Zusammenleben vor:

«Wir glauben an Gott und an das, was auf uns herabgesandt worden ist und was auf Abraham, Ismael, Isaak, Jakob und

auf die Stämme Israels herabgesandt worden ist und was ge-
geben worden ist Moses, Jesus und die anderen Gesandten
von ihrem Herrn; wir machen keinen Unterschied zwischen
ihnen, und Ihm sind wir ergeben.» (Sure 3, Vers 84).

Angefangen von den Zehn Geboten über die Ethik, Einstellung zu Fragen der Ökologie bis hin zum Bereich zwischenmenschlichen Verhaltens gibt es vieles, worauf wir aufbauen
und unsere Gesellschaft weiterentwickeln können.

Der Weg zur Integration, zum friedlichen Zusammenleben
und zur positiven Weiterentwicklung unserer Gesellschaft
führt über den Dialog, über das gegenseitige Verstehen und
Kennenlernen, den gegenseitigen Respekt, die Achtung der
Menschenwürde und über engagierte gesellschaftliche Ko-
operation. Der Wille dafür muss aber auf beiden Seiten vor-
handen sein, sowohl bei der muslimischen Minderheit, die
sich zu all dem oben Genannten vorbehaltlos bekennt und sich
entsprechend zu verhalten versucht, als auch bei der Mehr-
heitsgesellschaft.

Literatur

Zürich 2004 = Universität Zürich, Forschungsbereich Öffentlichkeit und Gesellschaft
(fög): «Typisierung jüdischer Akteure in den Medien», Markus Meier/Monica Müller/
Mark Eisenegger, März 2004.

Erfurt 2007 = Universität Erfurt: «Das Gewalt- und Konfliktbild des Islams bei ARD und
ZDF», Kai Hafez/Carola Richter, Januar 2007.

Zürich 2007 = Universität Zürich, Institut für Publizistikwissenschaft und Medienfor-
schung (ipmz): «Darstellung des Islams in der Presse der Schweiz», Heinz Bonfadelli/Rico
Silberschmidt/Stephanie Reichmut/Claudio della Giacamo, Juni 2007.

WAS DER MENSCH BRAUCHT:
HINGABE UND DIENST

Jesus stand vom Mahl auf, legte sein Gewand ab und umgürtete sich mit einem Leinentuch. Dann goss er Wasser in eine Schüssel und begann, den Jüngern die Füsse zu waschen
und mit dem Leinentuch abzutrocknen, mit dem er umgürtet war. Als er zu Simon Petrus kam, sagte dieser zu ihm: Du, Herr, willst mir die Füsse waschen? Jesus antwortete ihm: Was ich tue, verstehst du jetzt noch nicht; doch später wirst du es begreifen. Petrus entgegnete ihm: Niemals sollst du mir die Füsse waschen! Jesus erwiderte ihm: Wenn ich dich nicht wasche, hast du keinen Anteil an mir. Da sagte Simon Petrus zu ihm: Herr, dann nicht nur meine Füsse, sondern auch die Hände und das Haupt. Jesus sagte zu ihm: Wer vom Bad kommt, ist ganz rein und braucht sich nur noch die Füsse zu waschen. ... Als er ihnen die Füsse gewaschen, sein Gewand wieder angelegt und Platz genommen hatte, sagte er zu ihnen: Begreift ihr, was ich an euch getan habe? Ihr sagt zu mir Meister und Herr und ihr nennt mich mit Recht so; denn ich

bin es. Wenn nun ich, der Herr und Meister, euch die Füsse
gewaschen habe, dann müsst auch ihr einander die Füsse wa-
schen. Ich habe euch ein Beispiel gegeben, damit auch ihr so
handelt, wie ich an euch gehandelt habe.

(Johannes 13,4–10.12–15)

I

Die Erzählung von der Fusswaschung hat mich schon als
Kind beeindruckt. Sie gehörte zu den wenigen im Gottesdienst
vorgelesenen biblischen Texten, die ich mir bereits im Vor-
schulalter problemlos in meiner Phantasie vorstellen konnte:
Jesus steht auf, gürtet sich ein Tuch um und beginnt, seinen
Jüngern die Füsse zu waschen. Ich stellte mir vor, wie die
Jünger einander verwundert anschauten: Was soll das jetzt?
Ich verstand die Reaktion des Petrus. Wie kann ein Mensch
sich von Gott die Füsse waschen lassen?!

Darstellungen dieses Geschehens in der Kunst waren – im
Unterschied zu vielen anderen biblischen Szenen – eindeutig und
leicht zu erkennen. Und es war für mich als Kind jedes Mal ein
Erfolgserlebnis, wenn ich eine künstlerische Darstellung «lesen»
konnte. Das ist übrigens bis heute so geblieben. Zur Erstkom-
munion im Alter von sieben Jahren erhielten wir vom Pfarrer
eine moderne Darstellung der Fusswaschung. Meinen Eltern
gefiel sie nicht, weil sie zu modern war. Mir gefiel sie, weil die
Szene der Fusswaschung dargestellt war und ich sie erkannte.

Später lernte ich, dass die Fusswaschung in Palästina eine
ganz praktische Bedeutung hat. Wer barfuss oder in Sandalen
auf den staubigen Strassen unterwegs ist, kommt mit schmutzigen Füssen an – auch wenn er vorher ein Bad genommen
hat. Und wer bei einer wichtigen Persönlichkeit zu Gast war,
dem wurden von einem Sklaven die Füsse gewaschen. Die

Fusswaschung ist ein Sklavendienst. Und genau diesen Dienst übernimmt Jesus an seinen Jüngern.

Mein kindliches Erzählverständnis musste ich später nie korrigieren – anders als bei vielen andern Erzählungen in der Bibel. Gewiss, mein Verständnis wurde bereichert durch neue Erfahrungen und Erkenntnisse. Aber in seiner Grundaussage blieb die Erzählung genau dieselbe wie in meiner Kinderzeit.

Die Erzählung von der Fusswaschung erwartete ich schon als Kind jeweils in der Liturgie vom Gründonnerstag. Die Verkündigung dieses Textes war für mich immer ein besonders feierlicher Moment.

Im Kloster erhielt dieser Text eine noch grössere Bedeutung. Der heilige Benedikt stellt die Haltung Jesu bei der Fusswaschung in seiner Mönchsregel (Leitbild für Mönche) im Kapitel über die Gastfreundschaft als Vorbild hin: Der Abt und die Mönche sollen den Gästen die Füsse waschen. Am Gründonnerstag wird zudem die Erzählung von der Fusswaschung in unserem Kloster nicht nur in der Liturgie vorgetragen, sondern auch beim Nachtessen, bei dem der Abt die Gäste und die Brüder bedient. Die Tischlesung empfinde ich während des ganzen Jahres sonst nie so feierlich. Das geht mir sehr unter die Haut.

Während meiner Zeit als Zeremoniar des Klosters Einsiedeln war ich mitverantwortlich, dass wir am Gründonnerstag nach der Lesung des Evangeliums und der Predigt des Abtes den Ritus der Fusswaschung wiedereinführten. Jedes Jahr am Gründonnerstag wäscht der Abt während des Gottesdienstes um 19 Uhr in der Klosterkirche zwölf Menschen die Füsse. Zu diesem Ritus lud ich bereits als Zeremoniar und lade ich auch als Abt jeweils eine Gruppe von zwölf Personen ein – am Anfang Menschen aus verschiedenen Bereichen des Klosters, später Personengruppen, die durch ein bestimmtes Thema miteinander verbunden waren. Ich stelle mich Jahr für Jahr der Herausforderung, diesen Evangeliumstext für die jeweils vertretene Personengruppe fruchtbar zu machen: Politiker, Gastwirte, Asylsuchende, Mitglieder von Zünften, behinderte Menschen, Kirchenkritiker und andere mehr. Während der Fusswaschung singt die Schola einen der ältesten Gesänge der römischen Liturgie: «Ubi caritas et amor, Deus ibi est.» – «Wo Güte ist und Liebe, da ist Gott.» Die Feier der Liturgie zieht sich zwar durch diese Zeremonie in die Länge. Aber ich erlebe selten sonst eine solche Aufmerksamkeit und Betroffenheit der Gläubigen in der Liturgie wie am Gründonnerstag.

In der Erzählung der Fusswaschung und im Ritus der Fusswaschung ist die gesamte christliche Botschaft verdichtet. Nicht als theoretische Darlegung, sondern als anschauliche Praxis: Gott ist Liebe. Dieser Gott wird Mensch, um uns seine Liebe zu zeigen. Gott, der Höchste und Mächtigste, wird Mensch und dient dem Menschen. Gott wird zum Diener. Jesus Christus zeigt durch sein Handeln, was es heisst, Erster zu sein: Wer der Erste sein will, soll der Diener aller sein.

Was mich immer wieder neu fasziniert: Jesus sorgt sich sogar angesichts des eigenen Todes – kurz nach dem Mahl mit der Fusswaschung wird er verhaftet und am folgenden Tag hingerichtet – um die anderen. Selbst seinem grössten Gegner, der ihn kurz darauf verrät, erweist er diesen Liebesdienst.

II

Die Erzählung von der Fusswaschung ist eine Provokation für unsere heutige Gesellschaft. Sie stellt einfach und eindrücklich

Wesentliches des menschlichen Lebens vor Augen, das wir immer wieder vergessen.

Lieben kann nur, wer selbst geliebt ist. Bevor ein Mensch andere beschenken kann, ist er selbst ein Beschenkter. Es fällt auch dem modernen Menschen nicht immer leicht, sich beschenken oder bedienen zu lassen. Die Angst, von jemandem abhängig zu sein oder jemandem gar zur Last zu fallen, ist gross.

Das neue Gebot, das Jesus gegeben hat, orientiert sich an seiner eigenen Selbsthingabe: «Ich habe euch ein Beispiel gegeben, damit auch ihr so handelt, wie ich an euch gehandelt habe.» Er hat diesen Dienst konkretisiert in der Symbolhandlung der Fusswaschung. Der Mensch findet seine Selbstverwirklichung in der Hingabe an Gott und die Menschen.

Reale Beispiele überzeugen mehr als Worte. Das wissen wir alle aus Erfahrung. Beispiele stecken an. Jesus moralisiert nicht von oben herab. Er bewegt die Herzen der Menschen durch seine Hingabe und befähigt sie so ihrerseits zur Hingabe. Die Erzählung von der Fusswaschung lenkt die Aufmerksamkeit weg von grossartigen Theorien, in die wir allzu leicht flüchten, hin zur alltäglichen Praxis. Gesellschaftskritik ist nur dort überzeugend und nachhaltig, wo sie nicht von oben herab geschieht, sondern im konkreten Dienst, in der Aufgabe, die einem anvertraut ist.

Es gibt auch in unserer Zeit viele Frauen, Männer und Kinder, die diese Haltung der Hingabe leben. Ich denke an Eltern, die für ihre Kinder da sind. Ich denke an Menschen, die sich für andere buchstäblich aufopfern. Ich denke an Bekannte und Unbekannte, die sich in religiösen Gemeinschaften, in Staat und Gesellschaft einsetzen. Besonders denke ich an die vielen ehrenamtlich Tätigen, ohne deren

Engagement das Leben nicht nur ärmer, sondern unmöglich würde.

Dem steht die Versuchung des Menschen gegenüber, sich selbst in den Mittelpunkt zu stellen. Diese Versuchung ist heute nicht grösser als früher. Sie bedient sich aber heute der Möglichkeiten, die aktuell gegeben sind – und die sind um einiges vielfältiger, als das in früheren Zeiten der Fall war. Zudem sind in einer globalisierten Gesellschaft die Folgen globaler, wenn sich Menschen selbst in den Mittelpunkt stellen.

Dieses Bewusstsein ist von besonderer Bedeutung für alle, die in irgendeiner Weise Macht haben. Je mehr Macht ein Mensch hat, umso grösser ist auch die Gefahr, dass er diese Macht missbraucht – in der Kirche und im Staat, in der Wirtschaft und am Arbeitsplatz, in der Familie und in der Schule, im Grossen wie im Kleinen. Darum provoziert schon das Wort Macht oft Anstoss. Macht ist an sich nichts Schlechtes. Mit dem Beispiel der Fusswaschung ist uns ein unübersehbares Zeichen gegeben, dass jede uns gegebene Macht zum Dienst an den anderen führen muss. Dass dies keinesfalls eine Haltung des Schwachen ist, merken wir spätestens dann, wenn wir die Erzählung von der Fusswaschung lesen. Echte, nachhaltige Freude erwächst nie aus Machtmissbrauch. Das Arbeiten für die Eigeninteressen führt in Sackgassen: in der Politik und in der Wirtschaft genauso wie in der Kirche.

Die Erzählung von der Fusswaschung legt uns die Aufmerksamkeit für die anderen ans Herz. Sie macht uns immer neu darauf aufmerksam, dass jede Gemeinschaft vom Dienst lebt und dass jeder Mensch auf den Dienst anderer angewiesen ist. Nicht nur als Kinder, sondern auch als Erwachsene sind wir auf den Dienst anderer angewiesen. Und durch unseren Dienst ermöglichen wir auch anderen das Leben. Dienen ermöglicht Leben. Das selbstverständliche Dienen ist im wahrsten Sinne des Wortes weltbewegend, obwohl es nur selten in den Medien aufscheint. Es hat seinen festen Platz im Alltag.

Auch Freude am Leben erwächst aus dem Dienst. Wer dagegen immer nur seinen eigenen Vorteil sucht, steht seinem Glück selbst im Wege. Die Angst, zu kurz zu kommen, ist das grösste Hindernis, alles zu gewinnen. Im Rückblick auf unser Leben sind wohl nicht die Momente in bester Erinnerung, in denen wir um uns selbst gekreist sind, sondern diejenigen, in denen wir uns verschenkt haben.

Ein Mitbruder meinte bei der Wiedereinführung des Ritus der Fusswaschung: «Das ist doch etwas Anachronistisches. Das hatte im damaligen Palästina seinen Sinn, aber heute ist es unserem Verständnis fremd.» Müsste man dann nicht auch die Erzählung der Fusswaschung aus der Leseordnung streichen? Aber ist die Fusswaschung dem modernen Menschen wirklich fremd?

Schon als Kind war mir klar, dass es nicht nur um die reine Fusswaschung geht. Mit meinem heutigen Wortschatz würde ich sagen, dass wir es hier mit einem Aktionsmodell zu tun haben: Mit einer solchen Haltung sollen wir uns begegnen.

Wie aktuell der Bibeltext ist, zeigt uns der Mangel an Menschen, die einen Pflegeberuf erlernen und hilfsbedürftigen Menschen dienen – auch indem sie ihnen die Füsse waschen.

WAS DER MENSCH BRAUCHT: VERANTWORTLICHKEIT FÜR DAS EIGENE HANDELN

Jesus erzählte ihnen noch ein anderes Gleichnis: «Wenn Gott seine Herrschaft aufrichtet, geht es ähnlich zu wie bei einem Senfkorn, das jemand auf seinen Acker gesät hat. Es gibt keinen kleineren Samen; aber was daraus wächst, wird grösser als alle anderen Gartenpflanzen. Es wird ein richtiger Baum, sodass die Vögel kommen und in seinen Zweigen ihre Nester bauen.» (Matthäus 13,31 f.)

«Gottes Tod ist die Geburt des freien, selbstverantwortlichen Menschen»

Es gab in meinem Elternhaus eine Kinderbibel, grossformatig, schwer, mit goldenen Lettern und schwarz glänzend laminiertem Leinendeckel, illustriert mit Bildern, die ihren Mangel an Farbe – es muss sich um Stahlstiche oder geätzte Zeichnungen gehandelt haben – durch Dramatik und handfeste Körperlichkeit kompensierten. Aus diesem so anziehenden wie auch beängstigenden Buch hatte die ältere Schwester dem jüngeren Bruder vorzulesen, wenn die Eltern abends nicht zu Hause waren, was wegen der politischen Tätigkeit meines Vaters nicht selten der Fall war. Meine Lieblingslektüre betraf Matthäus 1,2–16: «Abraham zeugte Isaak, Isaak zeugte Jakob, Jakob zeugte Judas und seine Brüder, Judas zeugte Perez und Serach mit Tamar» und so weiter.

Ich wusste zwar damals noch nicht, was dieses wiederholt verwendete Wort «zeugen» bedeutete, fand es aber irgendwie spannend, zumal es mir meine Schwester auch auf mein insistierendes Fragen hin nicht erklären wollte und sich auch bei ausführlichster Recherche keine entsprechende Illustration finden liess. Mit der kombinatorischen Begabung, die jedem kleinen Jungen in diesen Dingen zur Verfügung steht, merkte ich dann aber doch bald, dass es hier um Abstammung, um Vaterschaft, um Herkunft ging, und ich merkte auch, das dieser Versuch eines Nachweises der lückenlosen Familiensukzession just an der entscheidenden Stelle, bei Josef in Vers 16 nämlich, ins Stocken, ja mehr noch: in offenkundigen Widerspruch zur Weihnachtsgeschichte mit dem wundersamen Besuch eines Engels bei der Jungfrau Maria geriet.

Damit war bei mir schon sehr früh der Grundstein für ein Religionsverständnis gelegt, das seine Gewissheiten nicht aus bestreitbaren oder in sich widersprüchlichen Quasifakten bezieht. Ich kann nichts mit einem Gott anfangen, dessen Dasein und Wesen vom Weg abhängt, den Spermien aus den Zeugungsapparaten von Wüstensöhnen in die Gebärmutter ihrer mehr oder weniger legalen Gattinnen zurückgelegt haben oder auch nicht. Der Titel «Davids Sohn», wie Jesus

u. a. genannt wird, lässt mich kalt, oder vielleicht noch zutreffender: erregt Widerstand bei mir, weil dahinter ein ganz und gar völkisches und patriarchalisch begründetes Gottesverständnis steht, wie es uns eigentlich bei der Lektüre des ganzen Alten Testaments bedrängt. Ein Gottesverständnis, das nicht einbezieht, sondern vielmehr systematisch ausschliesst. Was soll ich anfangen mit einem Gott, der Kain verwirft, der Esau benachteiligt, der Ismael in die Wüste schickt, der die Kanaaniter und die Hetiter und die Amoriter und die Perissiter und die Chiwwiter und die Jebusiter ihrer Stammlande berauben lässt, der die Philister, je nach der jeweiligen Gottesnähe oder – ferne des Volkes Israel obsiegen oder verlieren lässt, der selbst in den bewegendsten Texten wie Psalm 139 gefragt wird: «Sollte ich nicht hassen, Herr, die dich hassen, sollten mich nicht ekeln, die sich gegen dich auflehnen? Ich hasse sie mit glühenden Hass, auch mir sind sie zu Feinden geworden.»

Wer nebst allen zugegebenermassen immer aufs Neue beglückenden Sonntagsschulgeschichten über Sarah, Rebekka, Jonas und Samuel sich den ganzen grossen Rest des Alten Testaments zu Gemüte führt, ist dankbar, dass es bei diesem ersten Teil der Bibel nicht geblieben ist, und froh darüber, dass die Sache mit der Abstammung von Davids Sohn dermassen im Unklaren geblieben ist. Dennoch: Es ist keine Heilsgeschichte, die uns im Alten Testament vorgeführt wird, sondern eine Abfolge von unendlich viel Not und Leid. Das fast unablässige Blutbad wird monokausal mit dem immer wieder erfolgenden Abrücken des Volkes Israel von «seinem» einzigen Gott erklärt, dessen Liebe zu «seinem» Volk darin besteht, es durch manifeste Strafen wieder an sich zu binden. Ganz zu Beginn der Tragödie lässt er es, abgesehen von einem ganz kleinen Rest zur Rettung der Art, kläglich ersaufen, und mit ihm alle unschuldigen Lebewesen, die nicht in der Arche der göttlichen Aktion *pro specie rara* Platz gefunden hatten.

Die Gefahr des allmächtigen Gottes

Wenn wir uns erleichtert sagen, dass das nicht unsere Religiosität ist und sein kann, dann müssen wir aber gleichzeitig auch bedenken, dass kaum eine Religion über genau dieses Gottesbild hinausgekommen ist: der Mensch, der durch seine Werke, sein Tun, Handeln und Unterlassen «seinem» Gott gefallen soll; der Gott, der in seiner «Allmacht» sich solchermassen in die Geschichte des Menschen einmischt, ja einspannen lässt. Sowohl die Idee, ein Volk dürfe kraft seiner mythisch begründeten Vergangenheit ein anderes Volk durch aggressive Ansiedelungen verdrängen, als auch der Wahn, im Zünden von um den eigenen Körper gelegten Dynamitgürteln verwirkliche sich Gottes Wille in der ultimativen Steigerungsform, entspringt der Vorstellung der Parteinahme Gottes für bestimmte menschliche Zielsetzungen. In diese grundlegende Kritik des Zionismus und des Islamismus ist aber auch das um das Neue Testament eigentlich bereicherte Christentum einzubeziehen. Es hat beinahe seit Anbeginn seiner Existenz in einer unübersehbar vielfältigen Abfolge von Kriegen, Verfolgungen, Folterungen, Verbrennungen zum blutigen Verlauf der Weltgeschichte beigetragen. Wohlverstanden immer im Namen Gottes, des Allmächtigen, dessen gnädiger Beistand zumeist von allen Kriegsparteien zugleich in Anspruch genommen wurde. Im Wesentlichen wurde durch das praktizierte Christentum die Blutspur des Alten Testaments aufgenommen und in eine Strasse der Not und Pein durch die Weltgeschichte und rund um den Globus verbreitert. Das Christentum, das nach den Anweisungen der Bergpredigt Freundes- und Feindesliebe in die rohe Welt hätte bringen müssen, verstand es nicht einmal, wenigstens ein Gleichgewicht zwischen *caritas* und *violentia* zu schaffen.

Die Allmacht Gottes – welch problematische Vorstellung! Nicht nur im angesprochenen Sinne, dass durch Tun und Unterlassen der Menschen diese Superhyperpower tätig wird, sondern auch und vor allem in dem Sinne, dass der Gang der Welt letztlich davon abhängen soll, ja dem Willen des Allmächtigen entspricht. Dann wäre es der Wille Gottes gewesen, dass Hitler zur Macht kam, dass keines der Attentate auf ihn gelang, dass auf sein Geheiss Millionen von Juden, darunter Kinder, wie Ungeziefer behandelt und vernichtet wurden. Dann hätte es einem göttlichen Plan entsprochen, dass Stalin, ungehindert durch seine alliierten Freunde, Hitlers Vernichtungswerk im eigenen Land fortsetzen konnte. Mao Zedong hätte als Instrument des Höchsten sieben Millionen seiner chinesischen Genossen anlässlich der Kulturrevolution in den Tod getrieben. Gleiches liesse sich über Pol Pot in Kambodscha sagen. Ein allmächtiger Gott, der angesichts so eklatanter, unsinniger Gewalttaten nicht einschreitet – wollten wir ihn wirklich als höchste Autorität anerkennen?

Die Fiktion des göttlichen Eingreifens in die Weltgeschichte und in den Mikrokosmos des täglichen Zusammenlebens und in den Kleinstbereich unseres eigenen Lebens – diesem gelten ja die Stossgebete – ist in der Tat sehr problematisch. Sie entledigt den Menschen in letzter Konsequenz jeglicher Mit- oder Hauptverantwortung, entschuldigt letztlich jegliche grosse oder auch kleinere Schweinerei und ist mithin in jeder Hinsicht unmoralisch.

«Aller Augen warten auf Dich.» Auf wen sollen wir also warten? Gewiss nicht auf den parteiischen, zürnenden, liebenden Gott eines besonderen Wüstenvolks und auch nicht auf den Nachkommen aus Davids Schoss. Nicht auf den allmächtigen Weltenherrscher, der angesichts des ganzen erlittenen und noch zu erleidenden Übels ein sehr blutrünstiger Gott sein müsste. Auf wen aber warten wir dann? Zweifelnd und verzweifelt müssten wir entweder nihilistisch aufgeben oder aber eine radikal andere Erwartung und Hoffnung aufbauen.

Evangelium als Emanzipation

Wir sollen sehend werden, lautet die Quintessenz des Gleichnisses nach Lukas 18. Vielleicht sollten wir einfach auch nur ein wenig besser schauen und zu verstehen versuchen, nämlich das, was das Neue Testament im Wesentlichen ausmacht: den Tod Jesu, dieses schändliche und hilflose Ende des Gottessohns und das eklatante Nichteingreifen des allmächtigen Weltenherrschers. Mit der Hinrichtung Jesu stirbt ja nicht nur ein Wunderheiler und hervorragender Wanderprediger, sondern mit ihm stirbt Gott als eingreifender und allmächtiger Weltenherrscher, es stirbt die Idee des parteiischen und angeblich alles steuernden Gottes. Judas wird sich seiner Verantwortung gewahr und erhängt sich. Er hat als Erster die umwälzende Bedeutung des Evangeliums begriffen. Von Davids Sohn und vom wahren Gott bleibt nichts mehr als ein Leichnam, der von ein paar unentwegten Frauen betrauert wird.

Dann wäre Gott also tot. Ja, er ist tot, jener eingreifende, den Menschen belohnende und bestrafende Gott; er ist tot, der Gott, für den man Kriege führen und Selbstmordattentate ausüben soll; er ist tot, der Gott, in dessen Namen Menschen und Nationen andere unterwerfen dürfen. Verflucht sei, wer so im Namen des Herrn auftritt! Das ist das Evangelium: die grosse Befreiung des Menschen vom Joch des allmächtigen Eingreifers, die Befreiung des Menschen von Mitmenschen, die sich göttliche Berufung anmassen: Evangelium ist Emanzipation – mit allen Konsequenzen. Wo kein Weltendenker eingreift, darf Zufall herrschen. Wo Vorsehung keine Bedeutung hat, dürfen Glück und Pech die «Richtigen» oder die «Falschen» treffen. Und der Mensch darf, ja, muss sich in diesem von schierer Ungewissheit geprägten Erdendasein mit all den ihm zur Verfügung stehenden Möglichkeiten und Instrumenten behaupten. Sein Tun oder Lassen ist in hohem Masse relevant. Der Mensch ist in jeder Hinsicht verantwortlich.

Was aber bleibt dann vom Allmächtigen? Worauf sollen aller Augen warten? Bleibt überhaupt noch etwas übrig? Ich meine: Ja! Was bleibt, ist eben all das, was sich dem Greifbaren, dem Faktischen entzieht. Wir nennen es Glauben. Das Senfkorn also, auf das sich Gott durch den Kreuzestod vorsätzlich reduziert. Die kaum mehr sichtbare, spürbare Kraft, die unter bestimmten Umständen aber zu erstaunlichem Wachstum und zu überwältigender Blüte heranwächst. Glauben steht jenseits von Steuern, Regeln, Eingreifen, Korrigieren; Glauben steht über der Geschichte, die ja nur eine Aneinanderreihung von zufällig entstandenen, von fahrlässig zugelassenen oder vorsätzlich gewollten Fakten ist.

In der Geschichte geht es vor allem um Macht. Der Mensch kann Macht ausüben. Macht heisst in der ultimativen Form «töten». Der Mensch kann töten und tut das auch regelmässig. Glaube betrifft hingegen die Überwindung des Todes, und gerade darin liegt, was wir als «allmächtig» bezeichnen könnten: jenseits aller menschlichen Macht, im unfasslich Grossen und Ewigen. Das Evangelium verheisst uns, dass dieses unfasslich Grosse und Ewige eine gnadenvolle, barmherzige Instanz sei, die alles richtet, das heisst in Ordnung bringt, was wir nicht richtig tun konnten oder wollten.

Wenn sich Glaube und Faktisches gegenseitig ausschliessen, so sind wir in unserem oft ziemlich schäbigen, mühseligen, traurigen Gang durch unser Leben auf dieser Erde doch nicht ohne transzendentale Präsenz alleingelassen in unserer Verantwortung für eine Welt, die ohne direktes Handeln und Eingreifen einer höheren Instanz funktionieren muss. Vorausgesetzt, wir glauben es bzw. wir sind mit den dazu notwendigen transzendenzorientierten Antennen bestückt, stehen uns Ahnungen und Zeichen zur Verfügung. Amplitude und Frequenzen mögen da ziemlich individuell sein und die Empfangsbereitschaft auch stimmungsabhängig, alles in allem ist Gottespräsenz auf jeden Fall sehr persönlicher Natur.

Ahnungen des Göttlichen

Mir fallen drei Ahnungen ein:

Die erste Ahnung stellt sich ein, wenn ich nach dem Höhepunkt der Anstrengung einer Bergtour im warmen Sonnenlicht des frühen Nachmittags über Gipfel und Täler in die weite Tiefe blicke und eine Übereinstimmung von Körper, Geist, Natur und Himmel verspüre, wie sie nie und nimmer lediglich materiellen Ursprungs sein kann. Das ist dann der Moment, in dem man jauchzen möchte, so man es könnte, und dieses Jauchzen wäre das ehrlichste, weil wortlose Dankesgebet an den Schöpfer, der einem ein solches Übermass an Schönheit und ästhetischer Stimmigkeit zu Füssen legt.

Die zweite Ahnung tritt dann ein, wenn ich unvermittelt und völlig unverdient das erfahre, was im neutestamentlichen Hohelied der Liebe, also im 1. Brief von Paulus an die Korinther 13,4–7, so unvergleichlich treffend beschrieben wurde: Langmut, wo ich Ungeduld verdient hätte, Verzeihung, wo ich Rache oder Strafe hätte erwarten müssen, Grosszügigkeit, wo eigentlich Erbsenzählen programmiert gewesen wäre – oder besser noch, wenn ich mich selbst entgegen aller vordergründigen Rationalität zu solchem nicht berechnenden Handeln getrieben sehe. Entgegenkommende oder praktizierte Liebe ist für mich eine die menschliche Dimensionen regelmässig überschreitende Erfahrung, die Gnade der Ahnung einer noch viel umfassenderen, ultimativen Barmherzigkeit.

Ja, und die dritte Ahnung stellt sich bei mir selbstverständlich mit der Musik ein. Nämlich dann, wenn die spannungsvolle Übereinstimmung von Komposition und Ausführenden zu jener elektrisierenden Stimmung führt, in der man glaubt, dass ein Funke genügen würde, dass der Konzertsaal – oder die Kirche – vibrieren, beben, explodieren müsste. Dann, wenn das Publikum im gleichem Rhythmus wie die Musiker atmet, wenn es mitsingen, mitspielen, mittanzen möchte, dann, wenn der so genannte «Groove» eine musikalische Metasphäre entstehen lässt, die niemand auf der Welt erklären, die man nur erleben kann.

Und auch Zeichen stehen uns zur Verfügung, an denen die Gottespräsenz ablesbar ist. Diese Zeichen wurden uns durch das Evangelium gegeben. Das Wasser der Taufe sowie Brot und Wein des Abendmahls. Keine Schlange auf Säulen, keine brennenden Büsche, keine starren und toten Prophetenaugen, keine vielarmigen Schauergestalten. Keine nationalen Flaggen mit Haken- und anderen Kreuzen darauf, auch keine mit Sternen jeglicher Couleur, keine ideologischen Schriften und Traktate, keine Konstellationen von Himmelskörpern, kein Morgenrot und keine auf- oder untergehende Sonne. Nichts dergleichen, sondern lediglich Wasser, Brot und Wein, also das, was wir jeden Tag brauchen, wenn wir uns waschen, wenn wir essen und wenn wir anständig trinken wollen. Die Reduktion der Zeichen auf das denkbar tiefste Niveau von alltäglichen Gebrauchsartikeln ist ein Abbild der Reduktion des Göttlichen auf das Senfkorn des Glaubens. Glaube wäre dann sozusagen ein immer zur Verfügung stehendes «Grundnahrungsmittel», das ohne besondere Exerzitien und ohne besondere Bewilligung und Patente, ohne Schlüssel Petri und ohne den Nachweis besonders tugendhaften Lebenswandels erhältlich ist. Womit die Bitte um das «tägliche Brot» in einer vom Menschen verantworteten Welt wieder einen Sinn erhält.

Aus *dieser* Art Evangelium hätte eine über allen anderen Religionen stehende Universalreligion werden können, handelt es sich doch um eine Verallgemeinerung des Themas, die die anderen Religionen nicht zu bekämpfen braucht, sondern die einzelnen Bekenntnisse zu Spezialfällen einer viel generelleren Gottesvorstellung macht – etwa so, wie Einsteins Relativitätstheorie Newtons Lehre von der Schwerkraft nicht als falsch erklären musste, sondern sie lediglich auf den Platz eines Spezialfalls verwies. Alle wesentlichen geistigen Fortschritte der Menschheit beruhen nicht auf der Falsifikation des Bisherigen, sondern begründen ein neues, allgemeiner gültiges Prinzip, in welchem die alten Vorstellungen zu Spezialfällen werden.

Das Christentum hätte die Chance gehabt, aus dem Evangelium eine Relativitätstheorie des Religiösen zu machen. Die Reduktion des Göttlichen auf das Unbeweisbare, auf das lediglich Glaubbare, auf das winzige Senfkorn, die Erhebung des Göttlichen über die menschliche Weltgeschichte hinaus in den Bereich des wahrhaft Allmächtigen, der Auferstehung und der ultimativen Barmherzigkeit nämlich, die Emanzipation des Menschen zur Verantwortlichkeit für alles, was er tut oder unterlässt – das wäre eine echte Revolution gewesen.

Es kam anders, wir wissen es. Das Christentum institutionalisierte sich rasch, und damit verriet es das Evangelium an Macht und Tod. Schlimmer noch: Es verlieh den Institutionen und ihren Agenten eine Pseudolegitimation, indem sich diese auf die eine oder andere Art auf «den Allmächtigen» berufen dürfen. Es ist dieselbe Anmassung, dass der Mensch über das «Allmächtige» verfügen dürfe. Richtig verstandene Allmacht und Auferstehung sind in weite Ferne gerückt, und so müssen wir das Lamm Gottes weiterhin um Erbarmen bitten.

An sich hätten wir es in der Hand, 2000 Jahren irregeleiteter Menschheitsgeschichte ein Ende zu bereiten. Wir hätten es in der Hand, die Machtentfaltung und das Töten im Namen einer höheren Instanz zur haltlosen Vorstellung zu machen. Wir hätten es in der Hand, ein Evangelium anzunehmen, das mit Aufklärung, Evolutionstheorie und neusten neurologischen Erkenntnissen kompatibel wäre. Dann, ja, dann brächten wir das Agnus Dei endlich dem näher, was wir alle so dringend bräuchten: *Dona nobis pacem.*

Leicht überarbeitete Reflexion von Freitag, 13. März 2009, erstmals veröffentlicht in der «Bachanthologie 2009», www.bachstiftung.ch.

WAS DER MENSCH BRAUCHT:
ZUVERSICHT

Darum werfet eure Zuversicht nicht weg, die eine grosse Belohnung hat. (Hebräerbrief 10,35)

Es ist aber der Glaube eine Zuversicht auf das, was man erhofft, eine Überzeugung von Dingen, die man nicht sieht. (Hebräerbrief 11,1)

I

Der christliche Glaube hat mich durch mein Leben begleitet. Als Kind besuchte ich die Sonntagsschule. Meine ersten Begegnungen mit religiösen Themen stammen denn auch aus der Sonntagsschule. Damals gab es für mich noch keinen Zusammenhang zwischen Zuversicht und Belohnung, so wie er im ersten von mir gewählten Bibelzitat dargestellt ist. Die Lebenszuversicht ergab sich für uns Kinder aus dem Zusammensein mit anderen Menschen, besonders mit den Eltern, den Grosseltern, mit Freunden und Bekannten. Eingebettet in starke Gemeinschaften machten wir die Erfahrung, dass kleine und grössere Schwierigkeiten sowohl im Kinder- als auch im Erwachsenenalltag überwindbar waren. Zuversicht ist Ausdruck des Glaubens. Das erlebte und erlebe ich seit meiner Kindheit in der Familie und im Freundeskreis. Immer wieder machte ich die Erfahrung, dass auch Dinge, die quer liegen, Lebensumstände, die schwierig sind, sich positiv entwickeln können. Zuversicht kann also, wie im Bibelzitat festgehalten, eine Belohnung sein.

Das zweite von mir gewählte Zitat verbindet Zuversicht mit dem Glauben an das Unsichtbare: Glaube ist die Überzeugung von den Dingen, die man nicht sieht, eine Zuversicht, eine Hoffnung. Entspricht das nicht dem allgemeinen Verständnis von Glauben? In der Mittelschule hatte ich Gelegenheit, mich vertieft mit den Religionen auseinanderzusetzen. Dabei wurde mir klar, dass immer Fragen offen bleiben, wenn es um «die Seele», «den Himmel» und das letzte Glück geht. Zuversicht, die aus dem Glauben kommt, muss sich für mich auf Unbewiesenes stützen. Es gibt nicht auf alles eine Antwort, es lässt sich auch nicht alles verstehen, auch nicht aus der Religion heraus. Aber die Religion kann Vertrauen ins Leben, Vertrauen im Leben schenken. In ganz besonderen Momenten des Lebens wird dieses Vertrauen durch persönliche Erfahrungen bestätigt. Ich denke an Situationen, in denen das Leben aus einer schwierigen Situation heraus unerwartet eine positive Wendung nimmt. Es sind jene Gelegenheiten, bei denen der Ausspruch «Gott sei Dank» fällt. Ob ich ein glückliches Geschick tatsächlich Gott zuschreibe, ist eine sehr persönliche Entscheidung. In jedem Fall lohnt es sich, über solche Erfahrungen zu sprechen, aus Interesse am andern Menschen, aus Neugier, auch um Zuversicht daraus zu schöpfen.

Sicher können viele Menschen berichten, wie Sorgen und Probleme sie beschäftigten und sich dann schliesslich auch wieder Lösungen zeigten. Ich selbst habe verschiedentlich solche Erfahrungen gemacht. Eine besonders tief gehende erlebte ich 1985. Unsere Tochter musste an ihrem vierten Lebenstag im Kinderspital Zürich notfallmässig operiert werden. Sie hatte unter anderem eine Aortenbogenstenose. Nach der erfolgreichen Operation bemerkte einer der Ärzte, sie hätten getan, was sie hätten tun können; jetzt müsse ein Anderer helfen. Und er fügte bei: «Sie wird es schaffen.» Diese Zuversicht war für meinen Mann und mich sehr wichtig; und wir hatten sie auch. Unsere Tochter spürte dies wohl. In jedem Fall ist Zuversicht, die eigene und die der Umgebung, eine wichtige Voraussetzung für die Genesung eines kranken Menschen. Es sind diese seelischen Vorgänge, die sich schwer in Worte fassen lassen, die so viel bewirken. Unserer Tochter geht es heute gut, und wir sind dankbar, dass sie mit uns ist. Die Aussage «Darum werfet eure Zuversicht nicht weg, die eine grosse Belohnung hat» und das ergänzende Zitat «Es ist aber der Glaube eine Zuversicht auf das, was man hofft, eine Überzeugung von Dingen, die man nicht sieht» haben sich bestätigt. Unsere Tochter hat sie als Konfirmationssprüche ausgewählt.

Ursprung und Ende des Lebens sind ein Geheimnis. Nicht alle Zusammenhänge können wissenschaftlich verstanden und erklärt werden. Vieles bleibt offen. Wenige Wochen vor der Geburt unserer Tochter träumte ich von meiner Schwester; in meinem Traum hatte sie einen Unfall. Wenige Tage nach der Geburt unserer Tochter starb meine Schwester an den Folgen eines Autounfalls. Da entstand ein neues Leben und ein anderes wurde beinahe gleichzeitig genommen. Im

Jahre 1989 kam unser Sohn zur Welt. Er hat am selben Tag Geburtstag wie meine verstorbene Schwester. Das ist wie eine Geste des Schicksals, die dazu beiträgt, das Andenken an meine Schwester lebendig zu halten. Das Leben macht immer wieder unvorhersehbare Wendungen, wirft immer wieder neue Fragen auf. Viele Fragen bleiben offen. Immer wieder hat man Grund, einfach dankbar zu sein. Dankbarkeit kann auch Ausdruck sein von Vertrauen und Zuversicht. Die spirituellen Fundamente des Lebens entziehen sich in Vielem unserer Einsicht. Mit Zuversicht aber können wir wesentlich mehr zum Guten beeinflussen, als manche meinen.

II

Eine Grundhaltung, die geprägt ist von Zuversicht, hilft auch im beruflichen Alltag und in der Politik. In der Politik sind Schwierigkeiten unausweichlich. Kritik an der Arbeit oder an der Person, an den politischen Verantwortlichen insgesamt, kann bisweilen heftig ausfallen. Solche Kritik ist ernst zu nehmen; aber man darf sich davon nicht zu sehr irritieren, nicht unterkriegen lassen. Man soll den Weg gehen, den man für richtig erachtet; mit Zuversicht. Zuversicht schenkt neuen Spielraum in Situationen, in denen es eng wird. In verdichteten Problemlagen eröffnet sie neue Horizonte, schenkt geistige und emotionale Beweglichkeit. Sie kann mentale Sperren und thematische Hürden überwinden. All dies ist wichtig, um in Verhandlungen handlungsfähig, flexibel, konstruktiv und fair zu bleiben.

Zuversicht haben bedeutet selbstverständlich nicht, den Sinn für die Realität zu verlieren. In diesem Sinn hat auch Zuversicht ihre Grenzen. Zuversicht befreit; Freiheit aber erfordert auch Verantwortung. Die Grenzen der persönlichen Freiheit verlaufen dort, wo die Freiheit und Lebenssicherheit anderer Menschen beginnen. Darauf kann man sich einstellen, wenn man das Wohl des Nächsten im Blick hat. Der Zürcher Unternehmer Rolf Hiltl formulierte dies folgendermassen: «Fundamental ist, inwiefern man Verantwortung übernehmen kann. Heute spricht man ja viel von Ethik. Jeder macht sich heute seine eigene Ethik, wie es scheint. Dies finde ich heikel, da es in eine Richtung führt, die nicht mehr definierbar ist. Für Ethik braucht es ein Fundament, und dies ist in meinem Fall die Bibel. […] Es heisst darin: ‹Liebe deinen Nächsten wie dich selbst› – ein idealeres Menschenbild gibt es wohl kaum.»[1] Es ist nicht nur eine Frage der persönlichen Fairness, den Blick für die vitalen Interessen des anderen Menschen zu kultivieren. Es ist auch eine berechtigte Forderung an den Staat, der eine nachhaltige gesellschaftliche Entwicklung fördern soll. Unser Gemeinwesen bringt die langfristigen Ansprüche unterschiedlicher gesellschaftlicher Gruppen zum Ausgleich. Eine solche Politik integriert Fremdperspektiven. Dazu ist ein grundsätzlich altruistischer Blick hilfreich. Er stärkt die soziale Verantwortung und den sozialen Frieden. Nächstenliebe im weiteren Sinn schliesst auch die Natur mit ein. Wo es um sauberes Wasser, saubere Luft und Artenvielfalt geht, sind die vitalen Interessen aller Menschen betroffen. Es ist deshalb eine Frage der gesellschaftlichen Sachlichkeit, der auf Nachhaltigkeit gerichteten Vernunft und der staatspolitischen Professionalität, verantwortlich mit Mensch und Natur umzugehen. Die Schweiz hat gute Voraussetzungen hierfür. Zum einen sind die Behörden in unserer Demokratie dem offenen Gespräch verpflichtet. In der Schweiz soll jede und jeder Einzelne frei sagen können, was ihr oder ihm wichtig ist. Frauen und Männer sollen ihr eigenes Leben selbst in die Hand nehmen. Alle sind aufgerufen, aus ihrem Leben etwas zu machen – beruflich und privat. Schaffen sie das nicht allein, wird ihnen beigestanden.

Im Mittelpunkt eines persönlich befriedigenden Lebens steht indes nicht allein die Arbeit, sondern das Ganze. Ich erinnere mich gern an die alten Menschen in den Bergtälern meines Heimatkantons Graubünden. Sie erlebten die schwierigen Lebensbedingungen der Bergbauern des 20. Jahrhunderts. Dennoch waren sie zufrieden und zuversichtlich. Ihre Zuversicht gründete in ihrer Lebenshaltung und in ihrem Umfeld. Familien und Nachbarn hielten zusammen. Man war auf gegenseitige Hilfe angewiesen, war solidarisch. Dem Ausdruck Solidarität liegt das lateinische Wort *solidus* zugrunde, das «fest», «ganz», «echt» bedeutet. Solidarität ist deshalb auch Solidität und Stabilität. An Solidarität in diesem Sinn hat es Teilen der Wirtschaft in den vergangenen Jahren gefehlt. Übertriebener Egoismus und übertriebener Liberalismus haben destabilisierend gewirkt. Heute sind sich auch liberalistische Kreise bewusst, dass Mässigung die Devise der nächsten Zukunft sein müsste. So meint etwa der bereits zitierte Unternehmer Rolf Hiltl, der sich zum Liberalismus bekennt, die Bankenkrise habe ihm gezeigt, dass der Mensch mit zuviel Freiheit nicht umgehen könne. Er wünscht sich deshalb Spielregeln in der Wirtschaft und massvolle Regulierung.[2] Einen ähnlichen Schluss aus der Bankenkrise zieht Enrico Casanovas, Präsident des Verbands Bernischer Arbeitgeber-Organisationen. Mit Blick auf Boni als Lohnbestandteil sagt er: «Wir müssen zu einer einfachen Erkenntnis zurückkommen: ‹Dienen kommt vor Verdienen›.»[3]

Mässigung als Prinzip ist für das Zusammenleben in unserem Land mit seiner vielfältigen Kultur und den vier

Landessprachen und mit seiner direkten Demokratie unerlässlich. Mässigung hat auch mit Rücksicht zu tun. Ein Interessenausgleich zwischen den schweizerischen Volksgruppen ist nur durch Kompromissbereitschaft, Konzilianz und letztlich eben nur durch Mässigung möglich. Die Identität aller Kantone und damit diejenige der Schweiz fusst auf gemeinsamen Wurzeln. Die Religion spielt dabei eine wichtige Rolle. Die Schweiz ist kein religionsloser, sondern ein christlicher Staat. Christliche Werte prägen bis heute unsere ethischen Leitlinien. Die Präambel – die einleitenden Worte in unserer Bundesverfassung – machen dies deutlich: «Im Namen Gottes des Allmächtigen.»

Die gemeinsame Verantwortung drückt sich auch im gemeinsamen Schwur aus; so im Rütlischwur, der zum Schweizer Gründer- und Staatsmythos wurde. Auch Mythen wollen und können eine Quelle der Zuversicht sein. Deshalb darf man Mythen nicht einfach rauben oder diese profanisieren.[4] Mythen sind ein Teil unserer Identität, verdichtet zu einer Geschichte. Der Rütlischwur ist in die Bergwelt der Innerschweiz gelegt worden. Berge sind unvermeidlich mit der Identität der Schweiz verbunden. Berge haben die Menschen ganz allgemein schon immer fasziniert. Sie verbinden Erde und Himmel. An Berge knüpfen sich Gefühle der Grösse, der Grossartigkeit und der Hoffnung. Das volkstümliche Beresinalied[5] gab Schweizer Soldaten die Zuversicht: «Darum lasst uns weitergehen, weichet nicht verzagt zurück; dort in jenen fernen Höhen wartet unser noch ein Glück.» So passen Berge gut zum Pathos des Schweizer Gründungsmythos. Sie sind Teil unserer Zuversicht.

Wenn ich zu Hause in Graubünden bin, begebe ich mich gerne in die Berge. Dabei wird mir meine tiefe Verwurzelung mit meiner Heimat besonders bewusst. Von der Höhe aus geniesse ich den Blick in die Weite. In den Bergen ist das Leben oft unberechenbar. Man lernt, dass manche Dinge nicht zu kontrollieren, sondern einfach zu akzeptieren sind. Unvorhergesehener Schneefall kann das Vorankommen blockieren. Die Gefahr unerwarteter Felsstürze und Bergrutsche droht zu jeder Jahreszeit. Schnee- und Schlammlawinen können ganze Dörfer zerstören. Man hat sich darauf einzustellen. Bei einem grossen Unwetter wurden im November 2002 zahlreiche Dörfer im Kanton Graubünden von Schlammlawinen beschädigt. Ein Dorfteil der Gemeinde Schlans wurde mit Schlamm zugedeckt. Die Bewohner des Dorfes mussten evakuiert werden. Graubünden erhielt grosse militärische Unterstützung durch den Bund. Ich war zu jener Zeit unter anderem kantonale Militärdirektorin und auch zuständig für den Bevölkerungsschutz. Bei meinem ersten Besuch vor Ort beeindruckte mich ein junger Kompaniekommandant: Auf Bitte der Einheimischen hatte er veranlasst, dass als eine der ersten Örtlichkeiten der Friedhof von den Schlamm-Massen geräumt wurde. Vor allem älteren Leuten war es ein grosses Bedürfnis, die Gräber der Menschen, die ihnen lieb waren, besuchen zu können. Sie konnten daraus wieder Zuversicht schöpfen.

In der Mitte des christlichen Glaubens und der Theologie steht der Mensch und die Frage, worauf er sein Leben bauen kann. Bereits in meiner Schulzeit interessierte ich mich sehr für Religionsgeschichte und theologische Fragen. Heute beobachte ich den gesellschaftlichen Stellenwert der Religion mit grossem Interesse. Unsere Kirchen leisten viel in den Bereichen Seelsorge und Lebenshilfe. Und sie sind zunehmend mehr gefordert. Moralische Ideale, die die Kirchen vermitteln, sollen Leitsterne sein für die Zuversicht. Der katholische Theologe Andreas Battlog schreibt in einem kürzlich erschienenen Aufsatz: «Christlicher Glaube stiftet zum Vertrauen an: auf Gott als eine personale Macht und Grösse und in weiterer Folge auf die Mitmenschen.»[6] Vertrauen ist ein Wegbereiter zu den eigenen und den gesellschaftlichen Ressourcen. Wo der christliche Glaube und die Kirchen das berechtigte Vertrauen stärken können, leisten sie einen wichtigen Beitrag zu einem lebenswerten Leben in unserem Land. Krisen und schwierige Situationen geben immer wieder Anlass, über solche Zusammenhänge nachzudenken. Die Krise lässt zeitlose Werte neu aktuell werden. Der schon zitierte Präsident des Berner Arbeitgeber-Verbandes hat dies treffend so formuliert: «Lange Zeit vermochten viele Werte in unserer Arbeitswelt einer Nachhaltigkeitsprüfung nicht standzuhalten, es handelte sich vor allem um Scheinwerte. Inzwischen zählen wieder andere Werte: Vertrauen, Sicherheit, der menschliche Umgang miteinander, der Zugang zum Chef, das Verwirklichen eigener Ideen, der Stolz auf die eigene Leistung. Und es herrscht auch mehr Offenheit bei Fehlern. Man ist wieder bereit zu sagen: Jetzt habe ich einen ‹Seich› gemacht. Der Tanz um das Goldene Kalb ist vorbei.»[7]

Ich kann mich dem nur anschliessen.

1 «Ich bin Unternehmer nicht Pfarrer». Interview mit Rolf Hiltl, Gastrounternehmer in Zürich, in: Organisator. Das Magazin für KMU, Nr. 4/24, April 2009, Zürich 2009, 6–8 (Hiltl).

2 Ebd. 8.

3 «Dienen kommt vor Verdienen». Interview mit Enrico Casanovas, dem neuen Präsidenten des Verbandes Bernischer Arbeitgeber-Organisationen, in: Der Bund, Nr. 92/ Mittwoch, 22. April 2009, Bern 2009, 9 (Casanovas).

4 Die neue Dauerausstellung «Geschichte Schweiz» der Schweizerischen Landesmuseen widmet dem Schweizer Mythos besondere Aufmerksamkeit. Ein Mythenrad (grosses drehendes Rad) gibt bei jeder Drehung neue Einsichten frei. Zu lesen in: Kulturmagazin, hg. v. Schweizerische Landesmuseen, Nr. 2 / 2009, 13.

5 Das Beresinalied wird einem Oberleutnant Leger aus dem Glarnerland zugeschrieben, der Schweizer Soldaten in den Kämpfen an der Beresina führte.

6 Andreas R. Batlogg: Glauben heisst Vertrauen, in: Vertrauen – Anker einer freiheitlichen Ordnung, hg. v. Gerhard Schwarz, Zürich 2007, 149.

7 Casanovas 9.

WAS DER MENSCH BRAUCHT: TREUE

Im Anfang war das Wort

(Johannes 1,1a)

Das Wort

Wie die Schlangenkurven einer Doppelhelix haben sich in meinem Leben Religion, Philosophie und Literatur miteinander umwunden. Als Protestant geboren, früh in die jüdischen Riten eingeführt, dann bezaubert von der islamischen Blütezeit in Al Andalus, bald mit Hermann Hesse in die Schatzkammern des Buddhismus eindringend, dort begeistert der Zen-Philosophie folgend, dem Tibetanischen wie dem Ägyptischen Totenbuch schaudernd ausgeliefert, trat ich mit der Eheschliessung in den Schoss der katholischen Kirche ein, deren Wurzeln im Nahen Osten mich in die alte europäische Kultur zurückführten. Als Journalist, PR-Berater von Unternehmern, Politikern und einigen grossen Stars, Autor etlicher Bücher, Talkmaster und Vortragsredner verbrachte ich meine Jahre, hybrid und offen für vieles, neugierig, der *vita activa* zugeneigt. Heute am lichthellen Zürichsee lebend, den Glanz der Walliser Alpen geniessend, in Berlin den Kampf des neuen Europa erlebend und in der Algarve darüber nachdenkend, warum die Empires eine so kurze Lebenszeit haben. Meine Frau und zwei Söhne stützen mich dabei.

I

Ob der Mensch von den Bäumen herab in die Savanne niederstieg, um sich doch wieder aufzurichten, damit seine Augen weit über das Gelände schweifen, Gefahren erkennen oder Nahrung entdecken konnten, oder ob er sich aus dem Schlamm erhob, um in Gottes Hand Form zu werden, hat mich stets als fantastische Geschichte in Bann gezogen, wenngleich ich mich weigerte, ihr auch nur im Geringsten zu glauben. Während einer mehrwöchigen Retraite vertiefte ich mich mehr als üblich in die Bibel, dem Gang der Geschichte(n) folgend. Ein Wort aber liess mich seitdem nie mehr los: «Im Anfang war das Wort».

Gottes Wort wurde uns Menschen, die wir ihm ähnlich sein sollen (was ich für eine schreckliche Beleidigung Gottes halte, denn er darf uns nicht ähnlich sein, das wäre schrecklich), geschenkt. Es quoll von unseren Lippen, vielleicht erst ein-, dann bald zweisilbig, schrill befehlend oder warnend über die Weite hinweg, dann brummelnd und murmelnd wie leichter Wellengang in Höhlen tönt. Allmählich, der Gaumen hatte sich geweitet, wurden wir artikulierter, präziser, woraus jener Tag wuchs, wo wir uns des Wortes voll bewusst wurden und es seither benutzen. Im Anfang war das Wort. Ein heiliger

Satz, der mich mein ganzes Leben begleitet und nicht selten verführt hat, es zu ergreifen. Das unbeteiligte Schweigen der Menschen, wenn es um das Heute oder Morgen ihrer Existenz geht, war mir stets unheimlich. Dieses dumpfe Verhalten erinnerte mich dann doch an den aus Lehm geformten Menschen, aus dessen Form, dessen Gesicht, die *per sona* nicht durchschimmert, jenes Tönen, das aus einer Maske einen Menschen macht. Früh und immer wieder ergriff ich das Wort:

Zum Preise Friedrich Schillers vor seinem Denkmal, seine Forderung nach Freiheit in die Gegenwart zurückrufen.

Für die Hungernden in Biafra, was sich als schrecklicher Irrtum herausstellte, da die Menschen dort zwar hungerten, aber die Ölfirmen diese Katastrophe bewusst ausgelöst hatten, um die Bohrfelder unter sich aufzuteilen.

Als Sprecher der Soldaten, deren Wohn- und Lebensumstände ungenügend waren, weshalb die Offiziere, zu denen ich bald selbst gehören sollte, Zugeständnisse machen mussten. Als Sprecher der jungen Liberalen, der über das Land zog, um den Einfluss der «Schwarzen» und der «Roten» zu bekämpfen. Dies machte mir grossen Spass, erkannte ich doch früh, dass altes Bürgertum zur Sprachlosigkeit neigt und der Linken neben ihren Idealen doch der Mut zur revolutionären Praxis fehlte.

Bald zum Fernsehen gerufen, trat statt dem geschriebenen das gesprochene Wort für mich in den Vordergrund. Bald spürte ich, wie die Menschen auf das Wort aus dem Fernseher reagieren. Den O-Ton lernend, das Kamera-Auge nicht scheuend, sprach ich direkt zu den Menschen, ihnen die Mode, die Schweiz, ein neues Auto oder einen Skandal erklärend. Das Gefühl wuchs in mir, wie aus der Sprache Sicherheit entsteht, wie Führung sich entfalten kann, wie ein Rhythmus die Menschen ergreift und diese meistens gezwungen sind, ihm zu folgen.

Der Homo sapiens ist erst durch das Wort entstanden, fasst diese Gabe doch die besondere Kraft, sich durch das Denken zu artikulieren. In diesem Augenblick trennten sich die Wege der alten Menschen von denen der heutigen. «Spreche, damit ich dich erkenne», sagen die alten Weisen. Aus dem Wort entwickelt sich die Welt, entstehen Liebe und Hass, Aufsicht und Einsicht, wachsen Leistung und Niederlage.

Natürlich hat jeder Mensch sein Wort, obwohl es überall männliche wie weibliche Lebewesen gibt, denen man absprechen möchte, sie hätten die Bäume je verlassen. Was aus diesen Mündern kommt, entspricht nicht dem Geist Shakespeares und Voltaires, weiss nichts von Börne und Heine, hatte weder Zugang zu Dürrenmatt noch zu Frisch und versteht unter Calvin nur Unterhose. Offensichtlich handelt es sich bei diesen retardierten Spezies, die sich nicht ganz zur Vollkommenheit christlich-humanistischer Seinsweise aufrichten konnten, um Mitglieder jener «Biomasse», wie sie einst von Helmut Maucher in einer schwachen Minute bezeichnet wurde.

Wer am Anfang das Wort hat, will die Meinungshoheit gewinnen, ganz wie Nicolas Sarkozy, der nach seinen Worten zuerst die kommunikative Lufthoheit sichert, um dann die Fusstruppen durch die Strassen Frankreichs zu senden. Das Wort kann ein Hammerschlag sein («*J'accuse*»), es kann auffordern («*Allons enfants de la patrie ...*»), es kann den Weg zur Verzweiflung führen («Das Schöne, das wir erleben, ist nur der Beginn des Schrecklichen ...»), und es kann trösten. Wer den ersten Schritt tut, muss gut bedenken, was die weiteren sein werden. Jede Aktion wird eine Reaktion auslösen, die den, der das erste Wort nimmt, aus den Schuhen und von der Bühne des Lebens werfen kann.

Deshalb liebe ich diesen gefährlichen Begriff, der den ersten Schritt auf dünnes Eis bedeuten kann, der eine Beziehung begründen, aber auch zerstören kann, der Türen in neue Welten öffnen oder zuschlagen kann. «Im Anfang war das Wort», die Fähigkeit zu artikulieren, was im Gehirn zuvor gedacht wurde, die Fähigkeit, sich die Erde untertan zu machen, wie es später in der Bibel heisst, die Menschen zu Untertanen zu machen oder zu Herren. Alles dies liegt in fünf Worten, die den Wert einer jeden Marke übertreffen, denn sie haben eine Welt geschaffen und werden noch lange leben – auch dann, wenn den Menschen, was immer wieder der Fall sein wird, das Wort verweigert oder ganz genommen wird. Das Wort, das dem Menschen einst von Gott und der Natur gegeben wurde, wird er sich nicht mehr nehmen lassen. Wie gross dieser Gedanke ist, vermag nur zu verstehen, wer der Kurzfristigkeit des «Menschenzoos», wie er jetzt zu entstehen im Begriff ist, den langen Atem der Aufklärung und der Entwicklung entgegensetzt.

Das ist natürlich höchst beunruhigend in einer Zeit, in der die katholische Kirche sich in einem dauerhaften Prozess der Rückkehr zu ihren Wurzeln befindet, in der die reformierte Kirche kaum mehr das Wort findet, um zu den Gläubigen zu gelangen, und allerlei Scheinkirchen den Eindruck erwecken, sie würden das Wort des Herrn predigen, wo es sich doch nur um die Worte ihrer Herren handelt.

Das ist auch höchst beunruhigend in einer Zeit, in der sich auch in Europa die Demokratien in Demokraturen verwandeln, in der das einst stolze Griechenland ein Schatten seines einstigen Seins ist, in der Italien von einem früheren Barkeeper regiert wird, in der in Paris ein Abenteurer an der Macht ist, der das alte französische Bürgertum politisch so enteignet hat wie Mittal die französischen Stahlbarone. Sei es in Berlin, in London oder Bern, die Verschiebebahnhöfe der Macht verhindern, dass ein anderes Wort an die Macht kommt als das von ihnen gewünschte. Die Fertigkeit des «spins», wie er an diesen Zentren der Macht gelehrt und ausgeübt wird, beruht auch auf dem Wort, dem der Geist vorausgeht, aber es ist ein anderes Wort, eines, das der Macht gehorcht, ihr Wege öffnet, um daraus Alleen zu machen. Immer aber geht es um das Wort, *c'est la magie*.

Die Mächtigen haben Angst vor dem freien Wort wie die Bergdörfer vor dem Wasser oder dem Feuer; es kann die Mächtigen zerstören. Das ist die Kraft der Bibel, die den Letzten zum Ersten macht, die Verlorenen aufrichtet, die Nackten kleidet und die Trauernden tröstet. Daher bleibe ich nahe beim Wort, ist es doch meine Hülle und mein Kleid, meine Waffe des Angriffs und der Verteidigung. Meinen Vorfahren wurde oft die Zunge herausgeschnitten.

II

Wer ist frei? Ein Mensch, der drei Herren dient. Dient er einem, ist er meist verloren. Dient er zweien, wird jeder der beiden Herren eifersüchtig werden. Dient er dreien, ist der Mensch nahezu im Gleichgewicht, denn die stets mögliche Strafe eines Herren kann er durch die Zuneigung der beiden anderen ausgleichen.

Deshalb gibt mir die Religion ohne mein Zutun eine ganz besondere Freiheit, indem ich nicht nur meinem Volk, meinem Land, meiner Regierung oder mindestens deren Steueramt und anderen Aufsehern ausgeliefert bin. Dieser Käfig der guten und oft auch schlechten Gewohnheit wird durchbrochen von einer ganz anderen Perspektive, der des Glaubens, der Religion, dem zweiten neben dem ersten weltlichen Herrn. Nun, mancher wird mich an dieser Stelle der Harmlosigkeit beschuldigen, ist die katholische Kirche doch kein sanftes Ruhekissen für Arme, Kranke und sonst Beschädigte, sondern eine Institution, die während 2000 Jahren ein Reich schuf, wie es keine andere multinational-globale Gesellschaft schaffen konnte. Wenn Religion Opium für das Volk ist (und die dauerhafte Suchtfreiheit als Prinzip sei mir zugestanden), dann kann es kein Akt der Freiheit sein, diesem Prinzip zu folgen. Deshalb bleibt mir der dritte Herr, mein Selbst und die mein Selbst stützende Erfahrung und Umgebung. Habe ich diesen meinen dritten Herrn stabilisiert, kann ich dem zweiten wie dem ersten gerne dienen.

An dieser Stelle beginnen meine Konflikte mit der Amtskirche, die behauptet, nur durch sie führe der Weg zu Gott. Bleiben wir bei diesem römisch-kölschen-chicagobasierten Machtapparat, der seine saugenden Arme rund um den Globus gelegt hat, der ständig Arme verliert, dem dann aber neue nachwachsen, der aus dem Machtverzicht von Jesus Christus eine Struktur aufgebaut hat, die Rom wie Konstantinopel und alle Weltreiche Europas überdauert hat. Diese Leistung wird zu wenig honoriert, weil «Rom» auch nicht den geringsten Wert darauf legt, dies näher zu beschreiben. Die innere Macht soll ganz tief in der Kirchgemeinde verankert sein, wo die «Chillebank-Christen» ihrem Gemeindepfarrer gegenübersitzen.

Es ist die Macht des Wissens, des Liebens, der inneren Stärke, die von aussen bereichert, aber nicht mehr erschüttert werden kann. Keine Revolutionen mehr, ein Martin Luther war schon zu viel. Hans Küng, der Schweizer vom Sempacher See, in dem er gerne kalt badet, wäre heute vielleicht der zeitgemässere Papst, aber auch das ist nicht sicher, denn er hat Geist, aber hat er auch den Machtinstinkt?

Im Dom zu Mailand, der liberalen Gegenkirche Roms, sass ich eines nicht allzu fernen Tages in den Bänken, um den Raum auf mich wirken zu lassen, als von rechts eine Prozession schauerlich-fellinischer Prägung sich zum Altar hinbewegte. Vierzehn Mannen, die heiligen Fahnen und Paniere tragend, der eine tief gebückt, der andere rund wie ein Sancho Pansa, der dritte hinkend, der vierte mager wie eine Bohnenstange, der fünfte etc. nicht besser. Hier schritten die Feldherren der Heiligen vor mir zum Altar, eine sehr feierliche, eine sehr alte und für die heute Jungen unverständliche Prozession. Ist das meine Kirche? Man sagt, sie sei es.

Wer es als gläubiger Laie heute wagt, in die unteren Ränge der kirchlichen Hierarchie einzudringen, wird bald eines Besseren belehrt. Dient er oder will er nur Fragen stellen, die die Autorität längst besser gestellt und umfassend beantwortet hat? Die Kirche ist im Begriff, sich nach unten abzuschliessen wie eine Raumkapsel, die einmal auf der Erde gelandet ist, deren Besatzung Kontakt mit den Irdischen wohlwollend aufgenommen hat, um dann zu erkennen, dass damit das Wohl der Kirche nicht zu bewahren ist. Jetzt hebt das Raumschiff Katholische Kirche wieder vom allzu weltlich gewordenen Boden ab, um in die Höhen reinen Glaubens zurückzukehren. Was die Kapitäne an Bord, die Bischöfe und Erzbischöfe, die Kardinäle und Sonderbeauftragten erwarten, ist unsere gläubige Huldigung, unser ewiges Erwarten, das schon zweihundert Jahre gedauert hat, warum nicht einige mehr?

In dieser Not flüchten viele junge, aber auch ältere Menschen in christliche Vereinigungen, die wieder «Liebe und Enthusiasmus» praktizieren. Ich sehe darin, aus der verschwundenen Postmoderne auftauchend, wieder eine Renaissance der Romantik kommen, die mehr ästhetisch als moralisch auftritt. Diesem Zerfall des strengen Denkens, das die Form über die Leidenschaft stellt, setzt sich gerade die katholische Kirche entgegen. Sie versteht Religion seit zwei Päpsten wieder als Ordnungsmacht, die ihre Unabhängigkeit von subjektiver Religiosität wieder zurückgewinnen will. Das mag für das scheinbar freie Individuum eine schlechte Nachricht sein, aber die Kirche kann daraus nur gewinnen – wobei ich die sich im freien geistigen Flug befindenden vermeintlichen Individuen aus der Sicht Roms verlorengeben würde. Sie haben sich – seit über 200 Jahren – zu weit vom Raumschiff Kirche entfernt, als dass sie ein Ruf zurückbringen könnte. Gute Reise. Der Gewinn für die Kirche liegt in der Chance, sich auf ihr Eigentliches rückzubesinnen, die Vermittlung eines Glaubens, der nicht von dieser Welt ist, einer Möglichkeit, die gerade uns Europäern, die sich geopolitisch im Niedergang befinden, einen Weg aus der irdisch-endlichen Falle aufzeigt.

Nicht fremd sind mir jene konservativen Katholiken, deren Glaube auf Grundbesitz beruht (ohnehin ein langsames Geschäft) und auf tiefer Verankerung in einer traditionell ausgerichteten Gesellschaft basiert. Meine Frau und ich wurden einmal geladen, einer feierlichen katholischen Bruderschaft beizutreten, wo die Männer auf Filzmänteln das Georgskreuz der alten Jerusalem-Ritter trugen, die Frauen, mehr Damen, mit Spitzhüten und langen Mänteln über Kieselsteine schritten, um sich einem Gottesdienst von solcher Seligkeit hinzugeben, dass ich mich heute noch daran erinnere. Zuerst blickte mich meine Frau an, die dem alten Glauben noch viel treuer ist, als ich es je war, lachte kurz und sagte: «Nie!» Damit war die Sache für uns beide erledigt, denn auch ich sah mich nicht als den späten Ritter von der traurigen Gestalt, dem Gewand und Ross beschert wird, um alte Kämpfe rituell zu wiederholen. Wo ist der Feind?

Wie Sie sehen, liebe ich meine Kirche und deren Sitten, sind sie doch von einer derartigen Vollkommenheit, dass kein Ritual des hoch angesehenen Schweizer Nestlé-Konzerns an jene herankommt, zu denen Regierungschefs, Schauspieler, Sänger und andere Komödianten nach Rom pilgern, den Ring des Papstes zu küssen. Ist es Götzendienst?

Kann ich meine Kirche dennoch lieben? Als bekennender Europäer muss ich dies tun, denn weder buddhistische Zaubereien noch kabbalistisches Zahlenwerk, dessen Schönheit und Präzision ich nicht unterschätze, bieten mir eine gleiche Heimat. Den Zauber des Zen finde ich auch im mystischen Christentum, die Entschiedenheit des Islam im Alten Testament. Christsein gibt eine Kraft, die recht verstanden und gut eingesetzt werden will. Es sollte mit der Kirche gelingen, nicht gegen sie.

Jesus Christus ist eine andere Sache, denn er war vor der Kirche. Wahrscheinlich hat im Nahen Osten, manche sagen auch im Jemen, in jenen Zeiten jemand gelebt, der ihm nahekam. Den Rest schufen die Legenden, solche, wie sie zu schreiben auch ich gewohnt bin. Es gibt keinen Grund, die Bergpredigt nicht erschütternd zu finden. Es gibt keinen Grund, sein Aufbegehren gegen die Händler im Tempel nicht zu bewundern. Es gibt keinen Grund, seinen Tod, wie immer er geschehen sein mag, nicht ausserordentlich zu finden («Warum hast du mich verlassen?»).

Wer diesem Vorbild folgt, geht auch heute keinen schlechten Weg, und ich kenne manchen Priester, der den Christus als seinen Fluchtweg aus der Kirche empfindet. Später.

An Jesus Christus zu glauben, wo immer er hergekommen sein mochte, ist kein schlechter Weg für dieses Leben. Millionen sind ihn gegangen und gehen ihn noch heute. Auf den Knien über den grossen Vorplatz in Fatima. In Santiago de Compostela, das ich im 8-Zylinder ansteuerte, denn die Fusswanderung war mir doch zu mühselig, wo so manche ihre Hände in die dunklen Löcher einer Säule am Glorientor stecken, das kann nicht Jesus Christus sein, das ist die Kirche mit ihren Traditionen.

Erlebt habe ich das Wunder des Glaubens im Heiligen Land, wo mich auf dem Berg Tabor, der nur ein Hügel ist, ein kristallenes Licht ergriff, das kaum irdisch sein konnte. Ich sehe es heute noch. Wahrscheinlich kann uns die Botschaft des Herrn in solchen Ländern, deshalb auch in Rom, leichter erreichen als in den düsteren Wäldern der Kelten und Germanen. Ich glaube noch heute nicht, dass Jesus Christus uns alle im Norden der Alpen erreicht hat oder ob es nicht ein wenig christliche Tünche ist, die uns von den Heiden unterscheidet. Christus kam nur bis Eboli; bis wohin kam er wirklich? In mein Herz?

Damit ist klar, dass ich die Botschaft des Herrn der Botschaft der Päpste, Kardinäle und Bischöfe sowie deren Generalsekretäre vorziehe. Letztere sind mir zu zeitgebunden, zu diesseitig, zu wenig sicher im Glauben. Wahrscheinlich bin ich mehr russischen Mystikern denn modernen Glaubensmanagern zugewandt, die ihr Bild auf Gross-Bildschirme übertragen lassen, verfolgt von allen TV-Stationen der Welt, und dann doch Fehler auf Fehler machen. Gott mag dies dulden und sogar verzeihen. Ich nicht, ich bin nur «a Mensch».

Und die Welt – wem folgt sie? Damit meine ich jene wenigen Milliarden Menschen, auf deren Gräbern wir stehen, und jene viele Milliarden Menschen, die unsere Zeitgenossen sind. Ich habe die Tochter der Kirche, Frankreich, immer wieder besucht, aber dort wenige Christen gefunden, auch in Italien nicht. Ich bin mehrfach durch die Länder Lateinamerikas gepilgert, habe die Kirchen aufgesucht, an Gottesdiensten teilgenommen und dort entweder kaum Christen gefunden oder solche mit einem Kinderglauben, den ein Europäer seit der Renaissance, manchmal auch früher, nicht mehr vertreten kann. Unmöglich.

Die Menschen dort wie hier, sofern sie sich gläubig nennen, hängen an Jesus Christus, manchmal auch an einem Heiligen, so merkwürdig dies sein mag, weshalb die Kirche sich grosse Mühe gibt, den Faden, nein, nicht zu ihrem Gründer, das war Paulus, aber zu jenem Mysterium zu halten, das vor der Kirche war. Und die Menschen? Die Kirche mag Gutes tun, aber nach Jahrzehnten des Zuhörens, Sehens und Lernens kann ich nicht mehr glauben, dass die Kirche, die katholische Autorität, die Menschen liebt. Sie tröstet sie, sie hilft manchmal, aber Liebe? Was soll Oswald Grübel, der legendär erfolgreiche Zürcher Grossbankier, gesagt haben, als sich die von ihm besuchten Manager der damaligen Winterthur-Versicherung beklagten, man nehme keine Rücksicht auf sie? «Wollen Sie geliebt werden, nehmen Sie sich einen Hund.»

Die Kirche braucht die Gläubigen, denn sie sind, wie es sonntags heisst, die Kirche selbst. Aber «Rom», man nehme jedes Jahrhundert seines Wirkens, hat die Menschen nie geachtet. Die Berufung auf den Menschen habe ich dort stets als Ritual erlebt. Vielleicht war es diese Einsicht, die ihr Macht wie Dauer verlieh.

Jetzt steht die Welt vor und in einer Krise, wie sie seit achtzig Jahren nicht mehr gesehen und erlebt wurde. Die Armut, die man vor zehn Jahren noch als für immer sinkend und bald einmal verschwindend erklärte, greift schneller um sich als jeder Grippe-Bazillus. Wir stehen am Beginn des Endes der europäischen Nationalstaaten, die maximal zweihundertfünfzig Jahre alt sind. Irland ist wieder zwanzig Jahre zurück gefallen, die Ukraine wirft sich wieder in die Arme Russlands. In den USA schrumpft die Realwirtschaft wie in Griechenland (minus 30 Prozent) und auf der iberischen Halbinsel. Die Zinsbelastung der KMU ist in allen OECD-Staaten heute doppelt so hoch wie vor zehn Jahren, und dies in einer Zeit historisch tiefer Basiszinsen. Es findet ein «crowding out» statt, das zu einer weitergehenden Oligopolisierung der Wirtschaft führen wird. Der «Staat», auch bei uns in der Schweiz, kann immer weniger helfen, weil gerade in den bankenabhängigen Kantonen in den kommenden drei bis vier Jahren die Finanzfirmen kaum oder keine Steuern mehr bezahlen werden. Die Menschen stehen wieder an in Suppenküchen und sehen, wie ihre knappen Ersparnisse schmelzen. Gerade in der reichen Schweiz gibt es zu viele Menschen, die kaum sparen können, Tendenz steigend. Kann die Kirche Halt geben? Wer sich die Fahrtkosten nach Einsiedeln leisten will, kann vor der schwarzen Madonna niederknien und um Hilfe flehen, wie dies während Jahrhunderten dort praktiziert wurde, kann die barocken Altäre und Stukkaturen bewundern, die den Raum des Heiligen so wirkungsvoll vom Irdischen abgrenzen. Aus den Stahlgittern vor dem Allerheiligsten wächst die Perspektive, eine italienische Entdeckung der frühen Renaissance.

Trotz dieser äusseren Pracht, von der sich die bescheidenen Habite der Mönche umso mehr abheben, fragt sich, ob das Wissen von Jean-Paul Sartre und Albert Camus um die Geworfenheit des Einzelnen schon in Vergessenheit geraten ist. Je mehr die Kirche vom einfachen Menschen Abstand nimmt, ihm Hilfe anbietend, aber Distanz wahrend, desto mehr werden die Existenzialisten aus ihren Gräbern steigen, manchmal im Gewand eines Zynikers wie Peter Sloterdijk. Vor der Wahl, ins Uferlose hinauszudriften, in die Werke der Vergangenheit sich zurückzuziehen oder in der Idylle heimisch zu werden, ist das Angebot der Kirche heute für viele Menschen nicht ausreichend. Sie kann den Sturz in die Armut nicht verhindern, weil sie dies nie als ihre Aufgabe betrachtete, sie kann die Hungernden nicht wirklich füttern, wenn einige Priester dies auch versuchen. Der Papst kann in diese Welt, wie sie ist, nicht hinein gehen, denn seine roten Schuhe würden der rauen Wirklichkeit keine Stunde standhalten.

Dem Klugen bleibt die Stoa, die auch den Kirchenfürsten nicht fremd ist. Es ist eine herrscherliche Weisheit angesichts einer Welt, die so traurig ist, dass sogar die Tränen versiegen. Der Mensch ist auf der einstündigen Weltenuhr, die die Zeiten schrumpfen lässt, gerade drei Sekunden alt. Bevor die Erde vielleicht mit dem Andromeda-Nebel kollidiert oder in der Sonne verbrennt, werden zwei weitere Stunden vergehen. Wir sollten also unser sternenfunkelndes Leben nicht zu hoch bewerten. Die Kirche macht mir ein Angebot, das, trete ich darauf ein, auf jeden Fall den wenigen Oberen auf dieser Welt mehr nützt als den vielen Unteren, denen die Kirche das Glück erst im Jenseits verspricht. Ihnen das Wort des Christus entgegenzustellen, wird von zu vielen, sei es innerhalb oder ausserhalb der Kirche, als Gefahr empfunden. Deshalb kann die Welt täglich neu geboren werden; ohne das Wort jedoch wird die Schöpfung stumm und unerklärt bleiben.

WAS DER MENSCH BRAUCHT: ETHISCHE WAHRHEITEN – AUCH AUS NICHTRELIGIÖSEN TEXTEN

Der Text, der mir eine ethische Botschaft vermittelt, stammt nicht aus der Bibel, sondern aus einem modernen Märchen, das seit seinem Erscheinen 1943 Weltruhm erlangt hat, mir noch heute beglückende Lektüre schenkt und in über hundertfünfzig Sprachen übersetzt worden ist. Es handelt sich um «Der kleine Prinz» von Antoine de Saint-Exupéry. Seit Jahren lese ich das schmale Bändchen mit den liebenswürdigen, scheinbar naiven Zeichnungen des Autos immer wieder, obwohl ich den Inhalt im Wesentlichen aus dem Kopf erzählen könnte.

Der Fuchs und die Rose

Es ist vor allem die Geschichte vom Fuchs und der Rose, die mich bewegt, weil sie mir ein beispielhaftes Verhalten zeigt, um das ich mich selbst bemühe.[1]

Der kleine Prinz liegt weinend im Gras. Ein Fuchs kommt

auf ihn zu, mit dem der kleine Prinz spielen möchte, um seine Traurigkeit zu überwinden. Der Fuchs lehnt es ab mit der Begründung, noch nicht gezähmt zu sein. Der kleine Prinz will wissen, was das heisse. Das sei eine vergessene Sache, sagt der Fuchs: «Es bedeutet, sich ‹vertraut machen›», und fährt fort: «[…] wenn du mich zähmst, werden wir einander brauchen. Du wirst für mich einzig sein in der Welt. Ich werde für dich einzig sein in der Welt […]» Der kleine Prinz beginnt zu verstehen: «Es gibt eine Blume […] ich glaube, sie hat mich gezähmt […]»

Auch der Fuchs wünscht sich nachdrücklich, vom kleinen Prinzen gezähmt zu werden. Dieser zögert und muss sich vom Fuchs belehren lassen, dass echte Freundschaft nur erwerbe, wer Geduld aufbringe. Davon überzeugt, kommt der kleine Prinz zum Fuchs zurück, der ihm dafür sein Geheimnis offenbart: «Hier ist mein Geheimnis. Es ist ganz einfach: Man sieht nur mit dem Herzen gut. Das Wesentliche ist für die Augen unsichtbar. […] Die Zeit, die du für deine Rose verloren hast, sie macht deine Rose so wichtig. […] Du bist zeitlebens für das verantwortlich, was du dir vertraut gemacht hast. Du bist für deine Rose verantwortlich […]»

«‹Ich bin für meine Rose verantwortlich…›, wiederholte der kleine Prinz, um es sich zu merken.»

Verantwortung, Vertrauen, Zeit

Die mit dem kleinen Prinzen geführten Lehrgespräche des Fuchses lassen sich in vielfältigster Weise interpretieren. In den schlichten Worten stecken schwierige und grosse Wahrheiten. Die berühmteste – «Man sieht nur mit dem Herzen gut. Das Wesentliche ist für die Augen unsichtbar.» – besticht mich mit ihrer wunderbaren Formulierung. Die Aussage trifft auch zu auf meine Auseinandersetzung als Architektin mit den Bauten. Ein Bau überzeugt letztlich nicht mit seinen präzis messbaren und beschreibbaren Qualitäten, sondern mit seinem Wesen, das sich mehr dem Herz als dem Kopf erschliesst.

Die für mich entscheidende Bedeutung des «Rosen-Kapitels» liegt aber in der Erkenntnis, dass zur Liebe die Verantwortung für den geliebten Menschen gehört. Das bedingt wiederum ein gegenseitiges Vertrauen, das nur allmählich entsteht. Das vertrauensvolle Füreinander braucht Zeit. Sich mit Empathie Zeit nehmen gilt in gleicher Weise für die Freundschaft. Überhaupt: Nicht allein der private, sondern auch der alltägliche und berufliche Umgang mit Menschen verlangen die Bereitschaft, Zeit aufzubringen. Wenn sie als kostbares Gut fehlt, dann beginnen die zwischenmenschlichen Probleme.

Es geht um die biblische Nächstenliebe in der prägnanten und anspruchsvoll fordernden Form des Matthäusevangeliums: «Du sollst deinen Nächsten lieben wie die dich selbst.» Das ist wohl der Kern der Erzählung vom kleinen Prinzen, dem Fuchs und der Rose. Diese Folgerung erscheint mir auch darum plausibel, weil Antoine de Saint-Exupéry religiös erzogen wurde, nämlich zunächst in einem französischen Jesuiten-Internat und dann in einem schweizerischen Internat der Marianisten.

Nach dem Leben greifen

Doch mit dieser Interpretation ist für mich die Erzählung noch nicht ausgeschöpft. Ich erkenne in ihm auch den Jesaja-Text (10,10) «Ich gebe dir dein Leben als Beute.» In meinem

Verständnis heisst dies, dass das Leben immer vor uns liegt. Wir erringen es jeden Augenblick neu. Wir haben es nicht ein für alle Male. Wir rennen hinter ihm her. Es läuft uns davon. Gerade das macht die Spannung aus: dass wir uns nicht ausstrecken können nach einem Ziel, sondern Visionen haben müssen, Träume, Hoffnung und Elan.

Das Leben wird uns geschenkt, indem wir nach ihm greifen. Wir finden es im Anderen, in der Begegnung. Nur am Du werden wir zum Ich, wie Martin Buber es ausdrückt. Das Menschwerden geschieht im Dialog, im Gespräch, im Miteinander. Darin werden wir «Beute machen»: das «Leben in Fülle», wie es im Johannesevangelium heisst. Alle Religionen verheissen diese Fülle: mit unterschiedlichen Worten, doch einig, dass dies in der Liebe, im Mitgefühl, in der Barmherzigkeit erfahren wird – interessanterweise eher, wenn wir Barmherzigkeiten gewähren, als wenn wir sie empfangen. Denn auf Mitgefühl oder gar Mitleid angewiesen zu sein, ist eine erniedrigende Erfahrung. Mitgefühl – und noch gefährlicher: Mitleid – zu zeigen, kann überheblich machen. Mir gefällt der Spruch in der alttestamentlichen Weisheitsliteratur: «… gib mir weder Armut noch Reichtum, sondern einfach das Brot, das ich jeden Tag brauche. Im Reichtum könnte ich stolz werden und denken: Wer ist denn schon Gott? In der Armut hingegen könnte ich zum Dieb werden und so dem Namen Gottes Schande antun» (Sprichwörter 30,8 f.).

«Mein Leben als Beute» heisst: Ich bilde mir nicht ein, alles selbst geleistet und errungen zu haben, ich weiss, vieles war Glück und Zufall, andere haben mitgeholfen. «Was hast Du, was Du nicht empfangen hättest?» fragt Paulus (1. Korinther 4,7). Darum stelle ich zur Verfügung, was ich habe: Wissen, Bildung, Besitz, Zufriedenheit, Glück. Ich habe es nicht für mich. Und ich sammle die Erfahrung, dass diese

Werte sich vermehren, wenn man sie teilt. «Liebe ist das einzige, das wächst, wenn wir es verschenken» (Riccarda Huch). Die Beute ist gross, wenn wir mit leichtem Gepäck auf den Weg gehen; wenn wir vollgepackt reisen, haben wir keine Aufnahmekapazitäten mehr.

Innere Orientierung

«Der kleine Prinz» öffnete und öffnet mir eine geistige und durchaus religiöse Welt, aus der mich für die reale Welt eine höhere Orientierung erreicht. Sie leitet mich als mein inneres Steuer.

In freundschaftlichen und geschäftlichen Gesprächen rede ich nie in Bibelworten. Auch aus dem «kleinen Prinzen» zitiere ich keine Weisheiten. Was mich innerlich bestimmt, trage ich nicht vor mir her. Ich gebe mir Mühe, richtig zu handeln. Nicht die ethischen Pläne und Absichten zählen, sondern die Taten.

Als Architektin ist mir die Wichtigkeit der Pläne klar. Sie müssen sich im Bau vollenden. Auf ihn kommt es an. Die Praxis ist seine Bewährung. Im Gebauten müssen sich die Menschen wohnend und arbeitend wohl fühlen.

Ob die Religionen in die Welt zurückkehren? Sie waren immer da. Frieden stiftend und Unheil anrichtend. Wir sind die erfreuten und gleichzeitig die empörten Zeugen. Das Wechselbad ist manchmal schwer zu ertragen.

Die Frage wäre, ob die Religionen zu den Menschen zurückkehren, segensreich zu jedem Einzelnen, das Denken und Handeln auf dem Weg zu einer besseren und friedlichen Welt bestimmend. Jedenfalls nicht nur als rituelle Programme für Taufe, Hochzeiten und Beerdigungen.

Die christliche Weltanschauung ist insofern nicht zu mir zurückgekehrt, als ich auf eine selbstverständliche Art, ohne jeden Eifer oder gar Frömmelei, christlich erzogen worden bin. Die mir vertrauten Werte habe ich im modernen Märchen vom «kleinen Prinzen» in packend anschaulichen Worten gefunden.

Der hohe Anspruch

Das Finden der Orientierung ist die eine Sache. Die andere: sich durch alle Fährnisse des Alltags hindurch unbeirrt an die Orientierung zu halten. Das gelingt mir nicht immer. Es fehlt die Zeit und mit ihr die Geduld für den Mitmenschen. Ich hetze von der Lösung des einen Problems zur Lösung des nächsten. Der Termindruck sitzt mir im Nacken. Damit bin ich kein Einzelfall. Auch meine Umgebung blickt auf den Sekundenzeiger. Wir haben uns alle miteinander in der Effizienz arrangiert und darin, sie einzuschränken auf die Schnelligkeit und Pünktlichkeit. Die Pflege des Menschlichen und der tieferen Beziehung zum Mitmenschen halten wir für einen Luxus. Als unverzichtbar stufen wir Tempo und Leistung ein. Wir sind stolz, auch ich, auf das effiziente, rationale, perfekt organisierte Durchhalten in der Atemlosigkeit.

Ich muss das Atemschöpfen immer wieder neu lernen. Wenigstens dies habe ich als Notwendigkeit begriffen. Denn «Der kleine Prinz» ist meine innere Stimme, die sich mit Beharrlichkeit meldet.

Es war vor einigen Jahren mein gründlich bedachter, aber im Grunde genommen selbstverständlicher Entschluss, meine zweite Ehe kirchlich einzugehen. Nicht die äussere Form zählte. Wir mussten auch keine familiären Erwartungen erfüllen. Mein Mann und ich konnten völlig frei entscheiden. Wir wollten für unsere Lebensgemeinschaft das christliche Fundament.

Rückkehr der Religion in die Welt? Für mich nicht. Sie war mir, soweit meine Erinnerung zurückreicht, präsent und vertraut und wertvoll. Religion trägt mich und fordert mich. Es hat sich in meinem Architekten-Beruf bestätigt. Bauen ist, in aller Demut gesagt, eine Verantwortung gegenüber dem grossen Ganzen.

---

1   Die Textauszüge sind entnommen aus Antoine de Saint-Exupéry: Der Kleine Prinz. Mit Zeichnungen des Verfassers, ins Deutsche übertragen von Grete und Josef Leitgeb, ⁴⁷1993, Kapitel 21, © 1950 und 2008 Karl Rauch Verlag, Düsseldorf.

WAS DER MENSCH BRAUCHT: JESUS CHRISTUS ALS MITTE DES LEBENS

Glaube an den Herrn Jesum Christum, so wirst du und dein Haus selig. (Apostelgeschichte 16,31)

I

So steht es in der zittrigen Schrift meiner kranken Mutter als Widmung vorne in der Bibel, die mich bis heute täglich begleitet. Zu meinem zehnten Geburtstag, also vor bald fünfundfünfzig Jahren, hat mir meine Mutter eine Zürcher Bibel geschenkt. Sie war offensichtlich der Meinung, dass die Zeit der Kinderbibeln für ihren jüngsten Sohn nun vorbei sei. Ich bin heute noch erstaunt, dass meine Mutter es dem Zehnjährigen zutraute, die ganze Bibel zu lesen. Aber ich hatte mir nichts sehnlicher gewünscht, als eben dies: eine richtige Bibel zu haben.

Und ich habe auch gelesen in dieser Bibel: als Jugendlicher, der vor allem die alttestamentlichen Geschichten spannender fand als Winnetou, als Heranwachsender, der Theologie studieren wollte, als Student, der sich eine Übersicht über die Heilige Schrift als Ganze zu verschaffen hatte, als Pfarrer, der Sonntag für Sonntag predigte, als evangelischer Christ, der jeden neuen Tag, den Gott ihm schenkt, mit einem Psalm und einem Abschnitt aus dem Neuen Testament anfängt, als dankbarer Ehemann, Vater und Grossvater, der weiss, dass er nun im Herbst des Lebens steht. Immer war es die Bibel, die Bibel mit der Widmung meiner Mutter, die mich da begleitete. Fast jede Seite zeigt Spuren dieser Lektüre: Unterstreichungen, Randglossen, Ausrufezeichen, farbige Hervorhebungen.

Und vorn in der Bibel das Wort aus der Apostelgeschichte 16,31, die Widmung meiner Mutter. Sie schrieb es wohl aus dem Gedächtnis in der Lutherfassung «Glaube an den Herrn Jesum Christum, so wirst du und dein Haus selig.» – «Glaube an Jesus, den Herrn, und du wirst gerettet werden, du und dein Haus», so heisst es in der Zürcher Bibel 2007. Ich weiss nicht, was sich meine Mutter gedacht hat bei diesem Wort. Ein eigenes Haus, eine Familie, hatte ich noch nicht. Ich war mit meinen vier Geschwistern noch Teil einer Familie, für die andere Verantwortung trugen. Das ist anders geworden. Ich denke an meine Frau Susanne, mit der ich seit bald vierzig Jahren unterwegs sein darf. Da sind vier erwachsene Kinder, ebenso viele Schwiegerkinder und drei Enkelkinder. Tröstlich zu wissen, dass auch ihnen allen der Segen gilt, den mir meine Mutter vor fünfundfünfzig Jahren zugesprochen hat.

Das Widmungswort meiner Mutter hat mich begleitet und ermutigt. Es hat meinen Glauben, mein Denken und mein Handeln bestimmt durch viele Jahre: «Glaube an den Herrn Jesum Christum.» Christlicher Glaube ist Christusglaube, nicht allgemeine Religiosität. Bis heute ist für mich Theologie zentral Christologie: Die Botschaft von der Menschwerdung Gottes in Jesus Christus. Je mehr ich mich damit auseinandersetzte, desto offener und freier wurde mein Glauben, Denken und Handeln. Weil ich um diese Mitte weiss, schätze ich die Bibel in ihrer Vielfalt, ja, scheinbaren Widersprüchlichkeit. Mir ist dies Ausdruck lebendiger, vielfältiger Glaubenserfahrung.

Als Jugendlicher las ich viel im Alten Testament. Die Konkretheit und Lebensnähe dieser Geschichten sprachen mich an. Mich fasziniert bis heute das Erzählerische an der biblischen Tradition. Dies gilt auch für das Neue Testament und die zweitausendjährige Kirchengeschichte. Jesusgeschichten, Gleichnisse, Heiligenlegenden, Biografien von Menschen, die mit Christus zu leben versuchten, das ist mir wichtig. Franz von Assisi, Huldrych Zwingli, Martin Luther, Gerhard Tersteegen, Paul Gerhardt, Dietrich Bonhoeffer, Martin Luther King – es sind die Namen nur einiger, deren Leben und Werk mich ermutigen und bestimmen.

In der Mittelschulzeit vertiefte ich mich in die Paulusbriefe, entdeckte das «Wort vom Kreuz» (1. Korintherbrief 1) und so auch die Passionserzählungen der Evangelien. Die paulinische Theologie verstand ich als Botschaft der Solidarität Gottes mit seinen leidenden Geschöpfen. Dies wurde für mich denn auch existenziell wichtig: Als ich vierzehn Jahre alt war, starb mein Vater. An seinem Sterbebett hörte ich Psalmen, Worte, die auch in der Passionsgeschichte Jesu anklingen. Zehn Jahre später starb mein ältester Bruder, Vater von zwei kleinen Kindern. Das Widmungswort in meiner Bibel wies mich auf Christus, der nicht verspricht, alle Lebensrätsel zu lösen, sondern uns zusagt, sie mit uns zu teilen und auch in den dunklen Stunden des Lebens bei uns zu bleiben.

Mir wurde das deutlich, was für mich auch heute noch zentral ist: Christlicher Glaube ist keine Lehre, keine Ideologie, sondern eine Person: Jesus Christus. Bei allem Verständnis, das ich auch für ein aufgeklärtes Glaubensverständnis habe, bei allem Hingezogenfühlen zu mystischem Glaubensleben blieb mir dieses personale Glaubenverständnis wichtig. Das Hören auf Christus macht mich ihm zugehörig. Die reformatorische Erkenntnis bleibt mir wichtig: «Das ist mein einziger Trost im Leben und im Sterben, dass ich nicht mein, sondern meines getreuen Heilandes Jesu Christi eigen bin» (Heidelberger Katechismus 1).

Dieser personal verstandene Christusglaube hat mich bei aller Liebe zur Heiligen Schrift vor einem wörtlichen Bibelverständnis bewahrt. Das Christentum ist keine Buchreligion. Die Bibel ist wichtig, weil wir durch sie Christus erkennen. Christen glauben jedoch nicht an die Bibel, sondern sie vertrauen dem biblischen Zeugnis, das sie an Christus glauben lehrt. Christus wird nur aus der Heiligen Schrift erkannt. Diese in der Menschlichkeit Jesu aufleuchtende «Menschenfreundlichkeit Gottes» (Titus 3,4) wird aber zum Kriterium der Auslegung der Bibel. Hier ist für uns Christen nicht alles gleich wichtig, nicht alles gleich gültig. Von Christus her und auf Christus hin ist die biblische Tradition zu verstehen. Darum bleiben Menschlichkeit, Gerechtigkeit, Freiheit Grundkriterien in der Aufnahme und Auslegung biblischer Aussagen.

Mir wird diese personale Kategorie des Christusglaubens immer wichtiger. Das Neue Testament enthält keine einheitliche Lehre über Christus. Der lebendige Christus lässt sich nicht in dogmatische, mathematisch klare Formeln einsperren. Man kann sich ihm in einer Vielfalt von Denkformen, Deutungen, Bildern und Metaphern nähern. Das Christuszeugnis des Neuen Testamentes ist vielfältig und lebendig. Seine Wahrheit lässt sich nicht in Dogmen ausdrücken. Gott kommt uns in Christus menschlich entgegen und bleibt dennoch unverfügbar, lässt sich in unseren Kategorien nicht erfassen. Gottes Transzendenz und seine Menschwerdung sind kein Gegensatz, sondern gehören auf geheimnisvolle Weise zusammen. Für mich weisen das alttestamentliche Bilderverbot, die jüdische Scheu, den Namen Gottes auszusprechen, und das vielfältige Christuszeugnis des Neuen Testamentes in dieselbe Richtung: Gott ist uns in Christus nahe. Er handelt, heilt, hilft. Aber er ist nie verfügbar.

Keine Lehre, kein Begriff, sondern ein Name, eine Person – das bleibt für mich als Christ und Theologe Mitte meines Denkens und Glaubens, meiner Arbeit und meines geistlichen Lebens. Ein Wort aus einem Brief von Dostojewski begleitet mich seit Jahrzehnten sehr nahe und tief: «Glauben, dass es nichts Schöneres, Tieferes, Sympathischeres, Vernünftigeres, Mutigeres als Christus gibt und nicht nur nicht gibt, sondern auch nicht geben kann, wie ich es mit eifersüchtiger Liebe sage. Mehr noch, würde mir jemand beweisen, dass Christus ausserhalb der Wahrheit sei, und wenn die Wahrheit tatsächlich jenseits von Christus wäre, so hätte ich es vorgezogen, mit Christus statt mit der Wahrheit zu bleiben.»[1]

Christus ist die Mitte – das heisst für mich nie, Christus allein. Konkreter Glaube in Geschichte und Gegenwart, Glaube, der erzählt werden kann, das hat mich immer wieder bewegt und bewegt mich bis heute. Das Lebenswerk von Walter Nigg hat mir hier viel gegeben. Heilige, Ketzer, Gottsucher, Künstler, Zweifelnde und Verzweifelte: Nigg nähert sich ihrem Leben, zeigt ihr Umgetriebensein und lässt ahnen, wie schön und wie schwer ein Leben mit Christus ist.

In Christus bleiben – und dies darum, weil er in mir bleibt – das ist die Mitte meines Glaubens. Das ist es, was ich in meinem Leben erfahren habe, und was ich für mein Leben weiterhin hoffe. Das bewegt, ermutigt, tröstet und erfreut mich.

II

Jesus Christus – Ermutigung zur Menschlichkeit

Der Dichter Matthias Claudius schreibt im ersten seiner «Briefe an Andreas» gläubig und poetisch: «Was in der Bibel von Jesus steht, alle die herrlichen Geschichten sind freilich nicht er, sondern nur Zeugnisse von ihm, nur Glöcklein am Leibrock; aber doch das Beste, was wir auf Erden haben, und so etwas, das einen wahrhaftig freuet und tröstet, wenn man da hört und sieht, dass der Mensch noch was anders und bessers werden kann, als er sich selbst gelassen ist.»[2]

Schöner, offener, hoffnungsvoller kann von Jesus nicht die Rede sein, als dass er der sei, der uns ermöglicht, «noch was anders und bessers» zu werden. Jesus stellt uns in den weiten Horizont der Liebe Gottes. Ein Lebenshaus, gegründet auf diesem Fundament, fällt nicht ein, bleibt aber auch nicht starr und stur und unveränderlich stehen. Es wird offen und lebendig. Und weiss um viele Möglichkeiten, «noch was anders und bessers zu werden», wie Matthias Claudius sagt.

Christusglauben hat für mich darum nie mit Enge, Ängstlichkeit und Ausschliesslichkeit zu tun. Hier geht es nicht um den Absolutheitsanspruch des Christentums. In Christus kommt Gottes Menschlichkeit auf uns zu. Darum sind wir als Christen der Menschlichkeit verpflichtet. Und dies trotz aller Unmenschlichkeit, von der auch die christlich-abendländische Geschichte belastet ist. Wie viele Verletzungen haben die Menschen einander zugefügt! Und wie oft wurden Verletzte wieder zu Verletzern! Dies gilt nicht nur für Individuen, sondern auch für Völker, Kulturen und Religionen: Verletzte werden zu Verletzern. Der religiös motivierte Terrorismus spricht hier Bände. In Geschichte und Gegenwart, Politik und Gesellschaft ging und geht es immer wieder um Einfluss, Macht und Geld. Die Geschichte zeigt, wie schwer Menschen zu ändern sind. Die grossen befreienden Wahrheiten der Religionen wurden oft der Macht und der Gier dienstbar gemacht. Die Kreuzzüge, die europäischen Religionskriege und die Kolonialgeschichte zeigen dies überdeutlich. Die Pest der Sklaverei wurde auch von europäischen christlichen Mächten über Jahrhunderte verbreitet: Das Evangelium in der Kirche – Unmenschlichkeit und Menschenverachtung im Alltag. Man könnte verzweifeln, zum Kulturpessimisten werden oder gar zum Menschenverächter.

Matthias Claudius weist von Christus her auf eine andere Dimension. Er geht davon aus, dass «der Mensch noch was anders und bessers werden kann». In diesem Sinn bestimmt der Christusglaube mein Denken und Handeln. Ich würde manchmal zum Rigorismus neigen, manchmal zur Resignation, manchmal zum undifferenzierten Dreinfahren. Wenn ich die Botschaft Christi bedenke, sein Leben, Sterben und Auferstehen betrachte, so habe ich eine Ahnung davon, dass «der Mensch noch was anders und bessers werden kann».

In diesem Sinn, nicht als Absolutheitsanspruch oder aus christlichen Hegemoniegelüsten heraus, denke ich, dass Christus auch für unser gesellschaftliches Leben und Handeln, für unsere politischen und wirtschaftlichen Entscheidungen relevant bleiben muss. Jemand, der vor zwanzig Jahren, kurz vor der Wende, in Leipzig für die grossen Demonstrationen mitverantwortlich war, sagt: «Wir hatten kein Leitbild, nur eine Leitfigur, Jesus.»

Diese «Leitfigur» darf in unserer Gesellschaft nicht ideologisch vereinnahmt werden. Sie muss aber durch Menschen, die von Christus «ergriffen» sind, in unserer Gesellschaft präsent bleiben.

Darum ist die Hauptaufgabe der Kirche nicht allgemeine Sozialarbeit, sondern die Christusverkündigung, aus der dann auch das soziale Engagement kommt. Unsere Gesellschaft braucht nicht einfach «christliche Werte». Sie braucht von Christus ergriffene Menschen, die in Ehe und Familie, Beruf, Wirtschaft und Politik, überall die Dimension der Hoffnung einbringen, dass «der Mensch noch was anders und bessers werden kann».

Ich spreche einige kirchliche Felder an, bei denen mir diese Hoffnung, die Christushoffnung, besonders wichtig ist. Ich bin der Überzeugung, dass die gegenwärtige Krise der Kirche nicht überwunden werden kann durch eine stärkere Orientierung am religiösen Markt, an den Bedürfnissen des postmodernen Menschen. Die Kirche ist keine Bedürfnisanstalt. Sie orientiert sich nicht an Bedürfnissen allein, so sehr sie die Menschen in ihrer konkreten Situation, in ihren Freuden und Ängsten, mit ihren Prägungen und Bedürfnissen ernst nehmen soll. Die Erneuerung der Kirche kann nur von ihrem Zentrum, von Christus her geschehen. Wo die in Christus erschienene Menschenfreundlichkeit Gottes Sinn und Ziel kirchlichen Handelns wird, da wendet man sich auch den Menschen zu. Kirchliche Tätigkeit orientiert sich am Evangelium, und sie handelt und denkt gerade so nicht an den Menschen vorbei. Kirche muss nicht neu organisiert werden, sondern von ihrer Mitte, von Christus her neu gedacht und geglaubt werden. Dies gibt dann eine grosse Offenheit und Gelassenheit, auch im Hinblick auf Neues, Ungewohntes, aber auch traditionelles Reden, Handeln und Tun der Kirche.

Durch meine Herkunft und durch die Beschäftigung mit reformatorischer Theologie und Reformationsgeschichte bin ich tief verwurzelt in meiner reformierten Kirche. Dennoch, oder vielleicht gerade darum war und ist mir Ökumene ein tiefes

Anliegen. Verschiedenheit ist Reichtum, aber Verschiedenheit ist nicht Wert in sich selbst, sondern Dimension, in der sich Christus spiegelt. Die Vielfalt und Lebendigkeit Christi spiegelt sich im unterschiedlichen liturgischen Handeln der Kirche, im unterschiedlichen theologischen Denken, in unterschiedlichen kirchlichen Strukturen und auch im unterschiedlichen sozialen, gesellschaftlichen und politischen Engagement der Kirchen. Aber all dies muss durchsichtig bleiben auf Christus hin, soll von ihm geprägt und belebt sein. Ich grüble darum nicht über eine gegenwärtige «ökumenische Eiszeit». Ich stelle zwar fest, dass das ökumenische Gespräch und das ökumenische Handeln schwieriger geworden sind. Hüben und drüben versucht man sich zu profilieren, um so im schrillen Konzert der Medien wenigstens noch sein dünnes kirchliches Stimmlein zu bewahren. Aber man liest sich die Situation im Leben und der Gesellschaft nicht aus. Es gilt unter anderen Voraussetzungen, auch im Hinblick auf allerlei Fundamentalismen, die es in allen Kirchen und Gemeinschaften gibt, daran festzuhalten, dass auch in der Ökumene «der Mensch noch was anders und bessers werden kann», wie Matthias Claudius von Christus her festhält. Darum ist es mir wichtig, dass Ökumene nicht von Organisationsverhandlungen oder gar unfruchtbaren Fusionsversuchen geprägt wird. Christinnen und Christen sind hier miteinander unterwegs, von Christus und seiner Menschlichkeit bewegt. Es ist wie beim Rad: Die Speichen sind sich in der Mitte am nächsten. Wo Christen Christus nahe sind, da sind sie sich untereinander am nächsten, zu welcher kirchlichen Tradition sie immer gehören mögen.

Dringender denn je ist der interreligiöse Dialog, das Eintreten der Kirchen und Religionsgemeinschaften für den religiösen Frieden in unserem Land. Aus christlicher Überzeugung, zentral von Christus her, muss der interreligiöse Dialog von

Seiten der Kirchen geführt werden. Es darf nie das Ziel sein, auf dem Hintergrund eines allgemeinen Religionsbegriffes zu behaupten, die Religionen meinten ja eigentlich alle dasselbe. Die Religionen sind verschieden, wie Menschen und Kulturen verschieden sind. Und auch Religionen haben ihre schwierigen Seiten, eine schwierige Geschichte und manchmal auch schwierige Leitfiguren. In der Begegnung mit den Juden haben wir Christen stets auch die Schuld des Christentums dem Judentum gegenüber mitzubedenken.

Und wie ist unser Verhältnis gegenüber dem Islam? Kreuzzüge und Kolonialgeschichte haben das Bild des Islams vom Christentum nachhaltig geprägt. Auch da gilt es, christliches Versagen zuzugeben. Umgekehrt sind aber auch die Schatten in Geschichte und Gegenwart des Islams anzusprechen. Die Diskriminierung, die Christen in muslimischen Ländern durch Jahrhunderte erfahren haben und zum Teil bis heute erfahren, kann und darf nicht ausgeblendet werden. Aber Unrecht darf nie mit Unrecht vergolten werden. Hier sind wir als Christen auf Christus verwiesen, an seine Botschaft der Menschlichkeit, der Liebe und der Gerechtigkeit.

Mir war darum die Gründung des Interreligiösen Runden Tisches im Kanton Zürich ein grosses Anliegen. Ich freue mich, dass ich ihn als Moderator begleiten darf. Gerade da ist es mir wichtig, dazu zu stehen: Es gibt Unterschiede zwischen den Religionen, die nicht wegzudiskutieren sind. Mein Christusglaube trennt mich von Juden und Muslimen. Meine tiefe Überzeugung, dass in Christus Gott selber auf mich zukommt – *Deum de Deo, lumen de lumine, Deum verum de Deo vero;* Gott von Gott, Licht vom Licht, wahrer Gott vom wahren Gott, sagt das christliche Glaubensbekenntnis –, muss Juden und Muslime erschrecken. Mein Glaube an den Dreieinigen Gott kann ihnen wie Vielgötterei erscheinen, so wie mir die starke Betonung der Transzendenz und der Macht Gottes im Islam den Mut nehmen würde, Gott persönlich anzusprechen.

Wir können einander nicht ersparen, dass wir hier verschieden glauben, verschieden denken, verschieden empfinden. Aber wir alle sind gehalten, die Kräfte der Menschlichkeit und des Aufeinanderzugehens, die wir aus den Quellen je unserer Religionen schöpfen, in den Dialog einzubringen. Für mich ist es der Glaube an die in Christus erschienene Menschenfreundlichkeit Gottes, der mich zum offenen, vorurteilsfreien interreligiösen Dialog verpflichtet.

Es sei noch eine weitere Dimension angesprochen, die mich bewegt: das soziale Engagement der Kirche. Manchmal höre ich den Slogan «Christlicher Glaube, nein – soziales Engagement der Kirche, ja». Mir scheint dies zu kurz gegriffen. Denn die kirchliche Diakonie und das gesellschaftliche Engagement für Menschenrechte und Menschenwürde sind nicht einfach das soziale Derivat einer längst verdunsteten christlichen Tradition, sondern Folge und Ausdruck unseres Glaubens. Es ist Verkündigung des Evangeliums, wie sie in der Zürcher Kirchenordnung 2009 angesprochen wird: «Kirche ist überall, wo Menschen durch Glaube, Hoffnung und Liebe das Reich Gottes in Wort und Tat bezeugen.» (Art. 1, 3) Soziale Tätigkeit, Diakonie, ist nicht besser als staatliche Sozialhilfe. Aber sie ist anders. Anders grundiert. Die Kirche soll gelassen zeigen, dass auch dadurch Christus präsent bleiben soll. In unserer Gesellschaft, in der auch nicht kirchliches soziales Engagement und soziale Gesetzgebung christliche Wurzeln haben.

Christus solus audiendus est. Fast jede der theologischen Schriften des Zürcher Reformators Heinrich Bullinger enthält als Untertitel dieses Wort «Christus allein soll gehört werden» als Hinweis auf Matthäus 17,5: «Auf ihn sollt ihr hören.» –

«Dem söllend jr gehörig sein», übersetzt die Zürcher Bibel von 1531. Und fast beschwörend fügt Bullinger einmal hinzu: «Imm sind gehörig. One zwyfel imm alein.» Wir gehören zu dem, auf den wir hören: Christus!

Dies hat für Bullinger auch einen sehr praktischen Aspekt. Er redet nicht nur vom Hören auf Christus, sondern auch vom «Sehen Christi» und hält fest: «Wiltu dann ouch Christum sähen, so sich dinen mitbruoder oder nächsten menschen an und lieb den selben, verbring die werck der barmhertzigheit, so hast du inn warlichen recht gesähen.» Christus sehen im Mitmenschen, Christus hören in seinem Wort – das ist christliches Leben, damals wie heute. Christus hören, von seiner Botschaft bewegt und ergriffen sein, Christus erkennen im Mitmenschen, in jedem Mitmenschen – das ist christlicher Glaube, Christusglaube.

Das bewegt mich persönlich und beruflich und auch im Blick auf die grossen Probleme und Schwierigkeiten unserer Zeit und Welt. Und da weiss ich, dass ich eine Aufgabe habe als einer, der von Christus ergriffen ist. Aber ich weiss auch, dass ich mich oft wenig, zu wenig bewegen lasse. Mit dem Apostel Paulus kann ich nur demütig und hoffnungsvoll bekennen: «Nicht dass ich es schon erlangt hätte oder schon vollkommen wäre! Ich jage ihm aber nach, und vielleicht ergreife ich es, da auch ich von Christus Jesus ergriffen worden bin.» (Philipper 3,12)

---

1 Brief vom 20.02.1854 an Natal'ja D. Fonvizin (Gesammelte Werke, Hg.: Akademie der Wissenschaften der UdSSR ; 12, Leningrad 1975, 297; deutsch unter http://www.uni-muenster.de/FB2/philosophie/predigten/geheimnis_c0910.html (31.8.2010).

2 Matthias Claudius: Briefe an Andreas, in: Matthias Claudius: Wie sollt ich Gott nicht loben. Einfältiger Hausvaterbericht über die christliche Religion an seine Kinder und andere Beiträge des Wandsbecker Boten, Hg.: Ulrich Eggers, Wuppertal 2002, 16–18.

Autorinnen und Autoren

REUVEN BAR-EPHRAIM, Jahrgang 1959, Zürich. 1978 emigrierte Bar-Ephraim aus Amsterdam nach Israel. Studium der Bibel-
wissenschaften und der jüdischen Geschichte an der Hebräischen
Universität von Jerusalem. Master of Hebrew Letters des Hebrew
Union College; rabbinische Befugnis. Er diente in Israel als Rabbiner
verschiedenen liberalen jüdischen Gemeinden, darunter Nahariya.
Ab 1995 fungierte er als Rabbiner der liberalen jüdischen Gemeinde
Den Haag und begleitete eine Reihe kleinerer jüdischer Gemeinden,
zugleich arbeitete er dort im Auftrag des Justizministeriums als Rab-
biner für Häftlinge und im Dienst des Levisson Instituut Amsterdam
als Dozent im Bereich der Rabbinerstudiengänge. Seit 2007 ist er
Rabbiner in der jüdischen liberalen Gemeinde Or Chadasch in Zürich.
Reuven Bar-Ephraim ist verheiratet und hat drei Kinder.

ARNOLD O. BENZ, Jahrgang 1945, Prof. Dr., Bülach. Diplom in
Physik an der ETH Zürich (1972). Promotion in Astrophysik an der
Cornell University (N.Y.), USA. Professor für Physik an der ETH
Zürich. Fachgebiet: Astrophysik der Stern- und Planetenentstehung
sowie Sonnenphysik. Neben seiner fachlichen Tätigkeit hat er sich
ernsthaft mit der Wahrnehmung von Kunst sowie mit religiösen Fra-
gen im Rahmen des heutigen Weltbilds auseinandergesetzt; zuletzt
erschienen: «Würfelt Gott? Ein außerirdisches Gespräch zwischen
Physik und Theologie» (2000); «Die Zukunft des Universums: Zufall,
Chaos, Gott?» (2001); «Das geschenkte Universum: Astrophysik und
Schöpfung» (2009).

CORIN CURSCHELLAS, Jahrgang 1956, Zürich/Rueun/Paris.
Primarlehrerin, Musikwissenschaftlerin, Theaterpädagogin, Schauspielerin, Musikerin. Sie singt in Projekten von Solo bis Big Band,
Chanson, Blues, Jazz, Folk, Volkslied, Worldmusic (aber nicht klas-
sisch), ist Schauspielerin in Theater und Film, komponiert für andere
und für sich, Singer-Songwriter, arbeitet als Musikerin, Sängerin,
Schauspielerin und Gastdozentin für Gesang an der ZHDK.

LOTEN DAHORTSANG, Jahrgang 1968, Rikon. Primarschule in Lhasa, Tibet, 1982–1998 von den Äbten des Klosters Rikon ausgebildet in buddhistischer Philosophie, Dialektik und Meditation. Er arbeitet als buddhistischer Meditationslehrer am Tibet-Institut Rikon ZH.

WERNER DE SCHEPPER, Jahrgang 1965, Olten. 1991 Lizentiat in Theologie und Journalistik an der Universität Freiburg i. Ue. 1993–2008 Journalist der Ringier AG (bei Schweizer Illustrierte, Sonntags-Blick, Blick – hier von 2003–2007 als Chefredaktor – und l'Hebdo). Jetzt stellvertretender Chefredaktor der Aargauer Zeitung; seit 2007 Dozent am Centre Romand de Formation des Journalistes (CRFJ) in Lausanne. Seit 2008 doziert er Journalistische Praxis an der Académie du journalisme et des médias an der Universität Neuenburg und ist Vizepräsident der Kommission für Medien und Kommunikation der Schweizerischen Bischofskonferenz.

MARIO FEHR, Jahrgang 1958, Adliswil. Nach der Matur am Zürcher Gymnasium Freudenberg studierte er an der Universität Zürich Rechtswissenschaften und schloss 1984 mit dem Lizentiat ab. Von 1986 bis 1994 war Mario Fehr Mitglied des Gemeindeparlamentes der Zürcher Vorortsgemeinde Adliswil, dort von 1994 bis 2010 Stadtrat und Ressortvorsteher für die Bereiche Jugend, Freizeit und Sport. Von 1991 bis 2000 war er Zürcher Kantonsrat (u. a. Mitglied der Kommission Kirche und Staat) und von 2000 bis 2005 Mitglied des Zürcher Verfassungsrates. Seit 1999 ist Mario Fehr Nationalrat und dort Mitglied der Aussenpolitischen Kommission und der Kommission Wissenschaft, Bildung, Kultur. Seit 2006 ist er Präsident des KV Schweiz.

TANER HATIPOGLU, Jahrgang 1956, Oetwil a. d. L. Studium und Dissertation an der ETH-Zürich: Dr. sc. techn., dipl. Chem. Ing. ETH; MBA (Master of Business Administration) der City University in Zürich. Taner Hatipoglu ist Präsident der VIOZ (Vereinigung der Islamischen Organisationen in Zürich – der kantonale Dachverband der islamischen Organisationen) und Vorstandsmitglied der GMS (Gesellschaft Minderheiten in der Schweiz). Er setzt sich für den Interreligiösen Dialog und die Integration der Muslime in die schweizerische Gesellschaft ein.

ROLF HILTL, Jahrgang 1965, Kilchberg ZH. Kochlehre im Dolder Grand Hotel, Ecole Hôtelière Lausanne, Ausland-Praktika in San Francisco, Acapulco, Paris. Er ist Inhaber, Geschäftsführer der Hiltl AG (Haus Hiltl) / Teilhaber, Verwaltungsrat der tibits AG (tibits-Betriebe). Das «Hiltl» wurde 1898 von seinem Urgrossvater Ambrosius Hiltl gegründet und ist das älteste vegetarische Haus in Europa (Guinness Buch der Rekorde). Rolf Hiltl ist verheiratet mit Marielle; sie haben zusammen drei Kinder.

KONRAD HUMMLER, Jahrgang 1953, Dr. iur., Teufen. Studierte an der Universität Zürich Jurisprudenz und in Rochester (N.Y.) Ökonomie. Die Studienzeit schloss er 1981 mit einer Dissertation im Grenzbereich von Recht und Informatik ab. Danach trat er in die Finanzanalyseabteilung der Schweizerischen Bankgesellschaft ein und wechselte bald in den persönlichen Stab des damaligen Verwaltungsratspräsidenten Dr. Robert Holzach. 1990 entschied er sich für den Schritt in die Unabhängigkeit und wurde 1991 Teilhaber der damals noch sehr kleinen Privatbank Wegelin & Co. in St. Gallen. Konrad Hummler ist Autor des periodisch von Wegelin herausgegebenen Anlagekommentars sowie Verfasser zahlreicher weiterer politökonomischer Studien und Beiträge.

SATISH JOSHI, Jahrgang 1939, Dr. sc. nat., dipl. Chem.-Ing., Zürich. Er ist Umweltwissenschaftler an der ETH Zürich und hat diverse Lehraufträge in den Bereichen Toxikologie, Umweltschutz, Economics, Sociology. Daneben arbeitet er auf dem Gebiet Kulturvermittlung: Er referiert und schreibt über indische Kultur und Hinduismus und engagiert sich aktiv bei IRAS, Forum der Religionen und FIMM (Forum für die Integration der Migrantinnen und Migranten). Satish Joshi ist ein praktizierender Hindu aus Indien und lebt seit mehr als 30 Jahren in der Schweiz. Er ist verheiratet und hat zwei Kinder.

VERENA KAST, Jahrgang 1943, Prof. Dr. phil., St. Gallen. Studium der Psychologie, Philosophie und der deutschen Literatur in Zürich, Doktorat, Ausbildung zur analytischen Psychologin am C.G. Jung Institut, Zürich, Habilitation über Trauer als therapeutischer Prozess, Professorin an der Universität Zürich. Sie arbeitet als Lehranalytikerin am C.G. Jung Institut, Zürich, ist Supervisorin, Mit-Leiterin der Lindauer Psychotherapiewochen, Vorsitzende der Internationalen Gesellschaft für Tiefenpsychologie und Autorin zahlreicher Bücher.

JOSEF LANG, Jahrgang 1954, Dr. phil., Zug. Mittelschulen in Muri, Sarnen und Zug, Matura 1973 an der Kantonsschule Zug, Studium der Geschichte, Philosophie und Germanistik an der Universität Zürich, Doktorat 1981, Berufsverbot im Kanton Zug und an Universität Zürich, seit 1982 Allgemeinbildender Lehrer an einer Berufsschule in Zürich sowie Mitglied von Stadt-, dann Kantons- und jetzt Bundesparlament. Nationalrat und Kantonalpräsident der Alternative – Die Grünen des Kantons Zug.

RUEDI REICH, Jahrgang 1945, Pfr. Dr. theol. h.c., Winterthur. Ausbildung am Seminar in Küsnacht zum Lehrer, anschliessend Theologiestudium. 1972–1993 Gemeindepfarrer in Marthalen, 1973 Wahl in die Kirchensynode der Evangelisch-reformierten Landeskirche des Kantons Zürich, 1983 in den Kirchenrat. 1993 Wahl zum vollamtlichen Kirchenratspräsidenten der Evangelisch-reformierten Landeskirche des Kantons Zürich. Er ist verheiratet und Vater und Grossvater von vier erwachsenen Kindern und drei Enkelkindern.

ALEX RÜBEL, Jahrgang 1955, Dr. med. vet., Zürich. Nach dem Veterinärstudium als Lehrbeauftragter der Klinik für Zoo-, Heim- und Wildtiere der Veterinärmedizinischen Fakultät der Universität Zürich tätig; er spezialisierte sich auf exotische Tiere, doktorierte 1985 auf diesem Gebiet und verfasste verschiedene Beiträge und Fachbücher zu diesem Thema. Seit 1991 Direktor des Zoo Zürich. 2006 erhielt Alex Rübel für seine Leistungen den Jahrespreis der Stiftung für abendländische Ethik und Kultur.

HANSJÖRG N. SCHULTZ, Jahrgang 1953, Basel. Studium der Politik, Geschichte, Philosophie; Zeitungsvolontariat. Er war politischer Redakteur der Stuttgarter Zeitung, Korrespondent für den Evangelischen Pressedienst in Genf, stellvertretender Chefredakteur bei Deutsches Allgemeines Sonntagsblatt. Seit 1995 arbeitet er bei Schweizer Radio DRS (bis 2010: Redaktionsleiter Gesellschaft, verantwortlich für die Sendungen Kontext und Perspektiven von DRS 2), seit 2010 als Redaktionsleiter Religion. Herbert-Haag-Preisträger.

KLAUS J. STÖHLKER, Jahrgang 1941, Zollikon. Matura, Ausbildung als Journalist, zwei Jahre Fernsehredaktor beim Südwestfunk Baden-Baden, Wirtschaftsredaktor bei DM und Neue Rhein-Ruhr-Zeitung (NRZ, Essen). Seit 1970 PR-Berater in der Schweiz. 1982 Gründung der Klaus J. Stöhlker AG, der ersten Schweizer Unternehmensberatung für Öffentlichkeitsarbeit, in Zollikon/ZH. Daneben ist er für verschiedene Lehrinstitute als PR-Dozent tätig und publiziert Fachbücher und Artikel. Klaus J. Stöhlker ist verheiratet und Vater zweier Kinder.

TILLA THEUS, Jahrgang 1943, Dipl. Arch. ETH/SIA/BSA, Zürich und Graubünden. Sie ist spezialisiert auf die Projektierung und Ausführung von Neubauten in städtebaulich anspruchsvollem Kontext, auf Umbauten und Sanierungen von denkmalgeschützten Objekten sowie auf Innenarchitektur und Raumdesign. Sie führt ein Team von 16 bis 20 Mitarbeiterinnen und Mitarbeitern mit Hochschul- oder FH-Abschluss.

MONA VETSCH, Jahrgang 1975, Zürich. Wirtschaftsmaturität, sie studierte zunächst Wirtschaft an der Universität St. Gallen und von 2001 bis 2006 Politikwissenschaften und Soziologie an der Universität Zürich. Sie ist Journalistin beim Schweizer Radio DRS 3 und beim Schweizer Fernsehen. Ihre Wurzeln hat sie auf dem Thurgauer Seerücken, seit längerem lebt sie mit ihrer Familie in Zürich. Mona Vetsch ist eine der bekanntesten Radiostimmen der Schweiz; sie ist Moderatorin der DRS 3-Morgensendung und Redaktionsleiterin der Gesprächssendung Focus. Beim Schweizer Fernsehen präsentiert sie die Langzeitreportagen von SF Spezial und ist jeden Sommer für die Reportage-Sendung «Fernweh» unterwegs. Als freie Autorin schreibt Mona Vetsch Kolumnen und Artikel für diverse Schweizer Zeitschriften.

HANS VONTOBEL, Jahrgang 1916, Dr. iur., Zürich. Studium an der Rechts- und Staatswissenschaftlichen Fakultät der Universität Zürich, 1942 Promotion *magna cum laude* mit dem Thema «Die Ausscheidung der Kompetenzen von Fürsorgebehörden und Gerichten in der Fürsorge für Scheidungskinder», Gründer der Familien-Vontobel-Stiftung, Gründer und Präsident der Stiftungen Kreatives Alter, der Hans Vontobel Stiftung zur Förderung des Gemeinwohls und der Stiftung Lyra für hochbegabte junge Musiker, Gründer und Stiftungsrat der Vontobel-Stiftung, Ständiger Ehrengast der Eidgenössischen Technischen Hochschule Zürich und der Universität Zürich. Von 1960 bis 1974 Präsident des Effektenbörsenvereins Zürich. Von 1967 bis 1985 Präsident der Handelskammer Deutschland–Schweiz. Von 1970 bis 1990 Verwaltungsrat der Schweizerischen Bankiervereinigung. Von 1972 bis 1986 Verwaltungsratsmitglied der NZZ. Langjähriges Vorstandsmitglied der Vereinigung Schweizerischer Privatbankiers. Seit 4. November 1996 Ehrendoktor der Ökonomischen Fakultät der Universität Bratislava, Slowakei. Ehrenpräsident des Verwaltungsrats der Vontobel Holding AG und Bank Vontobel AG, Zürich.

PETER R. WERDER, Jahrgang 1974, Dr. phil., Adliswil. Studium der Publizistik, Philosophie und Musikwissenschaften. Er arbeitete zunächst als Journalist, als Klavier- und Deutschlehrer, dann als Berater bei namhaften PR- und Werbeagenturen. Promotion in Philosophie zum Thema «Utopien der Gegenwart», unter gleichnamigem Titel und überarbeitet 2009 erschienen. Zudem: «Diagnose Boreout» (2007) und «Die Boreout-Falle» (2008) mit Co-Autor Philippe Rothlin. Er ist tätig als Leiter Unternehmenskommunikation einer Versicherungsgesellschaft in der Schweiz, als Leiter eines Gospelchores und als Dozent an der Universität Zürich für Kommunikation im Gesundheitswesen. Werder engagiert sich als FDP-Politiker und Rotarier. Er hat einen Sohn und lebt in Adliswil.

MARTIN WERLEN OSB, Jahrgang 1962, Einsiedeln. 1983 Eintritt ins Kloster Einsiedeln, Studium der Philosophie, der Theologie und der Psychologie. Er ist der 58. Abt des Benediktinerklosters Einsiedeln.

EVELINE WIDMER-SCHLUMPF, Jahrgang 1956, Dr. iur., Felsberg/Bern. Jurastudium (bis 1981), Doktorat (1990), selbständige Rechtsanwältin und Notarin (1987–1998), Kreispräsidentin Trins (1991–1997), Grossrätin Kanton GR (1994–1998), Regierungsrätin Kanton GR (1998–2007), Regierungspräsidentin Kanton Graubünden (2001 und 2005), Bundesrätin (seit 2008). Sie ist als Bundesrätin Vorsteherin des Eidgenössischen Finanzdepartements.

PETER ZEINDLER, Jahrgang 1934, Dr. phil. I, Zürich. Studium der Germanistik und Kunstgeschichte. Er war Redaktor und Moderator beim Schweizer Fernsehen, bei Radio DRS sowie Redaktor bei Printmedien. Heute arbeitet er als Schriftsteller. Peter Zeindler ist Verfasser von Theaterstücken, TV-Drehbüchern, Opernlibretti und fünfzehn Romanen sowie zahlreichen Kurzgeschichten.

HERAUSGEBER

ACHIM KUHN, Jahrgang 1963, ist Pfarrer in Adliswil und Dekan im Bezirk Horgen sowie PR-/Kommunikationsberater NPO/Kirche. Verfasser von zwei humorvoll-gesellschaftspolitischen Krimis mit einem ethisch-theologischen Hintergrund: «Seniorentrost» (Zürich: Xanthippe 2005), «Hohe Kunst und eine Leiche» (Zürich: Jordan-Verlag 2010).